河南科技智库蓝皮书

RESEARCH ON THE RELATIONSHIP BETWEEN SCIENTIFIC AND TECHNOLOGICAL INNOVATION AND INDUSTRIAL TRANSFORMATION DEVELOPMENT IN HENAN

科技创新
与河南产业转型发展研究

方润生（FANG Runsheng） 史晓东（SHI Xiaodong）
武静雯（WU Jingwen） 杨风雷（YANG Fenglei）◎著
祝叶（ZHU Ye） 方菲（FANG Fei） 谭锐捷（TAN Ruijie）

中国经济出版社
CHINA ECONOMIC PUBLISHING HOUSE
北京

图书在版编目（CIP）数据

科技创新与河南产业转型发展研究/方润生等著．
—北京：中国经济出版社，2019.11
ISBN 978-7-5136-5374-9

Ⅰ.①科… Ⅱ.①方… Ⅲ.①技术革新—作用—制造工业—产业结构升级—研究—河南
Ⅳ.①F426.4

中国版本图书馆 CIP 数据核字（2019）第 234191 号

责任编辑：杨　莹
文字编辑：郑潇伟
责任印制：巢新强
封面设计：久品轩

出版发行　中国经济出版社
印 刷 者　北京艾普海德印刷有限公司
经 销 者　各地新华书店
开　　本　710mm×1000mm　1/16
印　　张　15.5
字　　数　229 千字
版　　次　2019 年 11 月第 1 版
印　　次　2019 年 11 月第 1 次
定　　价　58.00 元
广告经营许可证　京西工商广字第 8179 号

中国经济出版社 **网址** www.economyph.com **社址** 北京市东城区安定门外大街 58 号 **邮编** 100011

本版图书如存在印装质量问题，请与本社销售中心联系调换（联系电话：010-57512564）

本著得到2017年度河南省科技智库重点调研课题资助（HNK-JZK-01A），部分内容来源于国家自然科学基金项目《产品与服务的交互关系对制造企业产品服务系统竞争优势的影响》（71240023）的研究成果。

简 介

本书围绕河南省制造业为什么要进行产业转型、为什么要依靠科技创新进行转型发展，以及如何依靠科技创新来实现转型发展这个逻辑主线，通过对国际制造业发展的趋势及改革开放以来河南省制造业演进的特点分析，剖析了河南省装备制造业存在的问题及面临的挑战。

研究发现，河南省万元工业增加值能耗等因素对经济效益指标的影响远高于东部地区，以及全国平均水平，而发明专利有效量等创新指标多年来低于全国平均水平，这与河南省的全国经济总量排名第五非常不符，不依靠科技创新河南省就难以实现高质量发展。

研究显示，河南省装备制造业遵循了“引进消化吸收再创新—集成创新—原始创新”的演进路径；装备制造业的固定资产投资与产业的专利技术之间存在着明显的交互作用，对河南省的经济发展和产业价值提升起到了促进作用。装备制造业优势领域的龙头企业，通过引进并消化吸收国际先进技术，建立了较高的技术起点，依托产学研合作机制，快速提升了技术的集成能力，在创新驱动战略的促进下，一些关键领域实现了原始创新并获得国内和国际市场的优势地位。

研究表明，构建和有效运行产学研协同创新机制，是促进河南省制造业企业技术吸收能力和集成创新能力快速提升的基本途径。

Brief Introduction

This book tries to solve problems on transformation in Henan manufacturing industry, to answer why should we rely on scientific and technological innovation for transformation and development, how to make use of scientific and technological innovation to transform and develop through analyzing the trend of international manufacturing development and the evolution of Henan manufacturing industry since the reform and opening up, and to analyze the characteristics, problems and challenges of Henan equipment manufacturing industry.

The research shows that Henan equipment manufacturing industry follows the evolution path of "introduction, digestion and re–innovation–integrated innovation–original innovation" . There is a clear interaction between manufacturing fixed asset investment and industrial patent technology, and the economic development of Henan which has played a significant role in promoting of the improvement of industrial value. Leading enterprises in the field of equipment manufacturing industry have established a high technical air cushion by introducing and digesting international advanced technology, and relying on the cooperation mechanism of industry, university and research to rapidly improve the integration capability of technology. Under the promotion of innovation–driven strategy, the key the field has achieved original innovation and gained a dominant position in both domestic and international markets.

The research shows that the construction and effective operation of the collaborative innovation mechanism of industry, university and research are the basic way to promote the capacity of rapid absorbing technology and integrated innovation of Henan manufacturing enterprises.

前言

习近平总书记指出，科学技术是第一生产力，创新是引领发展的第一动力。当前，全球新一轮科技革命正在深刻地影响着世界发展格局、改变着人类生产和生活的方式。改革开放40年来，我国经济持续高速增长，2014年，我国GDP总量达到63.65万亿元，成为世界第二大经济体；2018年，我国经济总量突破90万亿元。在经济总量快速增长的同时，我国经济社会发展的资源环境压力不断增大，单位GDP能耗高、环境污染严重、产品附加值低、缺乏核心技术和创新能力等经济发展的内在结构性问题日益显现。针对这些问题，党中央、国务院提出要深入实施创新驱动发展战略，将科技创新作为经济发展的重要支撑，积极推动产业结构的战略性调整与优化升级，加快经济发展方式转变，避免进入“中等收入陷阱”。

科技创新与产业转型二者紧密联系，科技创新改变了生产函数，而生产函数变化的直接结果是资源的优化配置、产出的增长和产业结构的升级。国内外研究表明，科技创新是一个国家或地区进行传统产业改造，并促进其转换与升级的主要推动力；市场对某个产业产品及加工产品的需求结构转变及需求规模扩展，是一个国家或地区进行传统产业改造，并促进其转换与升级的主要拉动力。我国学术界对科技创新支撑产业升级、经济增长进行了广泛而深入的研究，普遍认为，合理选择科技创新的方法和模式，将会有力地促进地区的产业转型和升级，进而带动地区经济的持续、健康发展。

目前，河南省经济总量和工业经济规模均居于全国第五位，但河南省产业整体上“大而不强”。充分利用科技创新，是从根本上解决河南省产业发展面临问题与挑战的关键选择，也是实现河南省产业结构升级与转型、实现河南省经济的持续发展，保持河南省经济在中西部地区经济优势地位的根本动力。通过分析当前国际产业的发展趋势和河南省产业的形成特点，针对河南省当前产业存在的问题和面临的挑战，探索依靠科技创新来改造和提升河南省传统产业、培育新型产业的新机制和新模式，为促进河南省传统产业依靠科技创新转变发展方式、提升产业竞争力、为河南省建设中西部地区科技创新高地、让“中原更加出彩”提供理论支撑显得十分紧迫。

Preface

General Secretary Xi Jinping pointed out that science and technology are the primary productive forces, and innovation is the first driving force for development. At present, a new round of global scientific and technological revolution is profoundly affecting the developing pattern of the world and profoundly changing the way human beings produce and live. In the past 40 years of reform and opening up, China's economic development has maintained sustained high growth. In 2014, China's total GDP reached 63.65 trillion yuan, making China become the second largest economy in the world. In 2018, China's total economic output exceeded 90 trillion yuan. At the same time of rapid increase in economic aggregates, China's economic and social development has increasing pressure on resources and environment, the internal structural problems of economic development such as high energy consumption per unit of GDP, serious environmental pollution, low added value of products, lack of core technologies and innovative capabilities. In response to these problems, the Party Central Committee and the State Council have proposed to implement the innovation-driven development strategy in depth, take science and technology innovation as an important support for economic development, actively promote the strategic adjustment and optimization and upgrading of the industrial structure, accelerate the transformation of the economic development mode, and avoid entering the "middle income trap" .

There is a close relationship between technological innovation and industrial transformation. Technological innovation has changed the production function, and the direct result of changes in production functions is the optimal allocation of resources, the growth of output, and the upgrading of industrial structure. Research at home and abroad shows that technological innovation is the main driving force for a country or region to transform traditional industries and promote its transformation and upgrading; the market demand for a certain industrial product and processed products changes. The scale of demand expansion is a country. The region carries out the transformation of traditional industries and promotes the main driving force for its conversion and upgrading. China's academic circles have conducted extensive and in-depth research on technological innovation to support industrial upgrading and economic growth. It is generally believed that rational selection of methods and models for technological innovation will effectively promote regional industrial's transformation and upgrading, and thus drive sustainability and healthy growth of the regional economic.

At present, Henan's economic aggregate and industrial economy are ranked fifth in the country, but Henan's industry as a whole is "big but not strong" . Giving full play to the role of scientific and technological innovation is a key choice to fundamentally solve the problems and challenges faced by Henan's industrial development, as well as achieving the upgrading and transformation of Henan's industrial structure, realizing the sustainable development of Henan's economy, and continuing to maintain the economic advantages of Henan's economy in the central and western regions. By analyzing the current development trend of international industry and the formation characteristics of Henan industry, this paper explores the problems and challenges faced by Henan's current industry, and explores new mechanisms and new models that rely on scientific and technological innovation to transform and upgrade Henan's traditional industries and cultivate new industries. It is urgent to promote Henan's traditional industries to rely on scientific and technological innovation to transform development methods, enhance industrial competitiveness, and provide theoretical support for Henan to build a high-tech innovation center in the central and western regions.

目 录

Contents

1 我国科技创新与产业转型发展的研究现状

本章通过分析国内科技创新与装备制造业转型领域的研究现状，具体阐述了我国制造业高质量发展的演进规律，以及装备制造业产业演进的特点——科技创新驱动下产业演进的阶段及其过程特征。结合“中国制造 2025”的有关产业政策及其相关研究内容，重点分析了制造业的产品创新和服务创新之间的关系，以及制造业与生产性服务业融合发展的趋势及其特征。

1.1 我国科技创新与制造业创新发展的研究现状

科技创新的不断发展是科技革命发生的必然前提，加快科技创新，是保持我国经济持续健康发展的必然选择。经过 40 年的改革开放，中国已初步建立适应市场经济要求的科技体制和有中国特色的创新体系，在科技研发水平和创新能力方面正在迅速缩小与世界发达国家之间的差距。在科技创新政策、科技创新体系建设、科技体制改革、国际技术合作及科技成果转化和产业化等方面均取得了诸多成果。通过知网数据库，以“科技创新”为主题词进行检索，并对结果进行分析，可以发现科技创新相关研究的基本特征。

1.1.1 我国科技创新的研究现状及特征

根据知网数据库搜索结果，同时结合我国科技创新政策及科技创新政策体系建设的历程，可以把我国科技创新相关研究分为四个阶段。第一个阶段为从新中国成立之后到 20 世纪 80 年代中期，这个阶段是探索与调整阶段，但从知网未检索到与科技创新的相关文献。第二个阶段为从20世纪80年代中期到90年代中期，这个阶段开始有了一些相关的研究成果。第三个阶段为从20世纪90年代中期到2006年，有关科技创新的研究迅速增加，出现了具有代表性的研究成果，极大地丰富了科技创新理论。2006年之后，科技创新研究进入了转型阶段。

本课题组对科技创新研究阶段的特征做了如下整理：

探索阶段（1949—1985年）。这一时期，在计划经济体制下，我国科技事业在艰难中起步，科技创新体系逐步建立。我国的科技创新政策以国家统一领导下的远景规划和近期计划相结合为主要特征，相关的理论研究非常有限，在知网数据库中没有检索到该阶段科技创新的理论研究成果，属于理论研究的空白时期。

起步阶段（1986—1994年）。1985年颁布的《中共中央关于科学技术体制改革的决定》拉开了全面科技体制改革的序幕，随后各部门陆续出台了一系列政策举措，扩大科研机构和人员的自主权；一些围绕科技成果评价、管理、科技资源配置与科技成果应用的政策也相继出台，对科技人员的激励政策更加规范。这些政策的出台有利于科技创新的相关理论研究，这一时期，逐步出现了一些关于科技活动自身规律和特点的研究。

本课题组以国内现有的文献数据库为基础，从国内早期相关研究开始，检索并分析“科技创新”的研究文献，初步分析了国内围绕“科技创新”开展研究的状态及其特征。课题组以CNKI期刊数据库为来源，使用“主题=‘科技创新’”,时间跨度为1986—1994年,利用CNKI计量可视化分析工具，对检索结果进行了分析。在此阶段，共有1557篇科技创新研究文献，主要集中在农业、化工等领域的科技创新问题研究，例如，科技进步与劳动就业问题、科技创新机制与能力问题、高校如何为科技创新作出贡献等。这些研究反映了20世纪八九十年代的经济发展重心主要集中在农业和工业领域。文献还体现出这个时期重视学习和借鉴欧美发达国家的做法和经验。后期逐步转入科技创新系统理论的研究，以104篇典型文献的主题词分析为例，“成果转化”主题词出现12次，“技术创新”主题词出现14次，科技创新方面的理论研究主要集中在科研成果转化和技术创新的关系、制度创新的举措等方面。

对文献的学科及关键词进行统计分析，可以识别这一阶段不同领域研究的主要内容。关键词的出现频次显示了研究领域热点的集中程度，频次越高，该关键词越能体现研究领域的热点。

1986—1994年"科技创新"研究的关键词共现网络，如图1–1所示。从图1–1可以看出，这一阶段科技创新研究领域的文献主要集中在技术创新、技术进步、基础研究、科技进步等方面。有关科技政策、科技与经济的研究也逐渐成为科技创新研究的重点内容。该阶段研究主要集中在技术创新方面，研究点侧重于技术方面及制造业的创新。

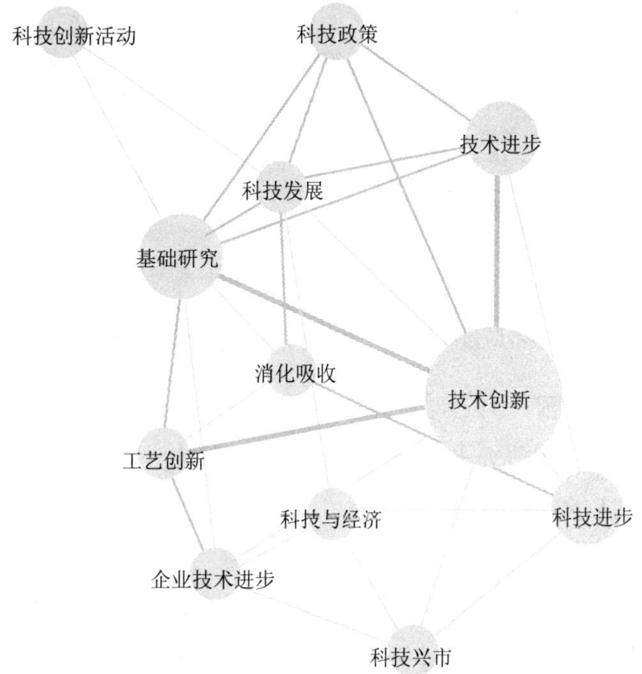

图1–1　1986—1994年"科技创新"研究的关键词共现网络

通过对该阶段"科技创新"文献的作者发文量情况进行统计分析，可以识别该阶段科技创新领域的高产作者和核心研究力量。从图1–2可以看出，刘滨、童鑫、朱新民、张锦堂等学者在科技创新研究领域发表文章占比皆为

1.2%，属于科技创新研究领域的重要作者。这些作者在科技创新领域有着丰富的研究经验。

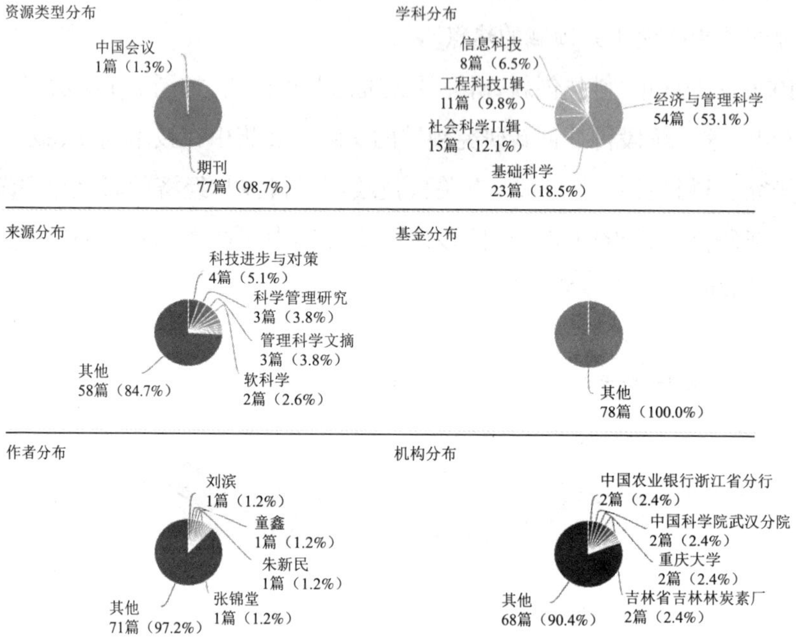

图 1-2 起步阶段（1986—1994 年）科技创新的研究分布特征

从整体上看，河南省当时在科技创新方面的研究层次较低，相关研究力量不足，缺乏高层次研究平台的支撑，尚未与国内外高水平的学术机构和团队进行广泛深入的合作。

该阶段，我国科技创新的研究主要集中在经济与管理科学、基础科学、社会科学、工程科学、信息科技等领域。尤其集中在经济与管理科学领域，体现出科技创新研究已经跳出了制造业与工程技术创新领域，扩展到更广的经济管理领域。

从年度论文发表量可以看出，有关科技创新方面的研究有两个主要转折点，一是在 1988 年，二是在 1993 年左右。在 1988 年前，文献数量处于较低水平，1988 年之后有了显著增长，发文数量呈整体上升趋势，而从 1993 年开始呈现高速增长。相关文献发表的总体趋势图如图 1–3 所示。

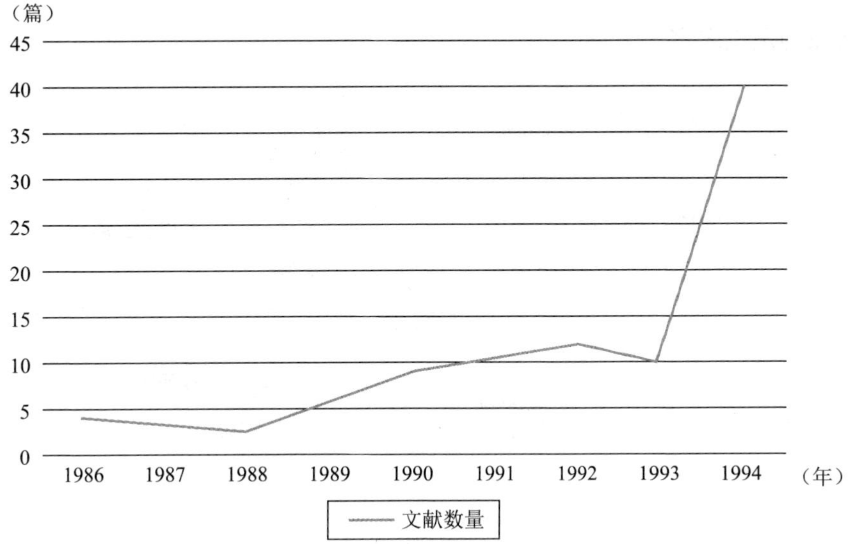

图 1–3 起步阶段（1986—1994 年）科技创新相关文献的总体趋势

理论与实践结合阶段（1995—2005 年）。课题组以 CNKI 期刊数据库为来源，选择“主题 = ‘科技创新’”，时间跨度为 1995—2005 年，利用 CNKI 计量可视化分析工具，对检索结果进行了分析。这一阶段的科技创新研究文献多达 61235 篇。随着研究成果的不断累积，科技创新的理论研究与实践经验结合日趋紧密，相关研究越来越深入。科技创新研究的行业也由工业、农业逐步向文化产业、服务业等第三产业扩展。除此之外，高校在科技创新中的重大作用也日益受到重视，关于高校科技创新能力综合评价的原则、指标、模型与方法，高校科研排行性评价与科技创新能力评价指标设计的文献已占有相当的比例。这一阶段的文献普遍认为，要创造各类企业公平竞争的市场环境，引导科技资源为企业创新服务，支持企业研发机构建设，鼓励开展多种形式的产学研合作，注重发挥中小企业在技术创新中的独特作用，同时，还要注重创新网络建设和创新创业文化的培育。

1995—2005 年期间的“科技创新”关键词共现网络如图 1–4 所示。从图

1-4 可以看出，该阶段科技创新方面的研究主要集中在基础研究、技术创新、经济发展等方面。有关国家创新体系、农业科技也逐渐成为科技创新研究在此阶段的重点内容。

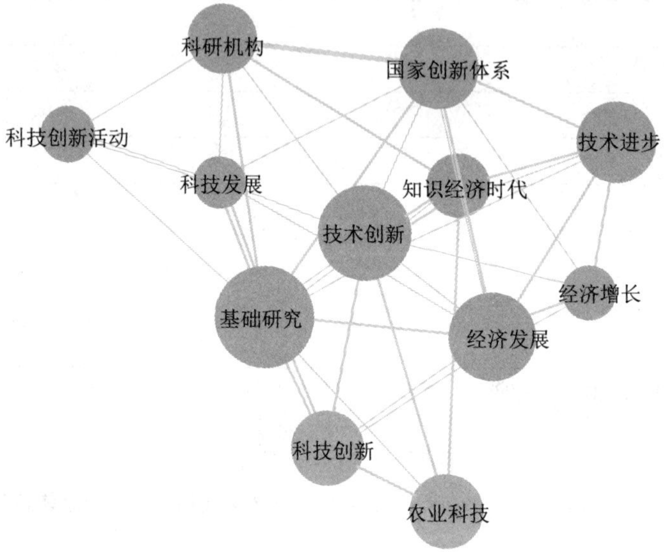

图 1-4　1995—2005 年“科技创新”关键词共现网络

这个时期的研究主要得到国家软科学研究计划、国家自然科学基金、国家社会科学基金的资助。国家软科学研究计划是为国家发展提供宏观咨询服务的重要政策研究计划。国家自然科学基金与国家社会科学基金都面向全国资助基础研究和应用研究，基金主要来自国家财政拨款。国家社会科学基金是我国在社会科学研究领域支持基础研究的主渠道，面向全国重点资助具有良好研究条件、研究实力的高等院校和科研机构中的研究人员。这两个研究基金在国内最具权威性，反映了国家对科技创新研究的重视程度。

图 1-5 显示了 1995—2005 年国内科技创新研究文献的分布情况。图 1-6 显示了 1995—2005 年国内科技创新相关文献的总体趋势。

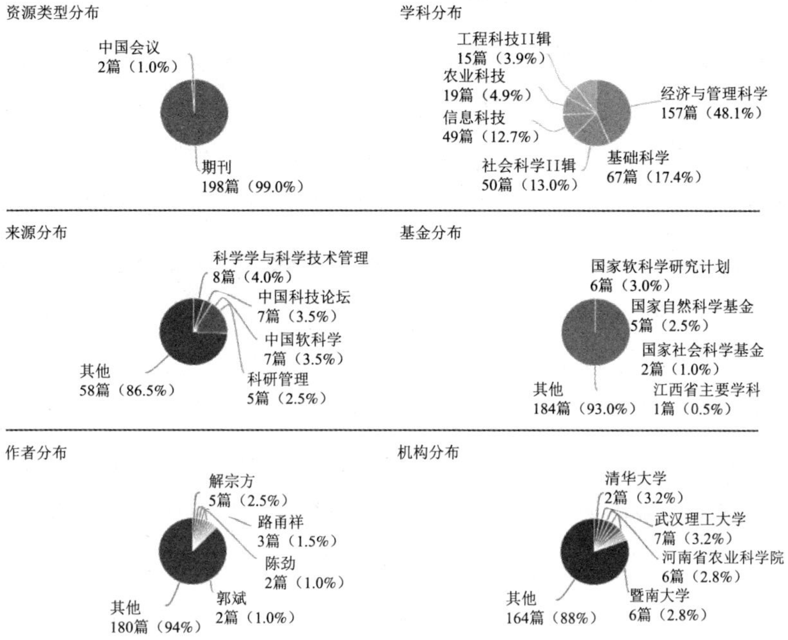

图 1-5　1995—2005 年国内科技创新研究文献的分布情况

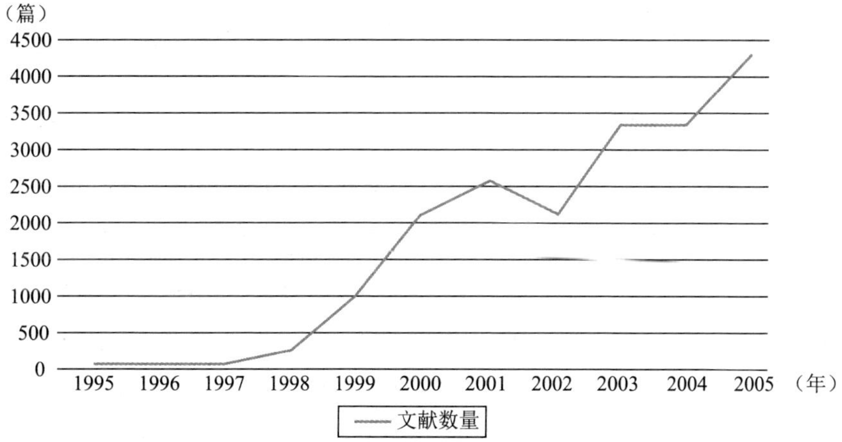

图 1-6　1995—2005 年国内科技创新相关文献的总体趋势

从图 1-5 可以看到，该阶段我国科技创新的研究主要集中在经济与管理科学、基础科学、社会科学、工程科技、信息科技、农业科技等领域。依旧是在经济与管理科学方面较为集中。

转型阶段（2006 年至今）。课题组以 CNKI 期刊数据库为来源，使用“主题 =‘科技创新’”，时间跨度为 2006 年至今，利用 CNKI 计量可视化分析工具，对检索结果进行了分析。这一阶段共检索到 117539 篇文献，从文献的数量可以明显看出，科技创新的研究受到各界的广泛重视，且研究的对象和领域呈现细化的趋势。从这些文献来看，我国科技创新文献的研究方法除了定性的研究之外，越来越多的文献采用了实证研究、模型分析等定量的研究方法。在研究对象上，除了以全国作为研究对象之外，越来越多的文献聚焦区域和具体行业的创新问题。2012 年前后，文献的研究重点在科技创新对可持续发展与深化改革的作用、创新驱动发展战略等基础理论研究。2015 年前后，则进一步扩展到金融投入等应用基础研究。近年来，研究的热点由国家政策过渡到科技金融、产业协同度等多个具体维度。

从相关文献的研究内容来看，科技体制改革第一阶段解决的主要问题是如何推动科技成为生产力并解决科技与生产脱节的问题；科技体制改革第二阶段的主要任务是建立在信息革命基础上的创新；科技体制改革第三阶段的主要任务是推进科教兴国战略的实施、建立国家创新体系、加速科技成果产业化，等等（彭华涛，2014）。

目前，主要文献中对科技创新的研究，尤其是影响科技创新成效因素的研究，主要涉及技术引进、金融体系、国家政策、创新环境、国家位势关系、高校协同创新等。这些研究主要集中于 2012 年和 2014 年。2012 年共发表 10724 篇科技创新相关文献，科技创新研究主要集中于创新环境的影响，例如，科技金融、创新主体素质、金融机构及技术中介服务水平、政府支持力度、知识转移与应用效率及创新要素全面协同等因素。

2014 年发表的 11046 篇科技创新相关文献，则更加关注国家位势关系研究及技术、资金的引进，更加侧重于不同地区间的创新协同。以灰色关联分析、多部门内生增长理论分析框架及结构方程模型等，对创新产业融合、科技创新与金融创新耦合关系等进行研究，得出了一些有一定参考价值的研究结论：

一是金融体系因素的影响。金融发展能通过技术创新的“水平效应”与“结构效应”加速产业结构转型并促进经济增长。金融体系在推动产业结构转型与促进经济增长方面发挥着不可估量的作用（易信，刘凤良，2015）。科技创新与金融创新耦合协调度对经济效率的提升具有显著正向作用，且对于发展中国家经济效率作用的敏感性更高（王仁祥，杨曼，2015）。在科技创新的三个不同阶段，科技金融对科技创新都有着不同的作用（王宏起，徐玉莲，2012）。在技术创新阶段，科技型上市公司占比和风险投资对专利授权数有着促进作用。在技术成果转化阶段的大多数情况下，科技金融对科技创新没有显著影响。在高新技术产业化阶段，市场型科技金融对科技创新有着促进作用，但是政府科技资金投入对科技创新没有显著的影响（芦锋，韩尚容，2015）。政府金融服务对科技创新的有效性呈现上升趋势，其侧重在于研发投入、成果转化阶段的支持。金融信贷服务对科技创新的有效性具有阶段性变化，其侧重在于产业产出阶段的支持。资本市场服务科技创新的有效性稳定增加，在科技创新三个阶段的支持较为平衡（郑玉航，李正辉，2015）。外资并购事件能够显著促进目标公司的科技研发人员数量增加，却未能对目标公司的研发强度和专利申请数增加产生显著影响。尽管外资并购未能促进目标公司的科技创新，但对目标公司所属行业的其他竞争者的科技创新指标都有显著的促进作用（陈玉罡，蔡海彬等，2015）。

二是技术引进因素的影响。现阶段技术创新与经济增长集约化水平存在负相关的关系，外资技术溢出和模仿效应有利于经济增长集约化水平的提升。在进一步的扩大对外开放中，要继续坚持通过利用外资引进技术的战略，强化对引进技术的消化吸收，加大技术创新和人才培养力度，夯实和提升技术创新能力（唐未兵，傅元海，王展祥，2014）。

三是创新环境因素的影响。创新主体素质、金融机构及技术中介服务水平、政府支持力度、知识转移与应用效率及创新要素全面协同，对地区科技创新绩效具有显著正向影响。创新文化的地区差异性对科技创新绩效产生显著影响，且该影响随时间的推移而增强（贺灵，单汨源等，2012）。

四是国家位势关系因素的影响。营造国家创新环境是激发国家创新潜力的重要基础，激发国家创新潜力是提升国家创新产出水平的核心环节，提升国家创新产出水平是夯实国家位势基础、激发国家位势潜力的重要路径，营造国家创新环境与提升国家创新产出水平是协同激发国家位势潜力的有效途径（李涛，张璋，2014）。

五是高校协同创新因素的影响。联合与协同是创新主体间发挥各自优势、实现有机互补的根本途径，有利于加快推动高校科技成果转化和技术转移。提高高校科技平台共享水平、促进科教深度结合、增强高校人才培养能力、提升高校国际科技合作水平，是增强高校协同创新能力的重要任务（万钢，2012）。

2006 年至今的转型阶段科技创新关键词共现网络如图 1–7 所示。从图 1–7 可以看出，科技创新研究主要集中在区域科技创新、高校科技创新、指标体系等。有关创新能力评价、人才培养的研究也逐渐成为科技创新研究的重点内容。热点关键词之间存在着紧密的联系。

这个时期的相关研究主要受到国家软科学研究计划、国家社会科学基金、中国博士后科学基金、国家自然科学基金的资助。中国博士后科学基金旨在资助具有创新能力和发展潜力的优秀博士后研究人员，促使他们在科研工作中完成创新研究，并迅速成长为适应社会主义现代化建设需要的各类创新型、复合型、战略型的人才。国家软科学研究计划资助的文献篇数位居第三，反映出在此阶段科技部对科技创新研究的重视程度。

对文献的学科及关键词进行统计分析，可以识别科技创新领域研究的主要内容。从图 1–8 可以看出，该阶段我国科技创新的研究主要集中在经济与管理科学、基础科学、社会科学、工程科学、信息科技、农业科技等领域。依旧在经济与管理科学方面较为集中。

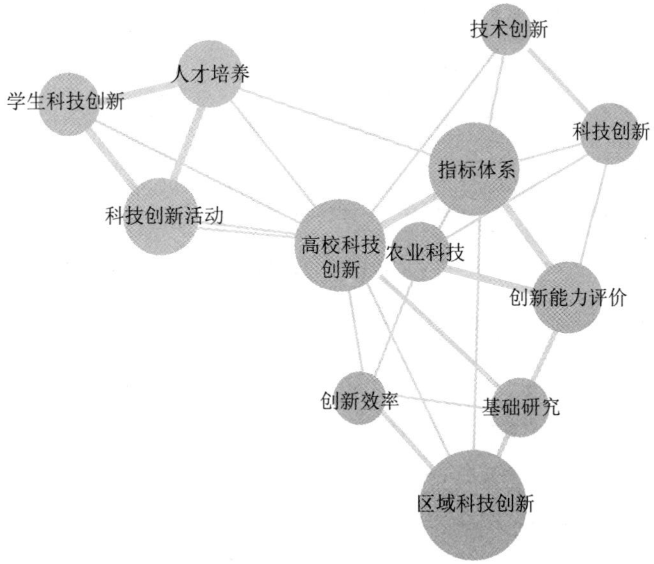

图 1-7　2006 年至今的转型阶段科技创新关键词共现网络

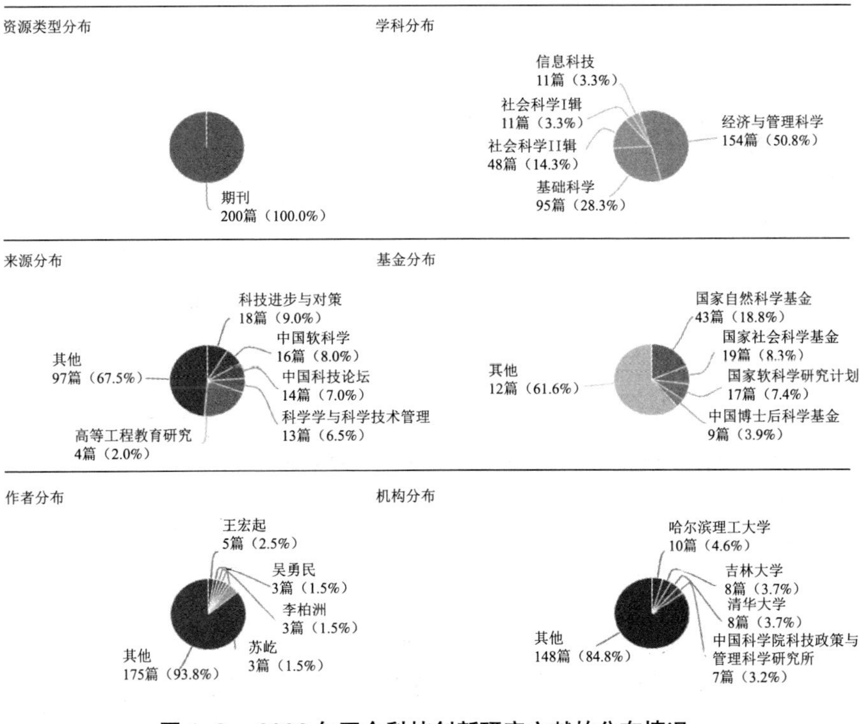

图 1-8　2006 年至今科技创新研究文献的分布情况

从图 1–8 可以看出，在此阶段，王宏起、吴勇民、李柏洲、苏屹等学者这个阶段在科技创新研究领域发表了较多的文章，其中，发文量最高的是王宏起，占 2.5%，其次是吴勇民、李柏洲、苏屹。可以看出，这些学者在科技创新领域积累了较丰富的研究经验。

从年度论文发表量可以看出，这个阶段科技创新方面的研究发文数量整体趋势依旧较为平稳。从统计结果看，对前一阶段的文献有所引用，相关文献发表的总体趋势如图 1–9 所示。

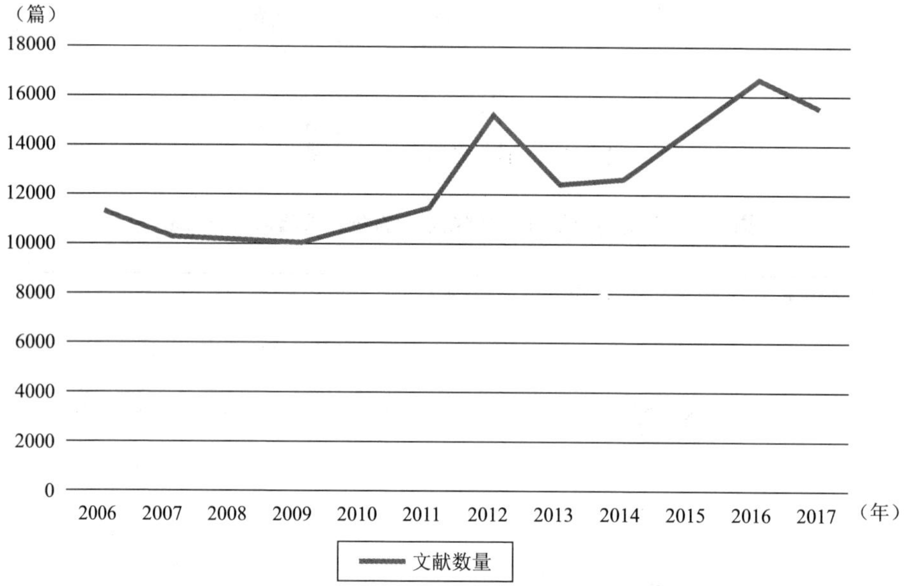

图 1–9　2006—2017 年科技创新研究文献的总体趋势

1.1.2　我国制造业科技创新的研究现状与特征

制造业是工业经济的主体，也是科技创新的主战场。改革开放 40 年来，我国制造业发展迅速，取得了令世界瞩目的成就，成为世界制造业大国，构建了独立而完备的工业体系。但是，与先进国家相比，我国制造业大而不强，自主创新能力相对偏弱，核心技术与高端装备对外依存度仍然较高，以企业为主体的制造业创新体系不完善（《中国制造 2025》）。我国制造业必须依靠科技创新才能实现转型升级。

当前，我国各级政府都十分重视制造业科技创新的理论研究，从 20 世纪 80 年代中期开始，通过政策支持、基金资助等方式直接或间接地推动了制造业科技创新的理论研究，并取得了丰硕的成果。

1.1.2.1 我国制造业科技创新理论研究的产业背景

我国制造业科技创新的研究与我国制造业科技创新的实践紧密相关。制造业科技创新经历了 1978—1992 年、1993—1998 年、1999—2018 年三个发展阶段。1978 年，中共中央召开了十一届三中全会，拉开了改革开放的序幕。当时中国的经济总量还较小，制造业的科技创新相对落后，自主创新能力不足，产业结构水平低下，虽然在某些领域具有一定的科技创新基础，但总体上处于刚刚起步阶段。1992 年，我国开始推进中国特色社会主义实践，随着产业规模的不断扩大，制造业科技创新进入一个新的阶段，市场竞争促进了制造业企业持续进行技术创新。1998 年后的亚洲经济危机，中国的整个产业经济由服装、饮料、家电为主的轻工业模式向重工业模式转变，城市化和轻工业的发展，都需要大量的钢铁、铝和能源供应。进入 2000 年以来，煤炭、电力、石油等重要天然资源频频告急，能源短缺已经严重影响到我国制造业的持续发展。然而，制造业的平稳发展必须依靠能源的持续支持，同时，各种工业制造的废弃物一直污染着人类居住环境，因此，能源匮乏及制造排污成为制造业面临的双重挑战，制约着我国制造业的持续繁荣。面对这种局面，进行核心技术研发和创新，以科技创新助推制造业改造升级，推动我国制造业长远发展，保持在全球发展中的竞争优势，就成为制造业发展的核心问题。

1.1.2.2 制造业科技创新理论研究的发展阶段

有关制造业科技创新的理论研究，最早是由浙江省软科学研究所和浙江省科学技术厅为主导来推动的。研究者从区域创新的理论研究入手，在此基础上，提出加快区域先进制造业科技创新体系建设的指导思想及构建原则等。此后，随着我国制造业科技创新实践的发展，相关的理论研究也在不断推进。综合现有文献的研究成果可以发现，我国制造业科技创新的理论研究从 1978

年起到现在，大致分为三个阶段——起步阶段、发展阶段和系统研究阶段，每个阶段的理论研究都有其明显的特征。

起步阶段（1978—1992 年）。这一时期国家采取了一系列重大举措，实施了“863”计划、攀登计划、火炬计划等重点科技项目攻关，支持了一大批科技创新项目，国家自然科学基金成立，推动了制造业科技创新的发展。1985年，中共中央发布《关于科学技术体制改革的决定》，以改革拨款制度、开拓技术市场为突破口，引导科技工作面向经济建设主战场，全面启动了科技体制改革。这一时期有关制造业科技创新理论研究的成果比较有限，研究内容主要围绕科技创新的重要意义、国际科技创新机制等基础性问题展开，部分文献对制造企业在科技创新方面的实践经验进行了总结。大多研究聚焦基础的理论、体制等方面的问题，例如，科技创新的体制、科技与经济、人才队伍、经费投入、科技创新的内外动力、制造业服务体系建设、创新能力提升、技术创新的机理、技术创新的发展模式、企业技术创新的地位。

发展阶段（1993—1998 年）。1992 年，我国开始推进中国特色社会主义实践。随着产业规模的不断扩大，制造业科技创新进入到一个新的阶段，市场竞争促进了制造业企业持续进行技术创新。1995 年，党中央、国务院发布了《关于加速科学技术进步的决定》，召开了全国科技大会，首次正式提出实施科教兴国发展战略。国家战略的制定推动了制造业科技创新实践的快速发展，有关制造业科技创新的理论研究得到了广泛的重视，研究成果迅速增加。相关文献主要围绕制造业科技创新的意义、发达国家技术创新理论及经验、制造业技术引进与技术创新、我国科技创新战略选择、制造业科技创新机制与体制等问题展开。制造业技术创新对企业发展和国家经济实力增长的意义得到了普遍认同，钢铁行业、冶金工业、船舶制造、航天工业、家电制造等领域涌现了一批技术创新领先企业，受到理论界的广泛关注和广大研究者的深入分析。

系统研究阶段（1999—2018 年）。1998 年的金融危机之后，制造业面临能源匮乏和节能减排的双重压力，制造企业必须研发核心技术，以科技创新促进制造业转型升级。这一时期有关制造业科技创新的理论研究，主要围绕制造业科技创新体制、制造业服务体系建设、科技创新的内外动力、自主创新模式、制造业科技创新的金融支持、制造业科技创新人才培养、制造业服务创新、制造业科技创新效率及其影响因素、绿色低碳可持续发展等问题全面展开。

1.1.2.3　主要研究机构和研究者

对制造业科技创新文献的作者发文量情况进行统计分析，可以识别制造业科技创新领域的高产作者和核心研究力量，利用 CNKI 计量可视化分析工具，生成制造业科技创新文献的作者分布图，如图 1–10 所示。

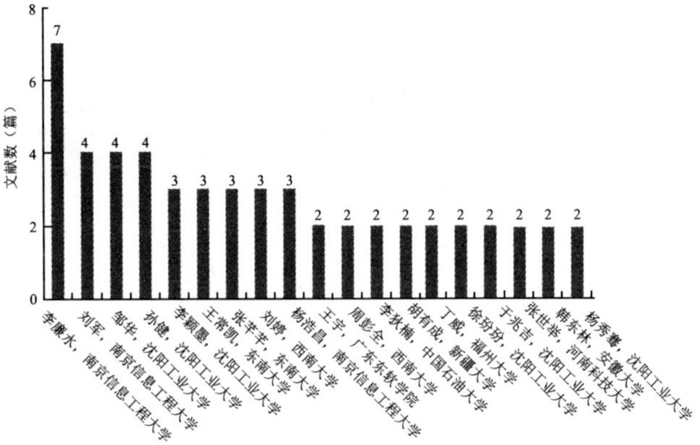

图 1–10　制造业科技创新文献作者分布图

从图 1–10 可以看出，李廉水、刘军等学者在制造业科技创新研究领域发表了较多的文章，属于科技创新研究领域的重要作者。其中，李廉水的发文量最高，其主要研究方向是技术创新及管理、新型制造业发展。

1.1.2.4　科技创新研究的主题特征

对文献的学科及关键词进行统计分析，可以识别制造业科技创新领域研究的主要内容。制造业科技创新研究关键词共现网络如图 1–11 所示。

从图 1–11 来看，制造业科技创新研究主要集中在制造业、装备制造业、科技创新等方面。有关医药制造业、技术创新的研究也逐渐成为科技创新研究的重点内容。

关键词的出现频次表示研究领域热点的集中程度，频次越高，该关键词越能体现研究领域的热点。科技创新研究关键词分布情况如图 1–12 所示。从图 1–12 可以看出，科技创新研究领域被引频次较多的关键词依次为“制造业”“科技创新”“装备制造业”“技术创新”等。热点关键词之间存在着紧密的联系，由于检索时关键词为“制造业科技创新”，因此，在图 1–11 中“制造业”居于中心地位，每一个关键词都与其存在一定的联系。

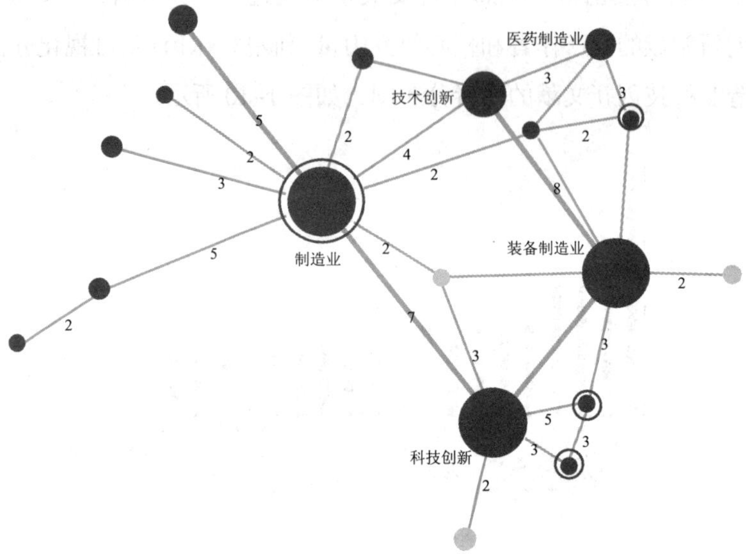

图 1–11　制造业科技创新研究关键词共现网络

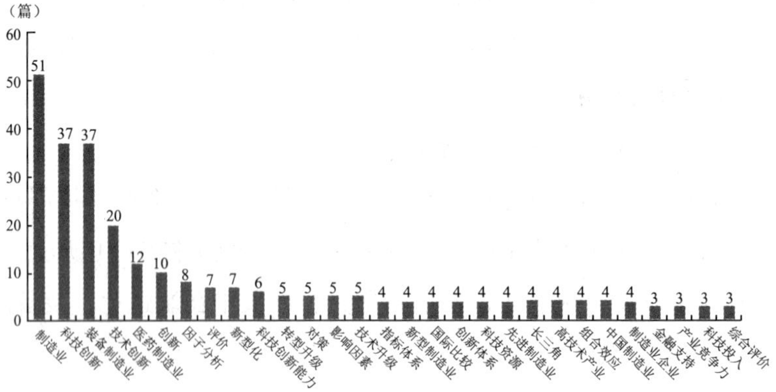

图 1–12　制造业科技创新研究关键词分布图

图 1–13 显示了科技创新研究的学科分布情况，从图 1–13 可以看到，我国制造业科技创新研究主要集中在制造业、加工工业、装备制造业等领域。

尤其在工业经济领域比较集中，反映了制造业科技创新围绕工业开展。

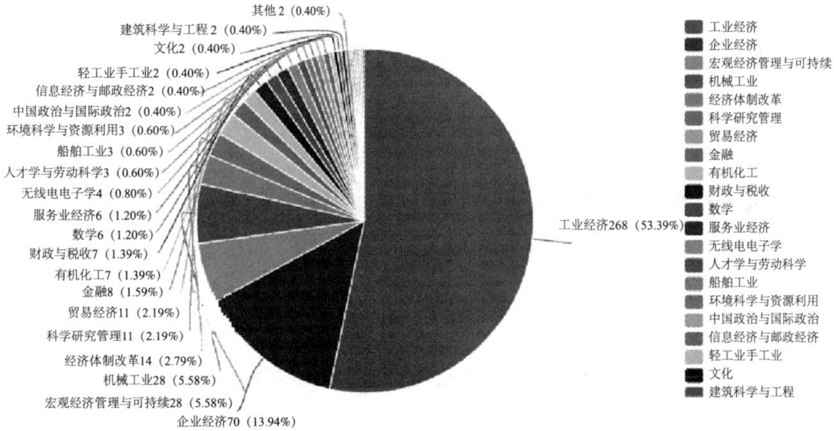

图 1–13 科技创新研究的学科分布图

目前，科技创新方面的研究得到了国家级和省部级的研究基金资助。这些研究主要得到国家社会科学基金、国家自然科学基金的资助。国家社会科学基金是我国在社会科学研究领域支持基础研究的主渠道，面向全国重点资助具有良好研究条件、研究实力的高等院校和科研机构中的研究人员。国家自然科学基金与国家社会科学基金均面向全国资助基础研究和应用研究，基金主要来自国家财政拨款，是我国支持基础研究的主渠道。这两只研究基金在国内最具权威性，反映了国家对制造业科技创新研究的重视程度。支持制造业科技创新研究的各类基金如图 1–14 所示。

文献来源期刊是论文的载文期刊，是研究领域体现的载体。对论文的发表量在不同来源期刊上分布情况进行统计分析，可以识别各期刊对与科技创新有关论文的重视程度，利用 CNKI 计量可视化分析工具，生成期刊分布图，如图 1–15 所示。我国制造业科技创新研究的核心论文，主要来自哈尔滨工程大学，占全部论文的 7.89%，发表在《科技管理研究》上的核心论文占全部论文的 6.14%。合肥工业大学、《中国制造业信息化》、吉林大学的制造业科技创新核心论文数量一致，均占 5.26%。

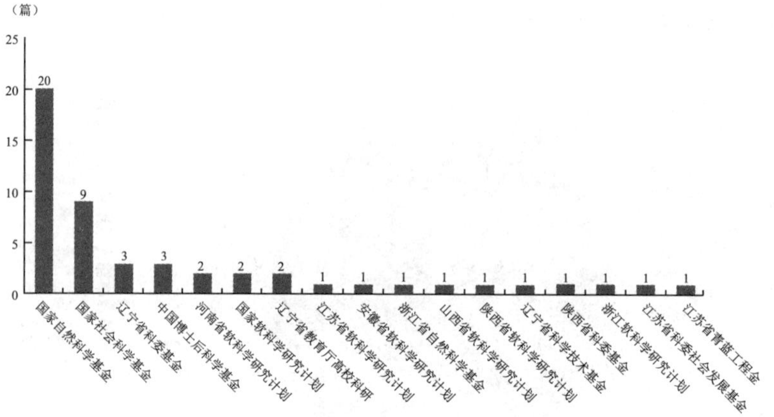

图 1-14　支持制造业科技创新研究的基金分布

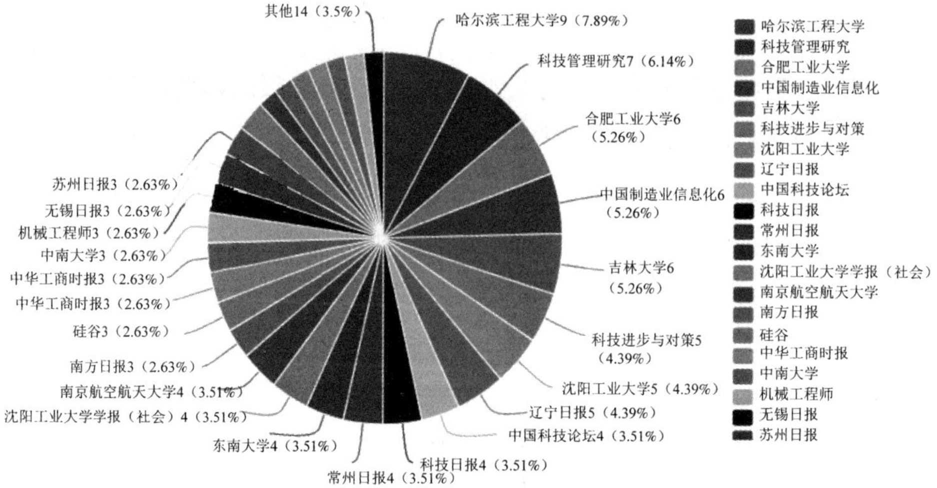

图 1-15　科技创新研究成果刊发期刊分布

1.2　我国制造业转型发展的研究现状

目前，针对我国制造业的发展阶段、演进规律及其特征的研究，不同的学者从不同的研究视角将我国制造业发展分为不同的发展阶段，体现出不同的发展特征。

1.2.1 我国制造业发展的演进过程及其特征研究

（1）制造业的演进过程研究。

许多学者对我国制造业发展阶段进行了不同的划分，有以我国制造业发展规模为依据来划分发展阶段（庄志彬，2014），有从国家发展制造业的政策变化角度划分发展阶段（程坦，2014），也有以东部发达省份——江苏省为例，从我国制造业发展资金来源的变化角度来划分发展阶段（封思贤，2010），还有以制造业自身发展特点为依据来划分发展阶段（许佩文，2016）。结合不同学者的观点，可以把我国制造业的发展分为四个阶段。

第一阶段（1953—1978 年）。从这一阶段开始，国家制定了第一个五年计划，重点发展重工业，形成了东北工业基地。这个时期对农业和轻工业发展缺乏足够的重视，使我国产业结构严重扭曲，资源浪费严重。

第二阶段（1979—1997 年）。这一时期，我国实行了改革开放，计划经济完全占支配地位的状况开始发生改变，原有的计划经济政策逐步放松，政府重视加强引进西方国家的资本与技术，加强产业的国际合作。市场环境逐步改善，非公有制经济崛起，产生了很多民族品牌。民营企业家、农村剩余劳动力、外资引入和国家改革开放政策的支持四大重要因素加速了我国制造业的崛起。这一时期我国制造业产业门类日益健全，产业规模显著增大。我国工业由重工业为主导向优先发展轻工业转变，产业结构得到合理化发展。与此同时，我国生产过剩和落后设备过剩等问题也逐渐凸显出来。

第三阶段（1998—2007 年）。随着国家政策进一步开放，以及人口红利等因素使我国制造业竞争力逐渐显现，我国成为“世界工厂”，电子商务平台的兴起起到了润滑剂的作用。但我国制造业所出现的新问题浮出水面，例如，外贸依存度较高、附加值较低、过度依赖人口红利等。

第四阶段（2008 年至今）。受国际金融危机的影响，我国制造业发展进入了结构调整期。2008 年至今，国家产业政策不断调整，扩大内需，努力实现制造业从低附加值、高污染的下游产业向高附加值、低污染的上游产业转型（庄志彬，2014）。在此阶段，受资源约束、环境制约等因素的影响，制造业开始注重科学发展。劳动密集型产业所占比例逐渐下降，资本密集型产业所占比例缓慢上升，技术密集型产业增长最快（封思贤，2010）。在此时期，重化工业、高技术产业发展迅速。

（2）我国制造业发展的演进特征研究。

总体上看，我国制造业发展经历了从追求“量”到追求“质”，从内资主导到内外资共同助力，从重视重工业到高新制造业发展的阶段转变。其演进的主要特征体现在：经过不同阶段的发展，我国制造业逐步从劳动密集型向资本密集型发展，从初级产品生产到加工装配进而向自主知识产权过渡、依托科技创新驱动发展，从“中国制造”向“中国智造”转型发展。

当前，中国制造业从依靠承接跨国公司的加工装配业务逐步进入了全球价值链的分工环节。在全球价值链分工下，中国制造业从事的加工装配业务，使这些产业承接了大量国外先进的装备和技术，即便是在发达国家的技术保护下国内企业无法快速提高自身的自主技术创新能力，但是也对中国制造业的产业规模发展起到了巨大的促进作用（许佩文，2016）。

在转型发展阶段，通过技术创新、制度创新、商业模式创新等，促进了我国制造企业向高质量、高效率、低成本、低消耗、低排放的发展模式转变。在国际舞台上，我国制造业已经逐步由“组装者”转变为“整合者”，再转变为“创新者”。

从时空演变角度看，中国制造业呈现出先集聚后分散的特征，即东南沿海核心区率先推进产业结构优化，产业结构向深加工化和技术密集化发展；北部沿海核心区的产业结构优化滞后于东南沿海核心区；中部地区的产业结构演进处于从重化工化向加工化过渡的阶段；西部地区产业发展主要集中于重点开发区域，产业结构演进尚处于工业化初期阶段（石敏俊，逄瑞等，2014）。

2001—2005年，制造业主要向东部沿海地区集聚。这个阶段，制造业聚集度的整体水平较高，产业聚集现象十分明显，特别是自然资源依赖度高和技术含量高的行业。该阶段我国制造业的平均聚集度一直呈上升趋势，且从增长速度上看，呈现出U形曲线特征。制造业聚集地的分布极不平衡，主要集中在江苏省、广东省、山东省、浙江省和上海市五个省市，中西部地区则远远落后，两极分化严重，并呈强化趋势（杨洪焦，孙林岩等，2008）。

2005年以来，东部地区部分产业出现转移扩散的迹象，制造业逐渐从东部地区向中西部地区和东北地区转移，中部地区是承接产业转移的主要地区。2005—2011年，中国的制造业区域转移主要是地区间产业竞争优势的变动所致，而不是来源于各地区产业结构差异的变动；即东部地区由竞争优势向竞争劣势转变，而中西部地区和东北地区则由竞争劣势向竞争优势转变。产业结构调整改变了地区制造业的增长路径，但其长期效果受竞争优势的影响明显。东部地区面临加快产业升级重塑竞争优势的需求，而中西部地区和东北地区则存在理性承接产业转移的需求，以提高其优势产业的专业化水平（王春杨，吴国誉，2017）。值得注意的是，我国制造业空间布局仍主要集聚在东部沿海地区，区域间大规模的产业转移现象并未明显出现。华东地区大部分行业仍处于集聚状态，只有少数劳动力密集型行业出现了向中西部地区转移的趋势，特别是纺织行业的服装、服饰业两个依赖品牌发展的行业，其集聚程度仍在不断强化。从全国来看，辽宁省、福建省和海南省三个省份基本保持了平稳的发展态势，而其他省区之间则存在转移和此消彼长的关系，经济欠发达省份的产值份额变化较小。

从长三角地区内部来看，制造业集聚度的整体水平较高，特别是一些依赖自然资源和便利交通区位优势及科技含量较高的行业，其产业集聚现象更加明显。从时间上看，长三角制造业的平均集聚度在1988—2009年一直呈上升趋势，且从增长速度上呈U形曲线。从空间上看，制造业聚集地分布不平衡，主要集中在上海市、南京市、苏州市、无锡市、杭州市、宁波市六个城市，两极分化仍存在，但有弱化的趋势（郑敏，2012）。

而从整个东亚区域来看，东亚各国和地区间产业结构的直接关联程度不断加大。日本在东亚区域产业结构演进中的作用虽然较大，但已出现逐渐减弱的趋势，而中国、马来西亚等发展中国家的作用在不断加强，东亚区域产业结构的演进不再仅仅局限于对发达国家的依赖，而逐渐趋于内生化和多元化。一些研究者从产业后向关联和最终需求的生产诱发两个角度，深入分析了东亚区域的产业波及效应。研究发现，在东亚各国和地区间，中国产业的后向关联效应最大，对东亚区域产业发展的带动作用最明显，在制造业内部资本与技术密集型制造业的关联效应增强。区域外的美国和区域内的日本等发达国家的最终需求对东亚区域的生产诱发效应较大，中国最终需求的诱发效应不断追赶美国、日本，但主要体现在内部的诱发。研究结果显示，制造业是最终需求诱发程度最高的产业，其中，轻工业部门突出为内部的生产诱发，重工业部门突出为外部的生产诱发（唐乐，2016）。

有关研究还发现，市场潜力、拥挤效应、集聚的外部性、要素成本、地方产业政策是影响地区制造业空间布局变化的重要因素。市场潜力、劳动力成本、地方化经济、城市化经济、地方保护主义等因素对于我国制造业空间分布具有重要的影响。市场潜力、劳动力成本、地方化经济对制造业分布有正向影响，而城市化经济、地方政府保护主义则不利于制造业的空间集聚（盛雯雯，2016）。政府行为对区域间制造业结构相似性具有极为重要的影响，资源禀赋差异、运输成本差异、地方保护力度差异、经济发展水平差异与制造业结构相似性呈负相关关系；政府直接投资差异等与制造业结构相似性则呈正相关关系（邱风，王正新等，2014）。

1.2.2 科技创新驱动下装备制造业演进的过程及其特征

我国装备制造业的发展起步于新中国成立之初，经过几代人的自主创新和艰苦奋斗，中国装备制造业取得历史性突破。在发展过程中，企业不断进行技术创新，促进企业的竞争优势不断得到加强。从总体上看，我国装备制造业发展经历了三个主要阶段。

（1）中国装备制造业发展的三个主要阶段。

我国装备制造业经历了由生产要素驱动阶段向投资驱动阶段、创新驱动阶段发展的渐变过程。

第一阶段：生产要素驱动阶段。这一阶段主要通过自然资源、劳动力资源及基础设施资源的大量投入来驱动装备制造业的发展。通过大量消耗自然资源来实现经济的发展和产业的扩张，这种发展方式在发展初期取得了一定的成效。但随着产业的不断发展，问题逐步显现出来，自然资源尤其是不可再生资源的大量消耗及其对环境的污染，引起企业、社会和政府的普遍担忧。

第二阶段：投资驱动阶段。通过国家专项投入和银行贷款等推动装备制造业的发展。这一时期，我国居民储蓄量逐渐增加，为我国装备制造业的发展提供了坚实的经济基础。这一时期，由于融资渠道单一，我国各级政府积极引进外资。随着外商投资的到来，一方面对装备制造业提高竞争力起到了积极的推动作用；另一方面，外商逐步控股我国装备制造业，导致国有品牌，尤其是一些知名品牌的逐渐消失。

第三阶段：创新驱动发展阶段。经过前两个阶段的发展，我国装备制造业规模得到迅速的扩张，但我国装备制造业大而不强，缺乏自主创新能力的问题十分突出。在市场竞争中，自主创新逐渐成为企业赖以生存和发展的关键。党的历次代表大会、特别是十九大报告中，不断强化实施创新驱动战略、实现转型升级的重要性和迫切性，通过创新形成符合我国装备制造业发展的道路，成为装备制造业的当务之急。《中国制造 2025》提出了装备制造业发展的方向和重点领域，科技创新驱动装备制造业转型升级为装备制造业发展的重点，但我国目前还处于创新驱动发展的初级阶段（成梦瑶，2015）。

（2）装备制造业的演进特征。

从生产方式导向的视角来看，装备制造业的发展具有两个较为明显的阶段性特征：

一是装备制造业发展初期，批量化生产方式占主导地位。批量化生产方式的精髓是分工细化基础上的生产专业化、标准化。通过分工，把整机生产分解为若干部件、零件、总装等工序；通过专业化的工种、工序的加工，可以在不同地点，严格按照统一标准的要求，生产出高度一致的零部件，组装出可靠性很高的机器设备整机。最终，在批量化生产方式下，围绕不同种类机器设备的生产形成一个个分工很细、专业化程度很高、保持高度同步性、一致性配套协作要求的生产体系。

二是装备制造业发展的升级阶段，柔性化生产方式占主导地位。柔性化生产方式是在批量生产方式基础上的升级，最终实现生产流程和产品的柔性化，提高各道工序的适应性，使许多加工过程可以一次性完成，同时机器设备产品实现自动化、智能化和机电一体化（何禹霆，2012）。

从科技创新导向的视角来看，装备制造业的发展具有三个较为明显的阶段性特征：

一是科技创新探索发展阶段，产品创新占主导地位。在这个阶段，我国装备制造业科技创新刚刚起步，科技型的装备制造业产业规模较小，缺乏产业创新政策和配套产业的支持。很多科技型的装备制造企业由于刚刚创立，技术不够成熟，为了提升技术水平，实现企业快速壮大，往往要吸收不同来源的创新理念，实践不同的创新方法。因此，产生了较大的产业创新需求。为了在市场上打败竞争对手，这些企业会大规模地进行产品创新，努力打开市场新局面。从创新链构建的视角来看，这个阶段装备制造业有了一定的科技创新基础，但基础研究方面的创新与技术创新未能实现同步发展，一些创新缺乏后劲。

二是在国内创新领先发展阶段，产品创新和工艺创新并重。在这个发展阶段，我国装备制造企业在技术升级、设备更新与基础研究上都得到一定程度的发展，科技型装备制造企业初具规模，需求市场逐渐明确，产业环境趋于稳定，产品的主导设计方向逐步确定。但企业面临的成本竞争压力增大，企业在持续进行产品创新的基础上，希望能抢先建立技术标准获得高额垄断收益。因此，装备制造企业必然重视工艺创新，并上升到与产品创新同等重要的地位，以提高生产工艺和生产效率，降低产品的生产成本。在这个阶段，模仿创新基础上的集成创新是装备制造企业科技创新发展的主要模式，通过集成创新与自主创新的有效结合，有力地推动了企业科技创新的发展及其创新效率的快速提升。

三是在国际化发展阶段，协同创新居于主导地位。在国际化发展阶段——赶超国际先进水平的发展阶段，我国装备制造业已经形成了比较完整的产业链，产业结构基本稳定；产业规模在持续壮大的同时，其市场需求的增长速度却逐渐减缓。为了抢占市场份额，企业之间依然有激烈的竞争，企业一方面通过工艺创新改善已有产品质量，另一方面也在不断延伸产业价值链，进行系列化的产品创新。在这一阶段，我国装备制造业在科技创新方面开始瞄准国际先进水平，通过原始性创新赶超欧美发达国家的装备制造业企业。装备制造企业的创新能力与技术升级的步伐逐步协调，基础研究和技术开发达到耦合发展的要求。在这个阶段，我国装备制造业在越来越多的领域，企业从技术引进者逐步变成技术外包与技术垄断者，自主创新的高级化快速促进了我国装备制造业相关领域在世界的产业地位迅速提升。

1.3 制造业与服务业融合发展的趋势及其特点

2013 年 5 月，李克强总理在全球服务论坛北京峰会上演讲时指出，大力发展服务业，对推动经济结构战略性调整、深化改革开放、扩大国际合作，都具有重要意义；服务业也是中国经济长期持续健康发展与优化升级的“新引擎、新动力”。2015 年 5 月，国务院发布《中国制造 2025》，提出要“加快制造与服务的协同发展，推动商业模式创新和业态创新，促进生产型制造向服务型制造转变”，“引导和支持制造业企业延伸服务链条，从主要提供产品制造向提供产品和服务转变”，全面发展服务业成为国家战略需求。2019 年，李克强总理在《政府工作报告》指出，要围绕推动制造业高质量发展，强化工业基础和技术创新能力，促进先进制造业和现代服务业融合发展，加快建设制造强国。目前，促进先进制造业和现代服务业融合发展已成为各级政府推动制造业加快实现质量效益提高、产业结构优化、发展方式转变、增长动力转化的重要抓手。

1.3.1 服务业对制造业发展的积极促进作用

服务在社会和经济发展中的地位、作用的不断提升是经济和社会进步的一个特点（周寄中等，2009），在发达国家的 GDP 中，服务创造的价值已占据主体地位。服务业，尤其是生产性服务业对制造业创新发展具有积极的促进作用。制造业的服务创新是中国制造业升级的重要途径之一，也是工业化与信息化“两化融合”的重要体现。服务创新对于制造业产品创新起到了一种化合与加速的作用，并极大地降低了创新的成本（张洁梅，2013）。制造业可持续利用生产性服务业发展过程中涌现的一系列网络和信息技术成果，并将其运用于研发、制造、营销、维修服务全过程，进而对其实现优化升级。对制造企业来说，通过服务创新能够进一步促进制造业产品创新（李新宁，2018）。

1.3.1.1 制造企业产品服务的价值特征

服务业的增长不仅来源于第三产业，也来源于传统制造企业从制造产品转向提供服务所创造的价值（Han *et al.*,2013),后者被称为“隐藏的服务部门”（Gronroos,1990）。自 Vandermerwe 和 Rada（1988）提出了产品服务化（Servitization）概念后，国际学术界对其进行了持续的研究，早期文献将服务化理解为针对产品的一种补充性“附加价值”活动；后续文献认为服务化是一种渐变的过程,并将企业文化和运行等要素引入其中,以确保服务价值实现（Baines *et al.*,2009）。制造企业基于产品开发服务的实践已受到日益增多的关注(Dachs *et al.*，2014）。产品服务化可以增加制造企业的竞争优势（Vandermerwe 和 Rada，1988；但斌，郭礼飞等，2012）。服务的可见度低、劳动依赖度高，很难被模仿，是竞争优势的持续来源（Oliva 和 Kallenberg，2003）；在以成本取向的传统行业中，服务化战略也是创造差异化优势的重要手段（Robinson，2002）。产品服务化能够减少客户在产品使用过程中的风险、提高产品使用的效能，为客户带来使用成本的优势。在产品服务化模式下，制造商以卖产品功能或服务，取代仅仅卖产品本身获益（Tang 和 Hull，2012），能够促进企业采用耐用的原材料和设计，延长产品的寿命，降低对资源的消耗，并通过回收活动降低废弃物对环境的不利影响，有利于改变以恶化环境为代价的经济增长模式（Fishbein *et al.*，2000）。中国政府已向世界庄严承诺，到 2020 年，单位 GDP 的碳排放要比 2005 年下降 40%~45%，并作为约束性的指标纳入我国国民经济和社会发展中长期规划。从某种意义上讲，企业的社会责任也是一种稀缺性资源（侯历华，2007）。迈克尔·波特（2006）指出，企业的社会责任并非简单地意味着成本和约束，它也是企业实现创新和提高竞争优势的潜在机会，并将在未来竞争中决定企业的成败。Russo 和 Fouts（1997）认为，采取积极主动的环境政策的企业常常会重新设计生产或派送程序，重组实物资源以减少浪费并提高操作效率，增强其竞争优势。采取服务替代产品的战略，能够促进企业实现低碳生产、低碳消费、低碳回收利用报废产品。从长远来看，产品的服务化将在企业未来全面承担社会责任的竞争中扮演越来越重要的角色。制造业企业传统的价值观认为，产品是企业产出的核心，企业的价值来源于产品的功能和性能，而服务只是附属产品售后的一些补充性活动（Gebauer 和 Friedli，2005；Hofera，*et al.*，2012）；然而，随着产品服务化理论与实践的发展，这种情况正在发生改变 —— 客户与产品交互的相关活动已成为关注的焦点，企业的价值被认为主要来自支持和增强客户对产品使用的服务过程（Tan *et al.*，2010）。在过去的数十年里，产品的服务化活动扩展了制造商贴近客户及其潜在需求的范围（Shmenner，2009）；使企业从卖产品到提供整合的产品和服务，也使顾客由“一次性”购买产品，变为长期购买企业的服务（Howells，2004）；从而在给顾客创造多种价值的过程中使企业长期获益（Baines *et al.*，2009；Gebauer，*et al.*，2011）；进而形成了产品与服务之间的一种互动关系，即附加于产品的服务提高了产品的可靠性，对产品形成明显的“质量弥补”特征（蔺雷，吴贵生，2009）；而产品的服务化则增加了产品的使用频率，提高了产品对客户的可获得性及其在技术过时之前的总产出（孙林岩 等，2008）。也就是说，产品与服务融合的实践显示了这样一种趋势，那就是企业对基于价格的竞争越来越不敏感（Maleret，2006），而且相对于单纯提供产品而言，提供产品的服务能够为企业产生更高水平的盈利能力（Frambach *et al.*，1997）。

1.3.1.2 产品服务对制造企业竞争优势的影响

一般认为，服务能强化企业与客户之间的关系，是一种从技术拉动维度来培育创新的方式（Dachs *et al.*，2014）。制造企业基于服务创新的服务化转型，通常以新的服务形式或新的商业模式在市场上出现，并经过商业化过程创造新的客户价值（曲婉，穆荣平等，2012）。由于商品越来越多、竞争压力越来越大，制造企业仅仅依靠产品创新来保持竞争优势越来越困难（Glueck *et al.*，2006）。越来越多的制造企业选择提供服务（Kastalli 和 Looy，2013），试图将搭载产品和服务的整体解决方案（Davies *et al.*，2007），作为企业利润的唯一来源（Resta *et al.*，2015）。全球超过 30% 的大型制造企业开展服务业务（Neely，2008）。产品服务化已成为强化制造企业竞争优势而普遍采取的经营战略（Opresnik 和 Taisch，2015）。

提供服务有利于制造企业通过构建良好的客户关系来促进产品的销售（Akehurst，2008），规避产品价格竞争（Schmenner，2009）。企业从卖产品到提供服务,会使客户由“一次性”购买产品转变为“n 次”购买服务（Howells，2004）,从而使企业实现长期获益（Gebauer *et al.*,2011）。服务能够抵御经济周期，并为企业产生稳定的收益（Cohen *et al.*，2006）。在以成本取向的传统制造业中，服务化战略也是企业创造差异化优势的重要手段（Robinson，2002）。

在产品服务化的价值逻辑指导下，企业逐渐开始关注其服务化战略对企业竞争优势的影响。许多西方发达国家的企业为了抵御基于价格的竞争，纷纷实施服务化战略，从而使企业的盈利能力不断增强并保持持续的竞争优势（Schmenner，2009；White *et al.*，1999；Mathieu，2001）。通过设计并搭载产品和服务的整体解决方案来提供产品在生命周期中的价值，已成为许多制造企业的战略指向（Davies *et al.*，2007）。例如，通用电气、IBM、西门子、惠普、ABB、OTIS 等企业均积极发展服务业务，并取得了较为突出的成绩。其中，最典型的企业就是 IBM 的成功转型，目前其服务业务收入占公司总营业收入的比例超过 50%,并成为世界上最具影响力的信息技术服务企业之一（诸雪峰，贺远琼，田志龙，2011）。

我国陕西鼓风机（集团）有限公司自 2001 年以来，从单一产品制造商向提供成套设备解决方案和系统服务的生产型服务商转变；2005 年公司 25 亿元的总产值中，企业自制加工完成的产值不足 44%，而其余的 56% 都是靠外包完成的。实施工程成套服务模式后，陕鼓制造能力并没有进行扩张，但合同额却增加了 3.5 倍，利润增加了 2.7 倍（杨才君，高杰，孙林岩，2011）。我国一些学者的相关实证研究结果也显示，基于产品的服务及其质量的提升对企业绩效具有直接正向的影响（鲁琨，高强，2009）。

1.3.1.3 产品服务对制造企业增长的影响

通过产品服务来开拓新的市场空间（宋高歌等，2005）、获得相关的增长机会（Mathieu，2001），是许多制造企业实施服务化战略的基本动因（Gebauer *et al.*，2005）。产品服务化带来的增长既可以通过提供附加性的服务来促进产品销售，也可以通过在成熟的产品市场培育服务所具有的差异化优势来增加企业的产出（Oliva 和 Kallenberg，2003）。这种增长效应还可以体现在为竞争者进入市场设置障碍，以及防止企业的新产品被模仿，并扩散新产品的价值等方面（Dachs *et al.*，2014）。此外，产品服务化促进了用户非核心业务活动的服务外包，也为企业的增长提供了一个重要的来源（Reinartz *et al.*，2008）。

有形产品容易导致企业产出同质化，而无形的服务是创造差异化价值的重要手段（Park *et al.*，2012）。差异化的服务能够增强产品特定的功能效果，进而满足客户的需求偏好（Gebauer *et al.*，2011）。附加于产品的服务能够提高产品的可靠性及在产品生命周期内的生产效率（孙林岩等，2008）。制造商可以把自己的专业知识应用于产品使用过程，解决用户产品使用效率低下问题（Alonso-Rasgado *et al.*，2004），进而促进产品在其生命周期内的延长性使用。当企业拥有大量在用产品客户时，产品服务化能够使企业获得长期回报（Sawhney *et al.*，2004）。亚伯丁集团曾做过预估，全球每年的产品售后服务额大约有 1 万亿美元；服务在用产品用户的市场潜力是新产品销售额的 4~5 倍（Cohen *et al.*，2006）。

尽管服务对产品的销售和使用具有多维的、显著的促进作用，但企业从卖产品向卖服务转型，会在战略、组织结构及运行与管理等方面面临挑战。服务导向与传统的制造导向是矛盾的（Brax，2005），服务化首先需要解决的是企业在战略上的变化而不是推进渐进的业务变化（Barnett *et al.*，2013）。提供服务需要组织的设计与服务化战略保持一致（Raddats 和 Burton，2011），也需要改造组织文化以适应服务化的价值要求（Gebauer *et al.*，2012）。许多挑战来源于用户—服务的具体特征对服务生产和消费的影响，这些影响在不同的结构、过程和组织文化方面甚于传统的制造活动（Bjurklo *et al.*，2009）。现有研究对此给出的解释多数与制造企业内部的管理因素有关（Finne *et al.*，

2013)。此外，服务设计代表了新的价值活动及对企业挑战的新含义(Reed 和 Storrud–Barnes，2009)。根据 Visnjic *et al.*(2012)的研究显示，产品服务业务的深度开发可以使企业实现获利性的增长和市场价值，但大规模扩展不同的服务业务并不是一种获利性的增长战略。他们发现，服务开发与产品创新之间存在相互影响，并可能随着服务开发的深化而对企业增长产生由正向转为负向的影响。在 Finne *et al.*(2013)发现“逆服务化”现象之前，与服务化相关的研究文献主要关注的是企业如何进入服务领域，而从相关服务市场退出则几乎没有研究者关注。

1.3.1.4 产品服务对制造企业绩效的影响

尽管研究已经证明，产品服务化对产品、用户价值创造等都有好处(Guajardo *et al.*,2011),但服务创新对企业绩效的影响机理目前还并不清楚(Kastalli 和 Looy，2013)，需要对服务化的价值创造及价值应用过程有更深入的理解(Gebauer *et al.*，2012)。以往文献在阐述服务化的基本特征时，通常会涉及三个方面的驱动因素:财务、竞争优势，以及市场需求(Slepniov，2010)。因而，产品服务化的绩效也就相应体现为财务绩效、市场绩效等类型(Lee *et al.*，2015)。

隐藏在产品服务化背后的获利动机被许多文献认为是受财务驱动的(Baines *et al.*，2009)。一方面，来自服务的收益能够增加利润(Frambach *et al.*，1997)；另一方面，服务于在用产品的用户能够平稳实现在产品销售量减少的过程中转向能力应用战略(Oliva 和 Kallenberg，2003)。因此，企业产品需求易受冲击的脆弱性，通过服务及其稳定的回报能够在一定程度上得到化解(Mathieu，2001)。企业要实现其市场优势地位，依赖于服务的规模经济以及跨越产品和服务的范围经济的支撑(Akan *et al.*，2011)。当企业为其大量在用产品客户提供服务时，规模经济带来的竞争优势就形成了；而范围经济产生的竞争优势则来源于制造企业所独有的跨越产品和服务领域提供的技术与营销能力(Gebauer *et al.*，2008)。

不少学者围绕产品服务化对制造企业各类绩效的影响进行了实证分析，发现中外企业在产品服务化形式上存在一定的相似性，但产品服务化对不同绩效的影响却存在明显的差异（陈洁雄，2010）。Kastalli 和 Looy（2013）的实证研究发现，服务业务的规模对企业财务绩效具有明显的影响；小规模的服务活动能够给企业带来快速上升的回报，而随着服务规模的扩大，到中等规模水平时，回报则会暂时出现下降，仅仅当服务活动具备某种集聚效应时，服务回报的增长才会重新出现。Visnjic *et al.*（2012）的实证研究发现，对不同类型服务的投资会产生截然不同的绩效，增加服务的深度会正向地影响服务的利润及其市场价值，而增加服务的宽度则会负向地影响服务的财务绩效。肖挺等（2014）通过实证分析证实，人力资本、信息技术及客户关系都与服务创新绩效保持了正向关系。同时，他们也发现，那些被认为对服务创新影响不大的技术研发等活动，实际上对服务创新具有正面的影响。

尽管研究显示，服务收益与企业经营利润之间呈现显著的正相关关系，但大多数公司也发现，要开发服务的财务潜力十分困难（Gebauer *et al.*，2005）。制造企业实施服务化战略的绩效并非其预期的那么好（Ulaga 和 Reinartz，2011）。Neely（2008）发现，实施服务化战略的企业劳动力成本、运营资本及净资产等普遍高于纯粹制造产品的企业，并且，这些企业还不能完全消化服务的生产所产生的附加成本和相关投资。相关研究认为，缺乏清晰的服务化战略企业就难以实现较高的市场回报（Quinn *et al.*，1990）；成功的服务化需要克服产品制造文化的惯性，灵活性和多样性能够创造产品服务的利润（Gebauer *et al.*，2005）。

1.3.2 制造业产品服务创新与产品创新之间的关系

服务创新与产品创新之间存在内在的关联。一方面，服务创新可以使产品对环境的外部性内化为生产者的成本，并将产品对生产者的效用与产品对用户的效用及对环境和社会的效用统一起来，改变产品对生产者的效用往往大于社会效用的状况（Castell *et al.*，2004）。另一方面，产品的创新能够通过在产品设计中重视对服务环境的要求来促进服务的提供（Kastalli 和 Looy，2013）。产品的设计是以物质性的结构来满足客户的需求，而服务设计则是以活动来满足客户的需求（Gebauer *et al.*，2011）。有形产品发挥着传递机制的作用，服务价值直接或间接地通过有形产品而得到传递（Vargo 和 Lusch，2004）。

1.3.2.1 产品创新的内在特征

产品创新是产品通过结构化设计形成的新的功能属性特征及其市场实现。产品的结构是体现产品基本功能属性的载体，它反映了产品及其组成部分的逻辑关系，是产品设计与制造过程中进行产品数据管理、工艺规划、生产过程控制、物资采购与成本控制的重要依据，也是制造任务和制造服务划分的依据（王景峰，王刚等，2009）。Voss *et al.*（2003）对大量的产品进行了分析，发现产品具有功能性和享受性这两种基本属性。每种产品大都会同时具有享受性和功能性属性，消费者选择产品通常基于功能性和享受性两方面考虑（Dhar 和 Ertenbroch，2000），并根据产品在这两个方面的表现做出判断（Mano 和 Richard，1993）。以往一些研究认为，产品的享受性和功能性是同一维度的两个极端（Wirtz 和 Meng，2003）。但赵占波和涂荣庭（2009）通过实证研究，验证了产品属性存在二维结构现象。通常产品可归纳为四种类型：①高功能性、高享受性产品；②高功能性、低享受性产品；③低功能性、高享受性产品；④低功能性、低享受性产品（Voss *et al.*，2003）。

按照 Voss *et al.*（2003）的产品分类视角，可以认为，产品的差异化特征也应该主要地体现在其功能属性和享受性属性的不同组合及其属性表现的差异上。产品的设计是以结构来满足顾客的需求，而服务设计则是以活动来满足顾客的需求（Kimita 和 Shimomura，2009；Gebauer *et al.*，2011）。方案设计在很大程度上决定了未来产品服务系统的功能、质量和成本等核心要素，比如，70% 的成本在方案设计阶段几乎就已确定（林文进等，2009）。现有的产品设计理论主要以产品的实物层为研究对象，侧重产品的功能建模与求解，缺乏对产品服务关系的分析和服务活动表达方面的研究（张在房，2011）。Aurich *et al.*（2006）运用了以相似性原理为核心的成组技术，构建了产品与服务面向生命周期的设计框架；他们的研究表明，通过成组技术而降低系统的复杂性后，它能够在产生新的经济收益的同时，降低产品服务系统运行的成本及对环境的不利影响。从这个意义上讲，复杂的产品特别是希望通过复杂的产品结构来实现特殊的功能、体现产品差异化优势的产品，将可能对其相关服务的创新成本带来长期不利的影响。

1.3.2.2 服务创新的内在特征

产品服务化本质上是组织能力创新及业务流程创新，制造企业通过由主要卖产品转向主要卖服务，可以更好地为自己及其客户创造多重价值（Neely，2008）。Kastalli 和 Looy（2013）研究发现，制造企业通过服务运行模式创新，能够使产品和服务在回报上形成互补关系，而不是替代关系，最终实现螺旋式的回报增长现象。从产品的两种基本属性——功能属性和享受性属性来看，企业有关产品功能属性方面的创新相对较少，而基于功能属性进行功能实现属性方面的创新则十分频繁（郭朋飞等，2013）。产品与服务的集成创新是未来需要进一步研究的焦点（Kim 和 Yoon，2012）。服务虽被认为是一种安全的收入来源，但当服务被视为第二大业务时会对产品业务产生很大的威胁（Brax，2005）。服务业务的开发改变了企业风险状态（Finne *et al.*，2013）。这些额外的风险涉及能力、市场和财务等方面（Nordin *et al.*，2011）。目前，有关服务创新的特征及其对服务绩效作用机理方面的文献尚不多见。究其原因，一方面，服务活动具有特殊性、复杂性和结果的模糊性等（Gallouj *et al.*，1997），可能使深入研究服务创新活动较为困难。另一方面，受传统的创新范式的影响，服务往往被视为一种获取重要的产品创新信息的来源，以及将用户需求信息反馈到产品开发过程的载体（Goh 和 McMahon，2009）。尽管学术界对服务创新的挑战和风险较为关注，但现有文献对产品服务化失败案例的分析却十分少见（Finne *et al.*，2013），这也从一个侧面反映出现有文献重视研究制造商转变成服务提供商的主流价值倾向。

1.3.2.3 产品创新与服务创新的交互关系

Vargo 和 Lusch（2004）认为，在与产品共同构成的整体中，产品和服务并不是相互排斥的。有形产品与无形服务具有内在的关联性，有形产品决定了无形服务的形式和内容，而无形服务也影响着有形产品的使用效率和运行质量（张在房，2011）。产品与其服务之间的联系已体现在企业产品—服务一体化开发的实践过程中。Gebauer *et al.*（2011）对 332 家制造企业的调查显示，当企业将资源和精力都投入到产品或者服务中时，企业支出的成本将会大大提高。这表明，产品与服务之间存在着一定的交互作用，基于这种交互关系进行一体化的开发，有利于企业提高绩效。

制造企业的产品创新与产品服务创新交互作用的本质，是企业产品功能相关的、已固化在产品中的知识，与服务所运用的非固化知识之间的价值互补关系及其在市场需求作用下发生的价值重心偏移。企业知识的有形固化形成产品的功能属性，而企业非固化知识与固化知识相结合，就形成了以产品基本功能为核心的、动态的知识多维运用的知识体系——产品服务系统（方润生，郭鹏飞等，2014）。当这个知识体系与市场需求之间尚未达到相对均衡的状态时，固化成产品功能的核心知识可能会促进相关的非固化知识以产品服务的形态多维度地延伸并扩展产品的功能价值——形成多样化的产品功能实现形式，以满足不同使用偏好用户的需求（Mont，2001）；因而，产品服务系统的价值重心也会逐渐由产品偏移到产品服务。当这个知识体系在一定的技术和市场需求条件下达到相对均衡的状态时，与产品中固化的知识相关的非固化知识在重复性的应用中会逐渐趋于稳定，并产生标准化和模块化的潜在需求——在满足各类用户效用的前提下，提高服务的效率、降低服务的成本。因而，企业需要对这些产品服务适时进行"逆服务化"——将服务价值所依托的那些非固化知识迅速实现有形固化，以提高这些知识应用的质量和效率，并降低其运用的成本（Jaakkola，2011）。这时，产品服务系统的价值重心便会由服务偏移到产品，以"逆服务化"方式实现价值循环和产品服务系统的升级。在形成新的、更为完善的、承载产品功能的固化知识体系的基础上，企业内外部一些相关的非固化知识又会与这些新的固化知识相结合，从而形成新的、被服务活动所运用的非固化知识，并在更高的价值层面上满足用户不断延伸和扩展的、对产品功能新的实现形式的需求（Goedkoop *et al.*，1999）。在产品和服务交互作用的过程中，不断丰富、完善、升级的固化知识与非固化知识之间的价值重心持续偏移，进而形成具有更高级知识、更强大功能的产品服务系统，能够更好地满足用户动态变化的、更高质量、更加个性化的价值需求。在产品服务系统中，产品与服务交互的过程，就是以产品功能知识为核心，实现产品服务系统的知识体系不断扩展和升级的过程。

1.3.3　产品服务化相关研究存在的问题

制造企业的服务功能不仅来源于企业内部，还可以来源于和制造企业有着紧密分工与协作关系的网络伙伴。制造企业实施产品服务化战略需要在成本、收益和风险之间实现平衡。

1.3.3.1　同产品服务化的能力与风险挑战

虽然，产品服务化对提升制造企业的竞争力具有诸多积极的作用，然而，企业从以卖产品为主转向主要卖服务并非一蹴而就，已取得的优势地位也并不是一成不变的。例如，美国英特尔公司曾经投资 1.5 亿美元开发基于网站为客户提供数据服务的业务，但并没有实现预期回报，运行三年就关闭了（Vance 和 Weiss，2002）。针对产品服务化过程中出现的高投入、低产出的“服务悖论”现象，有学者认为服务化转型能否给企业带来良好的效益，可能与企业内外部的诸多因素有关（Gebauer，2008）。

开发多样性、个性化的服务运行模式，需要投入大量的专业化的劳动成本及净资产（周艳春，2010），对企业资源和能力产生巨大的挑战。于是越来越多的企业采取契约型的服务外包方式来应对这种挑战。服务外包通过市场交易一定程度地取代了企业内部层级协调的不确定性，可能因此降低某些环节的服务成本及结果的不确定性。然而，服务外包可能导致制造企业价值链日益片段化（Arndt 和 Kierzkowski，2001）。实际上，仅仅依靠将价值链切片化并进行全球布局以实现要素成本最低，已经无法保持企业可持续的竞争优势（Szalavetz，2003）。一些经理人员甚至认为制造企业实施服务外包，是“将企业最有价值的资产——客户关系，放在了陌生人手里”（Johnson，2007）。产品服务化转型可能带来新的商业模式、运作方式及竞争格局的变化（王林林，2014）。制造企业在将其服务业务的某些方面进行外包的同时，还应该考虑探索其他类型商业模式的成功应用，以适应服务化战略实施过程中对多种服务运行模式的需求（Cohen *et al.*，2006）。有效的组织结构既非等级制，也非网络化而是两者的混合物（Amidon，1998）。一个功能突出的模块化的网络化组织，能够通过完善流程，实现对资源、知识和高素质员工的有效管理，进而促进企业绩效的改善（Meier *et al.*，2011）。Szalavetz（2003）认为，产品服务化有两层含义：一是内部服务的效率，二是与产品相关的外部服务。目前，有关产品服务创新的相关研究，重点关注的是面向外部用户的服务——产品服务化的“利润中心”，然而，对企业内部服务——企业中间性投入的“成本中心”，尚未给予足够重视，缺乏通过服务运行模式创新将企业的内外部服务构建成一体化的价值创造体系，实现内部服务由“成本中心”向“利润中心”转化，以破解制造企业服务悖论，切实提高服务创新的产出绩效。

1.3.3.2 “逆服务化”问题

Finne *et al.*（2013）还发现，服务化演进过程并非单向地沿着卖产品向卖服务演进，一些企业在达到较高的产品服务化水平后，却出现“逆服务化”现象（Reversed Servitization）——由主要卖服务被迫退回到主要卖产品状态，业绩随之倒退。与消极的“逆服务化”现象有关的另一类研究，是关于专业服务企业的“服务产品化”问题——积极的逆服务化。服务产品化的相关研究主要探索推进服务的细化和标准化、有形化和具体化，使服务具有可交换的载体，并实现对服务过程的有效控制（Jaakkola，2011）。较高程度的定制化和异质性特征，是困扰专业服务尤其是运营服务管理和营销的重要问题（Verma，2000）。Matthyssens 和 Vandenbempt（2010）的研究发现，服务产品化后产品可以提高服务质量，例如，实现远程监控、定位检查等。Kowalkowsi *et al.*（2012）认为，由服务向产品的转变，可以把某一个客户的定制化服务进行标准化，提供给其他客户，实现服务的规模经济。顾新建（2008）认为，服务产品化是将服务的一部分基础性工作形成可以重复利用的标准化产品，在降低用户风险的同时节约服务成本，解决服务型企业所面临的服务的高度随机性、复杂性、竞争无序性、技能高度隐性，以及服务的多样化和个性化等问题。IBM 公司针对长期困扰 IT 服务行业的服务效率、成本、标准、定价及评估等方面的难题，2005 年提出了服务产品化转型，将制造行业的产品开发和交付原则等引入服务业务（许欣，2011）。一些制造业企业在产品服务化实践中也纷纷利用网络和信息技术，将相关服务有形化、产品化。服务的产品化实践可能代表了一种积极的“逆服务化”现象—— 源于产品与服务交互作用推动的、促进服务所依托的非固化知识实现价值扩展的有形固化现象。

制造企业的“服务悖论”及“逆服务化”现象表明，产品服务化战略可能具有双向演进的特征，仅仅注重对服务的开发及其投入，并不足以确保企业顺利地实施服务化战略并达到预期目标。“服务悖论”和“逆服务化”等现象也在暗示，实施产品服务化战略的企业，可能已进入了一个不同于以往产品发展逻辑主导的价值创造阶段，必须按照产品服务化自身的战略演进逻辑来指导服务创新。

1.3.3.3 影响制造业企业产品服务化战略的关键因素

制造业企业从制造商转变为服务提供商是一项重要的战略转型，因此，不可避免地涉及组织文化、组织结构等方面的调整（Jacobf 和 Ulaga，2008）。Baines *et al.*（2009）认为，产品服务化受到经济影响（资金流入和利润率）、产品服务战略的影响（竞争的机遇和优势）及市场的影响（顾客关系和产品的差异性）。Lay *et al.*（2009）提醒企业，向客户提供整体解决方案意味着企业要仔细分析自己实施有关服务是否比其客户提供更有效率。

Vargo & Lusch（2004）认为，服务具有行动和过程的特征，这个行动或过程本身就意味着为了客户的利益要用一些东西做一些事情。他们由此认为，服务就是对个人的或组织的资源、特别是专门的技能和知识与能力的应用。制造企业的服务功能不仅来源于企业内部，还可以来源于与制造企业有着紧密分工与协作关系的网络伙伴。企业的客户关系因此显得十分重要。企业的实践表明，开发长期紧密的客户关系并不是一件容易的事情，原因在于，在实践中财务绩效的测度、多样性和动态化的客户预期等问题，使得紧密的客户关系难以长期维持。还有学者认识到，推进产品服务化会面临一系列挑战。价值链中各企业之间的利益冲突是推进产品服务化战略的重要障碍（Mont，2002；Parry *et al.*，2012），实行服务化战略会产生新的竞争成本，这在一定程度上阻碍企业采取服务化战略（Mathieu，2001；Yoon *et al.*，2012）；而且，许多企业担心提供服务可能会超出其能力范围，对提供服务可能会产生风险的担忧，也会阻碍其服务化战略的实施（Oliva，Kallenberg，2003）。组织内部对由销售物品向提供服务转变的抵制，也是服务化战略实施的重要障碍（Fishbein *et al.*，2000）。

1.3.4 制造业与生产性服务业融合发展的基本趋势

尽管我国已成为世界制造大国，但与之相配套的生产性服务业仍不发达，而且中低端制造业去产能进程和智能化转型缓慢，成为阻碍我国产业结构优化升级、走向制造强国的突出短板，促进制造业与生产性服务业互动融合与发展已迫在眉睫。因此，在我国制造业走新型工业化道路中，需要切实研究科学有效的政策措施，推动形成生产性服务业与先进制造业协同发展的新模式。

1.3.4.1 制造业与生产性服务业融合发展的内在驱动因素

近年来，以数字化、信息化、网络化、智能化为代表的新兴技术在全球蓬勃发展，加速了生产要素转移和优化的步伐，与我国加快转变经济发展方式形成历史性交汇。我国生产性服务业和制造业与发达国家之间差距的逐步缩小，促进了产业结构转型升级。目前，生产性服务业和制造业固定资产投资基本占据全社会固定资产投资的半壁江山，制造业对投资增长拉动力度更大。生产性服务业和制造业稳步带动了城镇就业发展，已经占据吸纳就业的主导行业地位，而生产性服务业吸引外资能力近些年已经超过制造业，稳居全行业首位。

1.3.4.2 制造业与生产性服务业融合发展的基本态势

伴随着经济全球化及网络和通信技术的发展与广泛应用，制造业与服务业之间的边界越来越模糊，两者出现了融合的趋势。综合国内现有相关研究，众多专家学者较为认同的制造业与生产性服务业融合发展的趋势主要有两种：一种是制造业服务化，另一种则是服务业制造化。

随着全球服务经济时代的到来，制造业与服务业融合发展呈现出的特点和趋势，主要表现为制造业服务化成为两业融合的主流趋势；服务业制造化势头在两业融合中逐步显现，服务外包成为两业融合的主要方式；集聚化、配套化成为两业融合的产业组织形式；全产业链发展成为两业融合的利润增长模式；信息化成为两业融合的主要技术载体（王晓红，王传荣，彭玉麒，2013）。而在制造业和服务业融合发展的进程中，服务型制造和制造型服务，这两个概念则反映了制造业与服务业相互渗透与融合的基本特点。综合服务型制造和制造型服务内涵的表述，基于融合创新而出现的制造业服务化这一新型发展模式的提出，包含了上述两种发展形式的特点，可以看作是两者的结合（姚小远，2014）。也有人认为，制造业与服务业的融合是一个相互作用的过程，融合的最终结果有两种：一是制造业服务化，二是服务业制造化，即是一种共生的状态。而生产性服务业与制造业的融合过程主要表现为制造业服务化，这种融合结果主要是为了推动制造业的转型升级（张福，2016）。

制造业服务化趋势以美国的 IBM 公司最为典型，IBM 公司成立之初，本是以生产计算机硬件为主要业务。从 20 世纪 90 年代中后期开始，由制造商向服务提供商转型，通过一系列兼并、重组，将部分生产部门出售，例如，将硬盘生产部门出售给日立公司、将 PC 生产部门出售给联想公司、将复印机生产部门出售给柯达公司等，同时收购了普华永道咨询公司、Raitionl 软件公司等服务型企业，加强了 IBM 公司在战略咨询、软件等领域的能力，使 IBM 公司转型成为一个大型的服务方案提供商。目前，服务占 IBM 的收入比重已经从 1994 年的 26% 提高到 2009 年的 60%，成为全球最赚钱的公司之一。而我国也是不乏在向制造业服务化转型中取得一定成就的企业，例如，上海电气集团作为一家老牌电站设备供应商，以前只是设备制造商的角色，一套发电设备制造周期通常 1~2 年，后来发展成为工程成套商，一座电厂建设周期通常 4~5 年，再发展成为技术服务商，用远程监控技术支持电厂安全运营，用新技术改造原有发电机组，服务周期可以持续 30~40 年。而与其相对的服务业制造化倾向在制造业与服务业融合中也逐步显现，例如，思科公司是提供 IT 服务解决方案的大型跨国企业，其设备和软件产品主要用于连接计算机网络系统，目前，其在新加坡、马来西亚、泰国和中国有七家设备制造厂生产网络设备，同时进行产品测试与新产品开发。Google 研发中心于 2007 年公布 Android 手机操作系统，紧接着推出自己的品牌手机，在收购摩托罗拉后开始在中国大陆建厂生产。

从以上案例可以看到，制造业与服务业融合发展的态势显示，单纯的制造业或者单纯的服务业都会越来越少，未来的企业，无论是制造业还是服务业，都将会处于纯粹的制造或者纯粹的服务之间的某个价值区间双向演进。其中，制造业服务化主要是生产性服务业与制造业融合发展的结果，主要是为了推动制造业转型升级。而与其相对应的服务业制造化，则主要是处于价值链上游的高技术服务业向制造业领域延伸产业链的结果。目前来看，制造型服务是制造业与服务业融合发展的主要方向。

1.3.4.3 制造业与生产性服务业融合发展的制约因素

整体而言，尽管我国生产性服务业与制造业之间存在互动融合态势，但两者之间的协同发展程度并不高，特别是生产性服务业的拉动作用没有得到充分发挥。制造业与服务业的融合发展仍存在以下问题：首先，生产性服务业企业运营成本普遍较高，制造业更倾向于在内部组建生产性服务部门。而中低端制造业去产能和智能化进程缓慢，对生产性服务业发展支撑力度较弱。并且，缺乏针对生产性服务业和制造业协同发展的有效监管，部分行业无序发展亟待规范。用于决策支持的重要行业统计方法有待进一步完善，相关统计数据存在缺失、滞后，可比性不足。由于这些问题目前并没有得到解决，从而制约了制造业与服务业的融合发展（何强，刘涛，2017）。其次，我国制造业的发展是在引进外资和外部技术的基础上发展起来的，随着技术的引进，在形成对外资技术服务依赖的同时，也抑制了包括技术服务在内的本土生产性服务业的发展。随着国家创新驱动战略的全面实施，产学研协同机制的建立和完善，我国本土的生产性服务业已经呈现出快速发展的势头，制造业与生产性服务业的融合趋势将会越来越明显。

2 河南省产业转型的必要性和紧迫性

习近平总书记在中共十九大报告中指出，我国经济已由高速增长阶段转向高质量发展阶段，正处在转变发展方式、优化经济结构、转换增长动力的攻关期。同样，河南省也进入了经济发展的新常态阶段，产业供给体系面临着中低端产业重复建设及产品严重过剩、高端产品供给不足等诸多困境，直接造成河南省经济持续发展动力不足。因此,如何通过科技创新优化产业结构、转变经济发展方式，成为河南省经济高质量发展面临的重大挑战。本课题通过分析当前国际制造业发展的趋势和特点，以及河南省装备制造业演进的特点，剖析河南省装备制造业存在的问题及面临的挑战，基于河南省经济和社会高质量发展的要求，具体地回答如下几个问题：河南省装备制造业为什么要进行产业转型？为什么要依靠科技创新进行转型？结合国际产业的发展趋势，指出河南省产业发展，尤其是装备制造业转型发展的方向在哪里？如何进行产业的转型发展？

2.1 国际产业的发展趋势

从全球技术发展来看，新一代信息技术、物联网技术、大数据和云计算技术，以及人工智能与制造技术的加速融合，使产业发展，尤其是装备制造业的生产方式、组织形态、价值构成、商业模式等发生了显著变化，装备制造业总体呈现出产品技术高端化、制造服务一体化、产业组织集群化、市场竞争国际化的发展态势。

2.1.1 发达国家制造业发展演进的过程及其趋势

根据中国工程院发布的《2017 中国制造强国发展指数报告》显示的九个国家的制造强国综合指数变动趋势及排名情况，2012—2016 年中国连续五年在全球排名第四，仅次于美国、德国、日本，略高于韩国、法国。总结和汲取发达国家制造业在发展过程中的经验和教训，把握制造强国的演化规律及未来的发展趋势，为中国制造业转型升级提供经验参考，避免我国在发展过程中出现重大失误和损失，显得十分必要，且非常紧迫。因此，本课题拟通过初步总结美国、德国和日本制造业发展的演进过程及其特征，综合国内外学者对国际制造业发展趋势和特点的预判，为河南省装备制造业转型升级、实现高质量发展提供有益的政策建议。

2.1.1.1 美国制造业发展的演进过程及其特征

近几十年来，美国长期居于全球制造业发展的领跑地位，因而成为国内外学术界研究的重要对象。有数据显示，1963—2000 年，大量的研究和开发活动使美国制造业获得的专利数量占美国专利总量的 90%。相关数据还显示，美国制造业的增长主要来自耐用品制造部门，1995—2000 年期间，其增长率高达 5.95%，远高于非耐用品制造业 1.02% 的增长率，也高于美国整个制造业平均 3.80% 的增长率。而在耐用品制造业内部，又以工业机器和设备、电子产品和设备两个产业领域的增长速度最快，分别达到 10% 和 17%。

美国的制造业技术在建国之初并不发达，主要依靠引进欧洲的先进技术。有学者指出，美国于 18 世纪引进英国先进的蒸汽机技术，于 19 世纪引进机械加工、炼焦等技术（吕达，张志勇，2012）。通过大量的技术引进，美国快速建立起制造业，并在引进的基础上，根据其产业发展的市场需求，不断改进和融合引进的各种技术和方法。例如，有学者指出，美国在 20 世纪初开始组建巨型钢铁公司，将所引进的技术根据工序进行集成，产量远超当年所学习的英国（李拥军，史慧恩，高鹏，2008）。随后，美国逐步由模仿走向了自主创新，在集成创新发展到一定阶段后，原始创新上也取得了进步。因而在第二次世界大战之后取得了国际领先的地位。

随着知识经济的兴起和服务业的发展，美国制造业在经济和社会发展中所占的比重有所下降。例如，有学者指出，美国在第二次世界大战之后经历了“绝对优势—渐次衰败—重塑优势”的过程（霍春辉，2015）。美国政府在20世纪七八十年代主要支持基础研究、卫生健康和国防技术，而对制造业的发展不够重视，并且由于在70年代中期，有部分美国学者提出“后工业化”理论，过于强调制造业向服务业的转变，推动“去工业化”转型，造成美国产业结构比例的失调，国际竞争力与科技优势严重下降，出现经济衰退的现象。事态的严重，使美国政府不得不于20世纪80年代后期重新开始大力支持制造业技术创新，90年代后期，国际竞争优势得到一定程度的恢复（朱国娟，2007）。经历了这个阶段，美国政府意识到了制造业的重要及科技创新在制造业发展中的重要性。因此，开始大力推动原始创新，并通过制订产业发展计划实现趋势引领。例如，美国政府制订了制造业发展的行动计划并描绘了未来制造业面临的时代特征，提出面向21世纪的新型现代制造模式。与此同时，还建立起研究与服务机构，例如，扶持建立工程技术研究中心，将信息技术引入制造业领域；建立面向中小企业的国家级技术服务网络，为制造业提供技术服务平台。2008年金融危机后，美国政府提出“再工业化”，大力发展国内制造业，扩大内需，并通过对外出口进行保障。美国重点发展高科技含量、高附加值的创新型先进制造业，包括改造、提升现有的工业和发展创新新工业的过程。美国政府通过制订面向未来的行动计划、税收优惠、联合高校开展研究等方式大力发展先进制造业，推动美国制造业的复苏（霍春辉，2015）。2011年6月，美国正式启动包括工业机器人在内的“先进制造伙伴计划”。2012年，美国联邦政府提出了“国家制造业创新网络”计划（National Network for Manufacturing Innovation），在全国范围内建立多个制造业创新中心，形成新技术研发和产业化的协作网络，从整合制造业创新资源、促进集成创新的角度推动先进制造业发展。2016年，美国工业互联网联盟与德国“工业4.0”平台实现对接，形成强强联合。当前，美国制造业发展呈现的主要特点包括：①充分吸纳社会力量，政府的作用更多表现为建立机制和组织协调。②技术与应用、产品与市场紧密结合，创新中心布局既能够支撑国家宏观战略，也可以为所在区域带来实际利益。③最大限度地保证市场化运作，尽管国家制造业创新网络采取市场化的方式运行，但运行过程中政府也保持最低限度的介入。

目前，美国大力发展颠覆性技术产业，《美国先进产业》报告认为，以增材制造或3D打印、先进材料、先进机器人、大数据或先进分析、云计算、物联网和下一代基因技术为代表的颠覆性技术，不仅推动美国先进产业的转型，更在很多方面重新定义了制造业（Washing DC，2013）。就现状而言，有学者认为美国制造业仍然存在下降趋势，美国制造业就业虽存在周期性反弹，但下降趋势难以逆转。美国制造业增长略有扩张，但支撑经济增长动力并不稳定。制造业投资长期趋紧，外商直接投资主要流向化工行业。美国先进制造业发展迅速，但面临诸多挑战（张换兆，何霄嘉，2016）。

综上所述，从技术创新发展路径来看，美国的制造业发展基本是经历了"引进消化吸收再创新—集成创新—原始创新"的技术发展路径。起初从欧洲引进技术，到将多种技术根据市场需求进行集成创新，再到通过建立公共服务平台，大力促进产学研结合，发展面向未来的原始创新，使美国虽历经波折但又再次走在了发达国家制造业自主创新的前列。

2.1.1.2 德国制造业发展的演进过程及其特征

欧洲的制造业在美国制造业崛起之前一直处于国际领先地位，尤其作为工业革命的摇篮而成为全球制造业的中心。而在美国制造业崛起的冲击下，欧洲虽然丧失了中心地位，但仍然一直处于世界前列。德国作为欧洲老牌的资本主义工业强国，在装备制造业、电子工业和汽车工业领域仍具有强大的国际竞争优势，在模具制造、动力装置和数控机床等行业长期保持全球领先地位（霍春辉，2015）。

从技术创新的发展路径来看，德国的制造业发展也经历了"引进消化吸收再创新—集成创新—原始创新"这一过程。德国制造业起初也是大量仿制英国的机器产品，后遭到英国政府和厂商的强烈抵制，与此同时，德国的制造商也发觉，在引进技术的基础上应进行吸收与再创新才能更好地令客户满意。因此，德国制造商通过对机床性能和测量方法的改进，提高产品质量，从而得到了业界的认可，并在1893年的芝加哥世界博览会上崭露头角。随着先进技术的多领域应用，德国制造企业在化学和制药等高新制造领域取得了国际性独家垄断地位。20世纪初，德国在多个制造业领域的生产率，都已领先于其当年模仿的英国。可以看出，德国最初仅是学习甚至照搬英、美等国先进的技术和生产方式，在被英国抵制后，德国企业开始在引进的技术基础上通过消化吸收再创新，从而在产品和产能上实现突破。例如，在化学制造业领域，德国技术人员前往英、法等国进行学习，回国后将其特长进行集成，研制出各种新型化学品，并对化学教育体系和模式进行创新，使得化学创新实现可持续发展，最终取代了英、法成为新的化学品研发制造中心，在化学制造业实现了全球领先（巫云仙，2013）。而近几十年，德国开始更多地关注原始创新，联邦政府继两次发布高科技战略之后，于2013年提出“工业4.0”计划，该计划描述了下一代制造的基本场景（郭政，2014），发起并引领以智能化为标志的第四次工业革命。德国“工业4.0”战略的主要做法有：①政府、协会、企业密切配合，协同推进。德国三大工业协会发起组建了“第四次工业革命平台”办事处，作为整个战略实施的计划统筹和资源调配部门。②重点明确，方向聚焦。“工业4.0”的核心意图是将信息通信技术和网络空间统一成为信息物理系统，并以此为平台通过互联网实现生产要素的有机整合。③重视技术标准制定，掌握行业话语权。“工业4.0”的核心是制造业与信息通信技术的融合。德国政府认为，能否打造一个统一标准体系来吸引和统筹不同产业领域的市场主体是战略成败的关键。为此，德国在“工业4.0”战略实施伊始就制定了《德国工业4.0标准路线图》，明确了战略实施全流程的标准需求，提出了具体行动建议，通过构建统一的标准体系为市场主体打造互利共赢的商业平台。同时，借助欧盟的基础研究，德国与欧洲其他国家开展联合创新；由欧盟进行资金、技术支持，推进相关制造业领域发展，并与高校开展人才培养计划（霍春辉，2015）。

综上所述，从技术创新的发展路径来看，德国的制造业发展也基本经历了与美国相似的“引进消化吸收再创新—集成创新—原始创新”的技术创新发展路径。起初的德国由技术引进到如今在一些重点产业领域的创新引领，在相似的技术发展路径的基础上，德国形成了不同于美国的“德国制造”发展模式，由对规模数量的关注到对质量和品质的高度重视，并聚焦于工艺技术和技术密集型产品的生产，借助欧盟的优势推进了相关国家之间的协同创新，走出了科技创新的“德国模式”。

2.1.1.3 日本制造业发展的演进过程及其特征

第二次世界大战以前，全世界都知道“Made in Japan”就是便宜货，原因在于第一次世界大战期间日本出口商品的粗制滥造。第二次世界大战以后，日本的制造业远远落后于欧美，日本政府在制造业发展初期便大力支持引进欧美国家的先进技术，尤其是重点发展领域的技术引进，杜绝重复引进。起初，日本政府设立了严格的审查制度，以此防止引进妨碍本国技术发展和产业化的技术，防止垄断性地引进从而对国内重要产业的发展产生阻碍。随后政府开始减少这样的限制，实现技术引进的自由化。根据日本长期信用银行的调查，从1955—1975年间，日本仅用了不到60亿美元的外汇，就引进了欧美耗时30多年、花费2000亿美元研发的先进技术。同时，日本花费500多亿美元对引进技术加以消化吸收和创新（丛强，朱景萍等，2010）。第二次世界大战以后，日本经济萧条，然而由于重视技术的引进及引进后的创新，快速重建工业体系，推动了经济的持续发展。从1950—1979年近30年间，日本共引进技术3万多项，在其工业现代化过程中共引进技术专利近15000多项，支付外汇近26亿美元（吕达，张志勇，2012）。有学者指出，日本政府主要通过三个途径对技术引进进行管理，一是对国外技术情报进行搜集，使企业实现对先进技术的信息对称；二是注重提高企业对国外先进技术的消化吸收能力，鼓励企业对员工和技术人员的教育培训，提高人员素质；三是通过金融、税收手段及特别折旧制度等方式激励企业加速技术创新和设备更新，并促进引进技术的充分应用（陈平，2006）。

在技术引进消化吸收的前提下，日本十分重视将引进的各国不同技术加以集成创新；典型的例子是把来自奥地利、美国、德国、瑞士和苏联等国的钢铁技术、热轧技术、冷轧技术加以集成，从而形成日本式最先进的整套钢铁技术（国家发改委重大技术装备技术协调办公室，2007）。

随着日本在经济实力、技术应用水平的不断提升，日本政府明确提出了由技术引进转向自主开发的路径，开始增加原始创新的比重。工业引进全新技术占全部新技术的比重从1965年的近50%迅速下降到1970年的25%，同期同种技术的自行开发数量所占比重从59%上升到70%。自20世纪80年代以来，日本凭借其在原始创新领域的积累，在半导体工业、集成电路这些具有战略意义的产业领域，不仅在产值超越欧美，在投资额上和产业规模上也超过了美国（李毅，2007）。

从第二次世界大战后的日本制造业发展的总体上看，1955—1970年，日本进行了第一次产业结构大调整，实现从劳动密集型向资本密集型的转变，日本装备制造业高速发展。20世纪70年代以后，日本制造业进行了第二次产业结构大调整，由资源密集型的重化工业向技术密集型工业转变。1980—1990年，日本制造业进行第三次产业升级，完成由技术密集型向知识密集型的结构调整（霍春辉，2015）。通过再次调整，日本产业结构日趋知识化与服务化，信息产业成为日本国民经济的主导产业（黄先智，2003）。21世纪后，日本大力对新兴装备制造业，例如，电子计算机、通信器材、广播通信等信息产业和软件产业进行扶持（霍春辉，2015）。

日本在产业发展方面非常注重宏观战略的作用。受新产业革命的启发，2013年1月，日本经济再生总部制定了“经济增长战略探讨课题”方针草案，提到要“重振战略制造业”；其实质就是通过直接手段改善制造业发展要素，强化人力资源供给，为制造业创新创造良好环境。其主要做法是：①立法先行，于法有据。日本政府先后制定并修改了《产业竞争力强化法案》《国家战略特别区域法》等近40部法律，涉及推动电力市场自由化、法人税制等领域的改革法案。②设立国家战略特区。为避开一些法律限制和改革阻力，加快结构改革进程，灵活发挥地区优势，自2014年以来，日本先后设立了6个国家战略特区，主要是放宽了引进外资、国际学校设置和外国医生在日行医等方面的限制，同时加大了制造业配套设施的建设力度。此外，每个特区也可根据自身的优势和特点探索推进不同的改革措施。③制造业回归本土与高端创新相结合。在鼓励汽车、信息通信设备、电子电器等制造业回归日本本土的同时，日本政府也在加快推动大数据应用、机器人、清洁能源汽车、再生医疗、3D打印等技术的预研发展。

综上所述，从技术创新的发展路径来看，日本的制造业发展也明显经历了“引进消化吸收再创新—集成创新—原始创新”的技术发展路径。由起初在保护主义基础上的试探性引进，到大量引进先进技术并进行再创新，再到将多国先进技术进行集成，形成国际竞争优势。到最后减少引进数量，增加原始创新比重，从而实现部分行业的全球领先地位。在制造业演进的过程中，也形成了不同于美国和德国的“日本制造”发展模式，在重视产品质量的同时，聚焦生产成本的降低和制造过程中企业内部及企业之间的精准协同，以增强市场竞争力。

通过对美国、德国和日本三个制造强国的制造业发展演进过程及其特征的简要分析，可以发现，目前主要发达国家提升制造业创新能力的几个比较明显的特征，一是导向清晰，将掌握关键产业技术定位为制造业创新的国家战略目标；二是政策的激励和约束，在产业技术发展的不同阶段，政府通过政策引导产业发展，合理控制国外技术的引进和国内自主的技术创新能力培育之间的平衡，鼓励企业自主创新；三是强化对创新的公共服务，通过促进国内产学研协同创新、国家之间的协同创新，强化制造业重点领域的产业创新能力，并有力地促进企业竞争力的全面提升。

2.1.2 亚洲国家和地区科技政策对产业创新发展的影响

政府的科技政策对产业的创新发展具有显著的影响，这种影响在亚洲许多国家和地区都得到了充分的体现。一些国家和地区注重利用法律法规和发展战略与科技政策相结合，全面促进科技的发展；一些国家和地区通过设立一些公共技术服务平台和技术转移转化机构，促进本国和本地区产业的技术进步，培育新兴产业，支撑经济的快速增长和经济质量的不断提升。

2.1.2.1 日本科技政策对创新能力构建和提升的影响

截至2018年年底，日本共有27位诺贝尔奖获得者，2000—2018年，平均每年都有一位诺贝尔奖获得者产生。日本持续获得诺贝尔奖的现象，可能有多方面的原因，但日本不断完善的科技政策及其对科技创新能力的影响无疑是巨大的。一些研究者发现，1949 年的大学改革对日本科研创新能力的提升起到了巨大的推动作用，在 20 世纪 90 年代以后，大学的推动作用日渐减弱，而企业接替大学成为推动日本科技创新能力提升的主要力量；与此同时，持续的科技经费投入为日本科技实力持续领先提供了强大动力，企业开展基础研究、产学官合作制度的建立，也是使日本科技持续繁荣的重要原因（刘兰剑，应海涛，张田，2018）。日本自第二次世界大战结束以来，其科技发展战略经历了依赖国外先进技术、技术立国、科学技术创新立国战略三个主要阶段，实现了从注重提升技术水平到注重实现科技创新能力全面提升，再到注重社会体制改革与技术改革并重的演进过程。在不断提升的科技战略与科技基本法、科研机构法、研究开发管理法、成果应用促进法等法规和政策的引导下，日本从引进消化吸收开始，到走独立研发、自主创新的道路，实现了由对欧美国家先进科技的“追赶型”时代，逐步迈入科技实力“领先型”时代，其成功经验值得我们借鉴（刘海波，肖尤丹，靳宗振，2013；邱丹逸，袁永，2018）。

（1）积极引进发达国家先进技术。

日本科技的迅速发展，得益于日本政府在贸易立国的战略导向下，坚定不移地把“吸收性战略”作为国策，积极引进国外的先进技术，提升本国的产业技术水平。政府政策大力支持企业有序引进欧美发达国家的先进技术、鼓励企业加大研发投入、扶持企业作为研发主体开展基础性研发工作，促进企业进军新兴技术领域，政府政策有力地推动了日本技术创新能力及现实生产力水平的快速提升。日本积极引进外国先进技术，特别是基础技术的专利权，不但解决了日本工业现代化问题，而且缩短了日本工业赶超世界先进水平的时间，使日本工业产品在不太长的时间内达到了世界先进水平，一跃成为世界技术强国之一。

日本的技术引进是与其“贸易立国”及引进外资政策密不可分的。1949 年，日本通过《外贸及外汇管理法》，1950 年出台了《外资法》，通过对外国专利技术和设备的引进、消化、改良与利用，日本经济得到迅速恢复，实现了产业的重化工化和经济的腾飞（胡智慧，王朔，2018）。为鼓励企业引进和吸收国外的先进技术，日本先后颁布了《企业合理化促进法》《预扣赋税率制度》，对企业引进装备、技术给予税费减免，同时，将钢铁、电力、煤炭和造船列为重点发展产业，并围绕重点产业领域的需求引进技术，其中，电力机械、加工机械、化学、钢铁部门的技术引进数量占据引进总量的 70% 以上，截至 1960 年，引进技术对日本工业产出的贡献率达 11%（邓元慧，2018）。

日本政府在技术引进上具有明显的政策导向，坚持采取统一的、严格管控的技术引进政策。20 世纪 50 年代日本政府就制定了“一个前提、四个原则”来规范企业的技术引进行为。一个前提是：引进技术必须与本国产业政策的步伐保持一致。四个原则是：①引进的技术不能阻碍自主技术的发展；②引进的技术不能扰乱现有的产业秩序；③引进的技术不能使中小企业陷入困境；④引进技术的企业在技术和资金上要具有将技术消化吸收的能力。在这些政策原则的引导下，日本企业在引进欧美发达国家技术时，普遍遵循“引进零部件能解决问题的就不引进单机，引进单机能解决问题的就不引进成套设备，对工艺和技术的引进重于对设备的引进”的原则（李文江，2011）。政府的技术引进政策和企业的技术发展理念，为后来日本实施技术立国等战略提供了强有力的支撑。

（2）推进基于技术吸收的国产化政策。

20 世纪 70 年代，日本提出了“技术立国”战略，将科技发展的重点从产业技术的引进、模仿，转变到强化自主的基础研究上，并持续增大投入，不断提升产业的技术水平，在半导体等领域率先跨入国际先进行列。“国产化”是日本历届政府非常明确的产业发展方针和政策导向。在引进技术、设备的同时，重视吸收和掌握关键技术知识，进行综合性的或个别的改良，在此基础上研发出具有日本需求特点的新技术和新产品。随着战后经济的恢复和发展，日本的技术引进策略发生了转变，十分重视对国外先进技术的模仿和改良，培育自己的技术研发能力。1960 年，日本推出《国民收入倍增计划》，并指出不能只依赖引进外国技术，要在引进、消化、吸收的基础上实现创新，大力开发本国的技术创新能力，并明确提出了“一号机引进、二号机国产、三号机出口”的口号。20 世纪 50 年代中期到 1973 年第一次石油危机爆发期间，日本的经济持续以每年近 10% 的幅度增长，主要靠的是技术创新能力的快速提升做支撑。

为推动前沿产业领域实现重大突破，支撑产业的国际竞争力快速提升，从 20 世纪 70 年代开始，日本政府主导并支持了一系列重大产业技术研发项目，其中，超大规模集成电路研发项目（VLSI）就是典型代表。1976 年，日本通产省组织富士通、日立、三菱、日本电气和东芝五家大型制造企业，与日本工业技术研究院电子综合研究所和计算机综合研究所这两家研究机构组成研究联合体，协同开展 VLSI 项目研发。到 1979 年，日本政府和企业对该项目总共投资了 720 亿日元研发经费，其中，政府提供了 40% 的研发经费，参与的企业承担了 60% 的研发费用，该项目共产出了 1000 多项专利，显著提升了日本在半导体领域的产业竞争力。到 1989 年，日本已经占了世界储存芯片市场 53% 的份额，高出美国所占份额的 16%（方厚政，2006）。

随着与欧美发达国家的技术差距的不断减小，日本技术引进的空间也随之缩小。到 20 世纪 60 年代末，日本技术的出口数量大幅增加，引起了欧美发达国家的警惕，主要发达国家纷纷加强对输出技术的保护。同时，伴随着石油危机的爆发，依赖进口石油的日本经济开始减速、物价上涨，经济的“滞涨”特征明显，环境污染、劳动生产力短缺等一系列制约经济发展的社会问题也逐步暴露出来。日本政府不得不寻求科技发展的新途径，科技政策随之进入了调整期。1980 年，日本确立了“科学技术创新立国”的科技发展战略，开始重视加强基础科学研究、培养创造性人才、提高自主技术开发能力，以显著提升日本技术的国际竞争力。

（3）从技术立国向科学技术创新立国战略转变。

自主研发需要基础研究来支撑，作为靠技术引进发展起来的后进国家，20 世纪 70 年代日本的基础研究相对欧美发达国家还显得非常薄弱。

1981 年，日本政府出台《科学技术白皮书》，特别强调基础技术研究的重要性。日本政府通产省 1981 年还制定和实施了《下一代产业基础技术研究开发制度》，以推动基础研究的发展。1986 年，日本推出了对其自主创新能力构建具有重要意义的《科学技术政策大纲》，把加强基础研究提高到技术研究的中心位置。《科学技术政策大纲》规划了自 1986 年起的未来 10 年重点发展的高新科技产业，并将电子信息、航天、海洋、地球、生命、材料、软件七大研究领域列为重点发展领域，并以新材料、生物技术、新元件作为优先发展方向，突出了向知识密集型产业转变的战略目标，为此制定了促进基础研究的资金扶持措施，例如，实施向研究机构发放"科学技术振兴调整费"的扶持措施，设立尖端研究开发支援项目（Funding Program for World — Leading Innovative R & D on Science and Technology，FIRST）并给予总额超过千亿元的资助等（平立群，2016）。在这些政策的引导和支持下，日本的基础科研经费得到了大幅提升，到 1987 年，已占到了 R&D 总经费的 14.5%，并保持着上升的趋势。日本的电子信息技术产业、网络技术、卫星技术等实现了快速发展，高新技术产业在制造业中的占比也从 1982 年的 17% 上升到 1992 年的 31%。

为鼓励企业通过产学研合作，开展自主创新活动，日本政府通产省产业结构审议会制定的《80 年代的通商产业政策》明确提出"产学官合作"体制，强调在人才、资金、设备等方面开展协同创新活动。1981 年，日本科学技术厅推出"创造性科学技术推进制度"，倡导以学术带头人为中心组建课题组，吸收企业、大学的研究人员参与，构建一种流动、弹性的协同研究体制。日本政府科学技术厅、通产省、文部省、农林省、厚生省、建设省等政府部门，先后设立了振兴企业科研发展的补助金，对企业的研发活动给予直接补助，并给予高技术基础研发 7% 的税收减免。日本还通过政府银行和金融公库对企业研发发放低息贷款，为企业自主创新提供资金保障。

随着日本技术水平的不断提升，产品及技术出口迅速扩大，而日本与美国的"贸易摩擦"也随之日益加剧。为缓解贸易冲突，日本政府采取了扩大内需的措施，经过房地产和股市"泡沫"膨胀后的经济低迷阶段，日本政府意识到，只有向新兴的科技领域进军，开发领先于世界的高新技术，才能从一个技术追赶型国家彻底转变为技术领先型国家，其科学技术创新立国战略应运而生。1995 年 11 月，日本国会通过《科学技术基本法》，明确提出"科学技术创造立国”战略，从重技术转向了科学与技术并重，各主要领域一起发力，齐头并进，原始创新能力步入快速提升阶段。

1996 年发布的第一期《科学技术基本计划》开始强化科研投入，改善科研环境，提高科技研发能力，尤其是基础研究能力。2007 年，日本政府发布《创新 25 战略》，明确了到 2025 年的科学技术发展路线图，明确了日本在 2025 年之后要实现的社会目标，包括终身健康、安全放心、生活丰富、为解决全球性问题作出贡献及向世界开放等内容，其目的是要通过科技创新实现日本经济的持续增长与社会的安定幸福。2007 年，日本文部科学省还设立了“世界顶级国际研究中心计划”（WPI），目的是通过创造良好的研究环境并给予重点支持，吸引和汇聚世界一流的研究人员，打造世界顶级研究基地，以有效提升日本的基础研究能力和国家创新实力（胡智慧，王朔，2018）。2010 年之后，日本以持续强化基础研究作为科技领域的长期发展战略导向。在《第五期科学技术基本计划（2016—2020 年）》中，日本政府提出了“超智能社会”（Society 5.0）的目标，其目的是充分利用信息通信技术（Information and Communication Technology，ICT）实现虚拟空间与真实空间的高度融合，通过消除地区、年龄、性别、语言的差别，充分提供高质量的产品与服务，以满足多样的市场需求与潜在的社会需要，在解决社会问题的同时实现经济发展，使国民过上高品质的生活。在《综合战略 2017》中，日本政府提出了鼓励民间资本和企业投入产业发展的基础研究的政策举措，以促进基础研究的全面发展。近十年来，日本政府根据国内外科技发展的态势，为促进经济持续增长，陆续提出了 IT 立国、生物技术立国、环境立国、知识产权立国等战略（昌成亮，2009），在高新技术领域取得显著进展。这些政策的深入实施，推动了日本经济和产业技术的创新发展。

2.1.2.2 韩国科技政策对产业创新发展的影响

从 20 世纪 60 年代开始的工业发展使韩国从一个低收入的欠发达国家变成了一个中等收入的工业化国家。在韩国工业发展的过程中，科技政策发挥了非常重要的作用，韩国企业的技术能力发展在很大程度上得益于政府政策的强力支持和资源投入。1997 年，韩国加入经济与合作发展组织（OECD），并努力快速成为发达工业国家。一些研究者认为（Kim *et al.*，1997），韩国的科技发展可以被分为三个阶段：初始阶段、国际化阶段、快速成长阶段。

（1）初始阶段。

初始阶段开始于1962年的经济五年计划。1962年，韩国的研究开发的费用仅占国民生产总值（GNP）的0.2%。当时的韩国，在工业界和大学里都没有实质性的研究开发（R&D）活动，只有公立研究机构承担了小规模的研究开发计划，而这些计划大部分只是测试和检验性的。从20世纪60年代中期开始，韩国中央政府启动了一系列的研究开发基础设施建设项目。1962年，韩国在其国家经济计划院下设立了技术管理局，并于1967年首次在发展中国家的政府部门设立科学技术机构——科学技术处。1966年，韩国政府设立了第一个综合产业研究机构——韩国科学技术研究所，该研究所把科学技术能力很不足的产业作为技术应用开发的重点，对韩国科学技术的运营方式和发展方向产生了重大影响。1972年，韩国颁布了《技术发展法》和《工程服务促进法》。1988年，韩国对政府科技管理机构进行了改组，成立了专设机构——科学技术委员会，由副总理级官员任委员长，同时，将科学技术处升级为科学技术部。而在教育界，韩国的高等教育机构从1971年开始纷纷开设了硕博士教育。1973年，韩国修改《产业教育振兴法》，把“产学合作”写入该法并使之制度化，韩国文教部也设置了产学合作科。1974年，韩国成立了产学合作财团（基金会）。在这个过程中，政府不仅是一个规划与引导者的角色，还是积极的参与者。通过对高校人才培养的专业方向提出明确要求，同时在政策上进行指引与倾斜、直接资助企业等手段推动了企业资助高等学校联合开展研发活动。韩国通过立法，对企业与高校间的合作进行规范，使企业与高校之间的合作进一步加强，产学之间的合作逐步制度化。与其他发展中国家相比，韩国将更多的政府预算投入到科技发展计划。1964年，韩国科技投入在政府预算中的比例仅为0.18%，1970年增加到0.3%。1980年，科技投入在政府预算中的比例进一步提高到0.37%，并在20世纪90年代维持了这个比例。

作为科技预算的主要流向，韩国政府资助的研究机构（GRIs）提供的高薪职位吸引了很多在国外工作的科学家和技术人员回国工作，为吸收引进发达国家的先进技术，促进韩国发展，实现引进吸收消化再创新发挥了重要的作用。同时，他们的示范作用使得韩国大学的工程科学院系吸收了最好的生源。然而，一些专家认为，在韩国科技发展的初始阶段，科技政策对工业发展的作用仍然没有充分显现出来（Kim *et al.*，1997）。但是，科技政策对韩国企业确立技术发展方向确实产生了重大影响。

（2）国际化阶段。

在国际化阶段，韩国政府加强了研发的税收激励措施。韩国政府减免了研发设备税收，出台了企业人力资源开发支出的税收抵免政策。在政策性贷款总体萎缩的环境下，扩大了支持技术发展的政策性贷款，同时，韩国政府支持风险投资公司参与技术的商业化。政府还将政策融资管理权下放给公共风险投资公司。政府对研发的管理也进行了改革，最重大变化是1982年启动的国家研发计划（NRDP）。NRDP包括六个研究类别，其中，高度先进的国家HAN项目是最独特的，HAN项目的主要目标是提出具有战略意义的工业技术。这是韩国第一个大规模的部际研发计划，该项目还鼓励私营部门参与，只要私营公司提供一定比例的研究资金，他们能够参与相关项目并获得研究基金支持，对参与的研究项目的成果享有所有权。

国家研发计划的实施带来了两个重要的变化：一是大学和私营公司可以参与政府的研发计划。他们可以与政府资助的研究机构一起竞争研发项目；二是政府能够追求具有战略重要性的技术目标，能够主动规划和实施研发项目。在此期间，韩国政府对有关开发金融机构（DFI）和技术许可的政策进行了大幅度修订。自1980年以后，韩国政府逐步放宽了对外国投资的限制。1984年12月，韩国修订了《外国人投资促进法》，鼓励外国直接投资。另外，审批系统更有效率了。如果有关项目不在负面清单上，外资股权的比例低于50%、所涉外国投资不超过一百万美元，且不需要免税的项目，则立即自动获得批准，财政部无须经过专门委员会审查或征询相关部委的意见。此外，除少数受限的领域外，对外资股权比例的限制也大大放宽。

（3）快速成长阶段。

在成长阶段，韩国科技政策的主要目标是建立类似发达工业国家的全国性创新系统。在此过程中，促进工业界、学术界和公立研究机构研究能力的发展成为韩国政府政策的核心目标。同时，研究开发合作的网络也是韩国政府关注的重点。1990 年，韩国政府成立科学研究中心和工程研究中心，主要对大学的基础研究进行资金支持；1994 年，韩国通过《合作研究开发促进法》，同时，韩国政府科技部引进了新的研究开发项目来支持大学研究；1995 年，韩国政府教育部启动了支持研究型大学建设计划。通过这个计划的项目，五所韩国知名大学的六个研究机构在五年内获得了 50 亿韩元的资助。这些资金被用于升级研究开发的基础设施和聘用更多的研究人员。20 世纪 90 年代中后期，韩国政府推出了旨在加强技术供给和需求之间联系的相关政策和措施。1994 年，在韩国科学技术院设立了“技术商业化孵化器”和“技术创新中心”；1996 年，为了加强大学研发活动与中小企业之间的联系，韩国政府在全国各地设立了“科技园区”。这些措施不仅有效地促进了大企业与研发机构之间的合作研发活动，同时也强化了大学研究活动与中小企业之间的联系。在这个时期，韩国有关政府部门，如信息部、农业部、环境部、健康福利部、海洋渔业部等，也开始设立一些独立的研发机构，在相关领域开展研究和开发活动，研发政策成了各政府部门实现其政策目标的重要工具。

这个时期，韩国政府越来越重视跨国研发合作。之前的政府研发项目限制了外国研究者的参与，从这个时期开始，韩国政府的研发项目大量向外国研发机构和研究者开放。韩国完善了知识产权和标准化领域的有关法律，为跨国合作提供支持。同时，韩国政府也十分重视技术信息中心的建设，建立了大量的区域性技术中心，为中小型企业的技术发展提供科技信息服务。

2.1.2.3 新加坡的创新政策与公共服务平台建设

新加坡是一个拥有 564 万人口的城邦国家。1963 年新加坡独立初期，在经济发展委员会成立了工业标准研究部，其职能是协助实施工业化项目。1966 年，工业标准研究部成为国际标准化组织（ISO）的成员；1969 年，工业标准研究部重组并改名为“标准和工业研究院（SISIR）”，成为国家标准机构。1973 年，经新加坡议会批准，标准和工业研究院（SISIR）成为独立的执法机构。新加坡的大部分机构成立的时间都不太长。在 1985—1995 年间，新加坡建立了九个研究中心和研究所，研究 IT、电子和生物技术等方面。这些研究中心和研究所的主要任务是：①提供专业培训；②开发竞争前技术；③为公司提供服务；④将技术转移到工业领域（Tang 和 Yeo，1995）。国家科学技术委员会（NSTB）于 1991 年由新加坡科学理事会成立，同年宣布了新加坡国家技术计划。

直到 20 世纪 90 年代末期，新加坡创新政策的总体目标还是一维的，重点是吸引跨国公司，然后鼓励他们进行研发。例如，国家科学技术委员会的使命，是将新加坡发展成为有关科学和技术领域的卓越中心，以提高工业和服务部门的国家竞争力。为此，国家科学技术委员会为企业提供支持和帮助，使企业能够在当地实现研发和产品设计。此外，新加坡经济发展局还鼓励跨国公司提升其业务的技术含量，并为希望将新加坡人派往跨国公司总部接受培训，向新加坡转移新产品线的跨国公司提供补贴。新加坡教育局还制定了本地产业升级计划（LIUP），以促进技术转让。LIUP 涉及经验丰富的跨国公司的工程师，由新加坡中央政府提供全职工作岗位，并由政府全力支持，为当地供应商提供技术和管理升级服务（Wong，1995）。

新加坡政府在 1996—2000 年间共投入了 28.5 亿美元用于发展科学和技术，其国家技术计划虽仍然鼓励海外公司在新加坡开展研发，但其政策的主要目标则转移到发展本土研发能力上，并促进当地大学、公共研究机构和公司成立研发联盟（Wong，1996）。这种转变认识到过去依赖跨国公司研发存在明显问题，虽取得了一些成功——87 家跨国公司在新加坡拥有重要的研发项目（Goh，1996），但它也有一些不足之处：Goh 承认“这些公司的研发活动被认为是外围的”，并没有涉及多少具有市场竞争优势的核心技术。

新加坡政府认为，最需要发展的是其本土技术创造能力。尽管在技术上新加坡是东亚最先进的国家之一，但新加坡 99% 的专利都是由非居民申请的（NSF，1995）。在对新加坡公司技术战略管理的调查中，Wong，Loh 和 Roberts（1994）发现，外国公司和本地公司之间存在显著差异：具体而言，外资企业更频繁地制定和接受技术战略；拨出更多资金进行研究；更广泛地监控技术发展的趋势（日本公司特别有兴趣参与大学的研究项目）；并且，外资公司往往认为自己是技术领导者而不是追随者。该调查报告的作者得出结论，认为技术经理和专业人员需要获得更多的商业技能，新加坡公司应该更多地利用大学的资源。

总之，新加坡政策从20世纪90年代末已经开始改变，重点是鼓励研发和提高当地技术创造能力。尽管技术资源丰富，但新加坡尚未培育出强大的技术创新能力，其新政策侧重于研究基础设施的发展，目的是将技术能力嵌入当地公司。在实施新战略时，新加坡较小的规模却显示出比一些较大经济体更具优势的潜力。

2.1.2.4 中国台湾地区公共服务平台与高技术产业的发展

中国台湾地区政府支持的技术和科研机构，在台湾的高科技产业发展中发挥了积极的作用（Castells 和 Hall，1994）。与新加坡相比，中国台湾地区拥有更老、更大的研发机构体系，在研发方面比新加坡投入更多，已经形成了一系列旨在鼓励面向战略技术需求提升本土技术研发能力的计划，在发展本土企业的技术能力方面发挥了重要作用。1973年在新竹县成立的“台湾工业技术研究院（ITRI）”，是台湾最大的产业技术研发机构，经费来源于台湾地区政府和民间企业，是台湾半导体产业发展的先驱。台湾工业技术研究院自建院以来，通过开展创新研发、人才培育、知识产权运营、孵化初创企业、技术服务与技术移转等工作，培育了大量新兴科技型企业，对台湾产业发展发挥着举足轻重的作用。Weiss 和 Mathews（1994）及 Wu（1995）描述了台湾工业研究院基于项目资助开发半导体晶圆制造技术，以及如何成功配置到台湾一些半导体公司的情况。台湾工业研究院在其中发挥了商业导向的作用（Rushet *et al.*，1996），虽然许多项目是由台湾地区政府资助的，但这些项目都是竞争性的，没有直接给予私人公司资金或补贴。

台湾工业研究院到建院30年时，已拥有6000多名员工。年营业预算为

5 亿美元，其技术重点从高科技集成电路（IC）行业到传统的纺织行业，其在工厂自动化和先进材料方面的研究成果也已应用于传统行业。它协调多方联盟：例如，1993 年成立的台湾新个人电脑（TNPC）联盟涉及 31 个合作伙伴，包括 IBM、苹果和摩托罗拉。该联盟的目标是“将来自 IT 行业各个方面的公司聚集在一起，重点关注在个人电脑、软件、外围设备和多媒体应用等一系列产品中转移、吸收和推广新的 PowerPC 技术”（Poon 和 Mathews，1995）。TNPC 倡议成立了计算机和通信实验室（CCL），它是台湾工业研究院的一部分。CCL 选择 PowerPC 技术作为一项重要的“通用”技术并建立了该联盟，包括与美国合作伙伴进行谈判。Poon 和 Mathews（1995）认为，这个联盟对现有技术的扩散和技术的开发同样重要。

台湾工业研究院还通过其工业技术信息服务（拥有 200 名员工和 1000 万美元的预算）及技术服务（如咨询、技术和管理培训以及故障排除）提供信息服务。台湾工业研究院执行副总裁就其国际战略发表演讲时，充分阐述了该研究院作为基础研究和产业之间的中介作用的全面性、探索性和适应性特征（Yang，1995）。

“我们的目标是：从国外转移技术、促进台湾投资、提高台湾的工业实力；并参与国际研发项目和联盟，将自己定位于对未来工业竞争力具有重要意义的先进技术研发、转移转化机构。作为一个具有行业前瞻意识的研发机构，我们长期积极地转移外国技术，以加快实施我们自己的研发和转化计划。未来的挑战是不同的和更广泛的。为了有效地获取国际先进技术并使其在台湾取得成功应用，我们需要努力采取以下方法来加强：

首先，我们的国际计划是长期的，这意味着我们将注意培育长期能力，并持续产生结果。

长期能力将存在于围绕区域基础建立的国际业务‘网络’中，并且通过商业化指导的‘项目’可以持续产出预期的结果。这两者是相辅相成的，网络支持和连续产生项目机会，项目收获网络的好处。

其次，由于这些国际计划将成为台湾工业研究院开展各种技术、营销、规划和支持单位的合作，我们必须在系统的框架下运作，以确保研究的质量和有序积累运营的经验和资产。

第三，应该强调以商机为导向的高度和特殊性”。

台湾工业研究院作为技术中介精心发挥作用的一个例子，是 1996 年在新竹设立的一个研发中心实施的开放式实验室项目。开放实验室计划主要为台湾工业研究院的研究人员和当地企业之间的联合研发提供空间和设施、初创企业孵化和会议及培训设施与空间。企业孵化器能够提供一揽子服务，包括管理咨询、财务和法律援助、办公和行政支持，进入企业孵化器的项目需要经过正式批准。这些服务得到了政府政策的支持，技术和管理的指导、咨询等服务费用的 60%来源于台湾地区政府的资助（Smith，1994）。

由于大多数台湾公司规模较小，因此技术中介角色就显得很重要。小公司很少有自己的研发部门，而台湾工业研究院会把自己研发的技术以易于获取的方式向小公司转移转化，其发挥了不可替代的作用。

新竹科学工业园区自 1980 年开始运营，成立的目的是为台湾的高科技产业服务，促进其加快发展。科技园提供税收优惠、低息贷款、研发和人力培训资助，以及免税进口设备和材料等。1995 年，新竹科技园拥有 170 家初创公司，吸纳了 36000 人就业。新竹科技园通过规划其长期发展计划，将其主要技术领域聚焦到电子产业，尤其是集成电路领域，2003 年实现了超过 500 亿美元的销售额。新竹科技园吸引了超过 1000 名海归及外籍人士工作。最初，台湾地区政府直接投资于小型创业公司，随着发展，越来越多的私营风险投资公司承担起投资创业企业的责任。新竹科技园在技术上是成功的，相关的许多公司也在发展中展示了高超的管理策略，并涉及管理国际的技术创新战略联盟（Yuan 和 Wang，1995）。

台湾工业研究院和新竹科技园的协同是非常成功的，正如一些研究者所言，成功的技术研发和转移转化机构的一个共同特征，是它们的空间协同和资源的整合，台湾工业研究院和新竹科技园依赖于它们与两所大学之间的研发协同和资源共享取得了成功（Castells 和 Hall，1994）。当地的小公司，以及有机会与具体的地方机构建立联系，是促进创新的一个重要的环境因素（Cooke 和 Morgan，1994）。

然而在20世纪90年代，台湾工业研究院和新竹科技园都面临着日益增加的研发项目需求的挑战。当时，台湾工业研究院的高级管理人员认为，工业研究院应该进行更多的基础研究。台湾地区高级“经济部”官员当时也担心，新竹科技园区的一些公司更关注简单制造，并享受五年减税的优惠政策，而不是积极开展研发活动。随着台湾在关键领域达到技术前沿，增加研究活动面临的挑战是不可避免的。台湾为了提高挑战的能力，迫切要求其产业研发机构提高技术适应性和创新的能力。

一些亚洲科技界的研究者，将台湾地区本土企业加速技术传播的成功与过去政府缺乏对新加坡公共研发的关注进行了对比（Wong和Poh-Kam，1995），公共研究机构最初服务于吸收海外先进技术，并迅速将其扩散到本地企业，越来越明显地转化为协调者，通过研发合作和战略研发计划促进本土技术创新能力的提升，同时重点支持电子产业的发展。新加坡在很大程度上受到以跨国公司为中心的创新网络模式的推动，但作为关键点，与公共研究机构保持密切关系的本土中小企业则一直是台湾地区科技发展的驱动力（Wong，1995）。

2.1.2.5 马来西亚公共服务平台与产业技术能力的提升

马来西亚是一个新兴的多元化新兴工业国家和新兴市场经济体，在20世纪90年代经济实现了突飞猛进，成为“亚洲四小龙”之一。作为东南亚地区具有代表性的国家，20世纪70年代，马来西亚主要把外商直接投资（FDI）作为鼓励当地技术创新发展的手段，尽管当时在建立本土技术能力方面的回报十分有限，但马来西亚仍将外商的投资作为其技术发展政策的主要内容（Jegasthesan *et al.*，1997）。作为对这一政策的补充，马来西亚鼓励外国公司并购本国公司、推动原始设备制造及外国公司的技术分包。马来西亚为此成立了一些技术研究和技术服务机构，例如，Kulim Hithech工业园和马来西亚科技发展公司（MTDC）。MTDC的定位和工作目标是将研究成果商业化，引入战略性新技术，并鼓励在马来西亚发展创新风险投资。与此同时，一些成立相对早一些的马来西亚机构，随着马来西亚经济的发展，也在调整和改变他们的角色和定位。

马来西亚标准和工业研究院（SIRIM）是马来西亚的一个主要工业研究与技术组织，隶属于马来西亚政府的国际贸易和工业部（MITI）。SIRIM成立于1975年，拥有1200名员工，其中，三分之一是科学家和工程师等研发人员，三分之一是技术人员。SIRIM的使命包括技术转移、转化和新技术的研发与风险投资，其组织功能广泛，包括研发、原型检测、标准、生产、出口协助，以及咨询和培训等。

SIRIM所发挥的作用与马来西亚经济的发展保持着动态的一致性。SIRIM以前专注与标准和质量相关的、相对有限的活动，随着国家经济的发展，其逐步承担起马来西亚企业的产品开发和创新风险投资。为了适应机构发展战略的变革，SIRIM在1996年成立了一家公司，将其活动从法律对政府机构的一些限制中分离出来，并将其与行业的技术发展紧密联系起来。进行了职能重新定位之后，SIRIM的职能分为两类：法定的或公共服务与市场化服务（后者不接受政府资助）。SIRIM公共服务包括建立和运营一些科技中心，例如，国家CAD / CAM中心和国家计量中心，担任国际标准化和中小企业发展的特定机构的政府合同承包商，并代表马来西亚参与国际科技合作活动等。马来西亚政府为SIRIM的人力资源开发持续拨款，并要求其将研发支出的50%用于长期的战略性新兴技术的研究。

SIRIM的商业服务，主要包括合同化的研究和咨询、技术商业化、质量认证、检验与测试、校准，以及提供技术信息和培训等。SIRIM当时运营了一项联合研究项目——通过分担成本，将SIRIM的资金、设施和专业知识用来协助行业合作伙伴，将创新理念转化为能够在市场上销售的产品。它还有一个三方研究风险计划,通过SIRIM—产业—大学研发合作促进网络化的发展。SIRIM还举办了许多技术论坛，例如，陶瓷、生物化学、CAD / CAM和工业自动化技术等，通过论坛将研发成果提供给广大企业。

SIRIM在发展中认识到，需要平衡其培训和研发方面的长期发展活动，这些商业化的活动不会得到私营部门的资助，需要将其打造成具有商业吸引力的业务，并为其自身及所服务的各类企业客户带来利润。

SIRIM在过去所采取的发展策略中具有渐进变化的特征，后期的公司化演进显得较为激进——从政府所有制到市场导向型组织的重大转变。在引入变革和不断改进其定位和职能方面，成功与否在很大程度上取决于其自身管理的质量。值得注意的是，马来西亚在技术服务于本土支柱产业方面不遗余力，在为热带经济作物农业提供的技术援助和技术推广服务上取得了显著成就，如对橡胶和棕榈油产业的技术支持，包括政府机构在内，在协助这些马来西亚本土的优势特色行业的发展上都一直非常积极（Barlow，1978；Barlow *et al.*，1994）。

目前，SIRIM 还通过将质量、技术和最佳实践相结合，帮助本国企业实现卓越的商业文化。SIRIM 的子公司 SIRIM QAS International，已成为马来西亚领先的测试、检验和认证服务提供商，获得了众多国际机构的认可与合作。SIRIM 也是全球研究联盟（GRA）的成员，SIRIM 还是世界工业和技术组织协会（WAITRO）的成员，该协会是在联合国主持下成立的独立工业研究组织协会。SIRIM 已经在马来西亚的行业标准制定方面发挥着不可替代的作用，并通过技术和认证培训计划支持当地行业人力资本的持续增长。

2.1.3 国际制造业发展的趋势

互联网与制造业的融合是新一轮科技革命和制造业变革的核心内容，它会打破制造业的全生命周期，从产品的设计、研发、生产制造、营销、服务构成一个基于网络的完整闭环，彻底改变了制造业的生产和运行模式。工业互联网是制造业数据流、硬件、软件和智能的交互。当工业互联网的三大要素——智能设备、智能系统、智能决策与机器、设备、机组和网络融合在一起的时候，工业互联网的全部潜能就会体现出生产率提高、成本降低和废物排放减少所带来的好处，将带动整个工业经济实现高质量的发展。2015 年开始，全球工业互联网呈现爆发式增长。《2017—2018 年中国物联网发展年度报告》显示，2017 年，我国物联网市场规模突破 1 万亿元，年复合增长率超过 25%；全球智能制造产值规模达到 1 万亿美元，达到 84 亿台，首次超过了人口数量。未来几年将保持 15% 左右的年均复合增速；2020 年投入规模有望达到 5000 亿美元。相关研究显示，未来国际制造业将呈现以下发展趋势。

2.1.3.1 集群化趋势

同种产业或相关产业的制造企业在不同地区集聚发展是国际制造业发展的明显趋势。在产业集群化的过程中，具有特色的中小企业借助有关企业、机构、大学、商会等在特定地理区域集中进行合作与竞争，例如，英国共有154个集群，分布在18个地区，英国北部的集群倾向于汽车金属加工等制造业。美国的硅谷和128公路的电子业集群，明尼阿波利斯的医学设备业集群，德国的索林根的刀具业集群，斯图加特的机床业集群，韦热拉的光学仪器集群等都是世界上较为典型的产业集群（朱国娟，2007）。产业集群化发展的核心是在一定空间范围内形成较高的产业集中度，这有利于降低企业的生产成本和交易成本等，提高规模经济效益和市场竞争力；同时，这些区域也会因为产业集群化的发展，形成区域的发展优势和相关产业的竞争力，强化人才、市场、资金、技术等的创新要素的聚集，推进产业不断升级，从而实现可持续发展。

2.1.3.2 信息化趋势

制造业信息化是各国制造业转型升级的必然趋势和重要路径，国外经验表明，信息化的飞速发展带动了传统产业转型，优化了产业结构，促进了经济增长，传统行业的信息化已经成为经济发展的必然趋势，制造业信息化也是我国制造业进一步发展的必然路径和核心内容（郭燕青，李海铭，2018）。现代信息化技术提高了信息的传递速度，提升了信息交互的效率，从而使得复杂的技术能够在产业内部实现高效的传播，传播成本的大幅度下降提升了技术创新的水平和速度（Warkentin *et al.*，1997）。当前装备制造业呈现出全面信息化的趋势，主要表现为柔性制造系统（FMS）、计算机集成制造系统（CIMS）的开发与推广应用，以及向智能制造方向的发展。在这一过程中，制造业将实现产业的信息化、软件化、高附加值化。从技术发展看表现为技术的融合化，从产品发展看表现为产品的高技术化，从系统管理角度看表现为集成化。制造业信息化包括产品设计的信息化、企业管理的信息化、制造装备的信息化、生产过程的信息化（徐东华，2015）。

2.1.3.3 服务化趋势

随着近年来制造业的网络化和电子商务的发展，装备制造业显示出服务化的趋势。装备制造业从硬件生产为中心转向以软件服务为中心，并逐步转变为具有综合工程能力的产业。装备制造企业由“一次性”卖产品，转变到“N次”卖产品服务（Howells，2004），将普遍通过产品服务来扩大经营的增值空间，实现与用户之间的价值互动。制造业服务化将形成两个明显的层次，一是投入的服务化，即服务要素在制造业的全部投入中重要性提升；二是产出的服务化，即服务产品在制造业的全部产出中的重要性和比重显著提升。制造业和生产性服务业两大产业体系在全球范围内的交叉融合，将促进传统制造业实现由“生产型制造”向“服务型制造”转变。

2.1.3.4 智能化趋势

人工智能是指研究人类智能行为规律，构建具有一定智慧能力的人工系统，以完成往常需要人的智慧才能胜任的工作（路甬祥，2016），是先进制造技术和计算机网络大数据信息技术的深度融合。人工智能以其技术的突破性发展为基础，迅速广泛地对经济和社会生活产生巨大影响，其表现为技术突破、应用广泛、影响深远等方面。由当前弱人工智能，逐步发展为强人工智能，以致超人工智能，其与制造业的融合的不断深化，必将深刻地改变制造业的发展，极大地促进制造业智能化发展的趋势，成为新一轮国际竞争的焦点。人工智能对于制造业的智能化改造的方向是促进制造企业实现全面智能化发展模式，包括智能化生产管理模式、智能化生产运营模式、智能化组织管理模式、智能化商业模式、智能化企业竞争模式等（高煜，2019）。

2.1.3.5 绿色化趋势

制造业的绿色化趋势是指在保证产品的功能、质量、成本的同时，综合考虑在产品的生产、使用、报废、再利用等整个产品生命周期，确保废弃资源和有害排放物数量最少，以达到对生态环境的维护、对资源的有效利用和能源的节约与保护。绿色制造包括绿色设计、绿色材料、绿色工艺、绿色包装、绿色处理（绿色再制造）五项主要内容，从管理观念、工艺规划、材料选择、产品包装、回收处理等各个环节对传统制造业进行改造，使制造业突破资源、环境、能源约束，更好地实现可持续发展。

2.1.3.6 标准化趋势

标准化是指在一定的范围内获得最佳秩序，对实际的或潜在的问题制定共同的和重复使用的规则的活动。制造强国须标准引领，制造高质量的产品必须有高标准支撑。标准是工业实力的象征，也是引领产业进步的方向。美国、英国、德国、日本、韩国等发达国家通过技术创新引领、产品标准化和产业国际转移等措施，依次完成了本国的“工业化”过程（田原，王成仁，2017），产品标准在国际贸易和国际合作中发挥了不可替代的作用。国际制造业产品呈现标准化发展趋势，德国的“工业 4.0”、美国的“再工业化”战略、“英国制造 2050”、日本“超智能社会（Society 5.0）”等都是从国家战略层面制定制造业的最高标准，并试图以此争夺世界制造业的制高点。从世界范围看，国际标准 90% 以上掌握在发达国家手中，而我国占比仅 1%；由此不难看出，制造业的竞争实质上也是标准的竞争，德国“工业 4.0”实施建议的八个优化行动领域中标准化位居首位（陈磊，郎晓黎，2017）。制造业的标准化主要体现在技术和产品的标准化，它包括制定、发布及实施技术标准的过程，其重要意义是改进产品、过程和服务的适用性，防止贸易壁垒，促进技术合作。目前，技术标准的制定权成为各国制造业参与国际竞争的一个新的战略目标。

2.1.3.7 个性化趋势

在美国预测的“改变未来的十大技术”中，“个性定制”被排在首位，其市场地位被越来越多的人认可（杜壮，2017）。基于信息化的大规模定制生产，让个性化、多品种与低成本、高效率不再矛盾，制造业呈现个性化发展趋势。随着消费者个性化定制需求的凸显，传统大规模批量化生产模式正在向小批量、多样化的产品生产模式转变。装备制造业的个性化，包括个性化用户的多样选择、实现个性化用户的参与设计、个性化用户的主导开发等内容。

综上所述，通过对发达国家制造业演进发展的探究，本课题组发现，其技术创新存在着相似的发展路径——“引进消化吸收再创新—集成创新—原始创新”。在制造业发展的初期，往往是引进先进国家的先进技术及机器设备，应用于本国的重点发展的产业，在对技术进行改善和革新的基础上，根据产业发展的目标和市场需要，将多国的技术进行集成，进而实现自主创新，在国际市场形成本国独特的竞争力，最后通过产学研结合的方式，大力发展原始创新。这三种创新模式在不同国家制造业发展的不同阶段均以不同的比重存在，具体的体现形式也各具特色。这一发展规律目前已经成为我国发展制造业，尤其是装备制造业的重要参照。我国的装备制造业应当在符合国情和各地区产业发展实际情况的基础上，遵循这一发展路径，并打造出适合自身产业特色的“中国模式”。而目前国际装备制造业呈现出的集群化、信息化、服务化、智能化、绿色化、标准化及个性化的发展趋势，从各个发达国家政府推动装备制造业发展的政策来看，不管是德国的工业 4.0，还是美国国家制造创新网络计划，都是引导各种先进的技术与制造业深度融合，以满足用户、市场、社会和环境需要的结果，我国也应当把握国际制造业发展的趋势，通过政产学研用协同创新，提升制造业在国际竞争中的优势地位，在重点产业领域实现引领发展。

2.2 河南省装备制造业发展的现状、演进过程及其特点

装备制造业是制造业的核心组成部分，是工业发展的基础，是为国民经济生产活动与国防建设提供机器和设备的基础性产业，也是我国对外经济贸易的第一大产业。经过新中国成立后数十年的发展，尤其是改革开放 40 年来的发展，装备制造业已成为河南省的第一大产业领域和高成长性产业，特别是高端装备在河南省工业经济中的地位越来越重要。2016 年，河南省全省规模以上装备企业主营业务收入超过万亿元，实现增加值 3155.12 亿元，占全省规模以上企业增加值的 18.75%，增加值的增长率连年高于全省 GDP 增长率，位居全国装备制造产业第四位。河南省入选全国制造业单项冠军示范企业的主要是装备制造企业，第一批入选的三家企业——中信重工机械股份有限公司（物料磨机）、中国一拖集团有限公司（大中型拖拉机）、中南钻石有限公司（人造金刚石），有两家是装备制造企业。第二批入选的四家企业——郑州宇通客

车股份有限公司（大中型客车）、中铁工程装备集团有限公司（全断面隧道掘进机）、河南威猛振动设备股份有限公司（振动筛）、卫华集团有限公司（通用桥式起重机），都是装备制造企业。习近平总书记在河南省考察时指出，希望河南省加快转变经济发展方式和提高经济整体素质及竞争力，提出以强化基础能力建设为主导推进培育新优势的发展理念。因此，全面梳理和分析河南省装备制造业发展演进的过程及其特征，有利于河南省制造业，尤其是装备制造业深入实施创新驱动发展战略，推动产业转型升级。

2.2.1 河南省装备制造业的现状

装备制造业作为河南省推动经济发展的支柱产业，其在工业增加值、主营业务收入、企业数量和从业人员数量等方面的指标占全省工业的比重达到五分之一，是河南省工业中的优势产业。河南省装备制造业在输变电装备、农业机械、矿山装备、基础件等领域，具有较好的产业基础，拥有一批重大标志性产品和技术装备，在国家装备制造业中占有重要位置，是河南省体现装备制造业发展水平、培育具有核心竞争力优势产业的战略支撑点。建材、有色金属等产业的产值均在全国前六名；大型拖拉机、重型矿山装备、特高压直流输变电装备、盾构机装备等产业的产品产量位居全国前列，全省形成了装备制造、食品制造、新型材料制造、电子制造、汽车制造五大主导产业。世界上最大的自磨机和球磨机、支护高度最大的矿用液压支架、第一套特高压直流输电控制保护系统，以及世界最大、最先进的18500吨自由锻造油压机和750吨/米操作机，都是河南省高端装备产品的标志性创新成果。

2.2.1.1 河南省装备制造业的总体状况

装备制造业作为河南省的第一大产业领域和高成长性产业，近几年实现了较快发展，2016年河南省规模以上装备制造业实现增加值3155.12亿元，位居全国装备制造产业第四位，比2006年增长了5.51倍，11年间平均增长了1.18倍。河南省装备制造业在全省规模以上企业增加值的比重从2006年的8.16%增加到2016年的18.75%，产业的高成长性特征十分明显（见图2-1）。

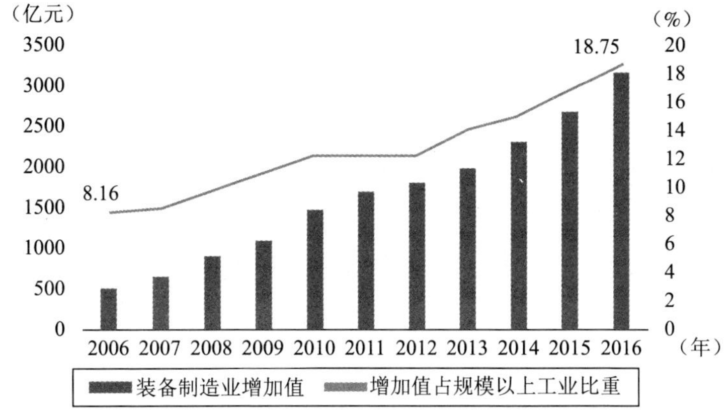

图 2-1 2006—2016 年河南省装备制造业增加值及其占比

河南省装备制造业增加值的增长率连年高于全省 GDP 增长率，其对经济增长率的贡献率较高（见图 2-2）。随着《中国制造 2025》的全面实施，国家对重大技术装备自主创新扶持力度进一步加大，市场对装备制造业升级的需求进一步上升，河南省高端制造业迎来了新的发展机遇。

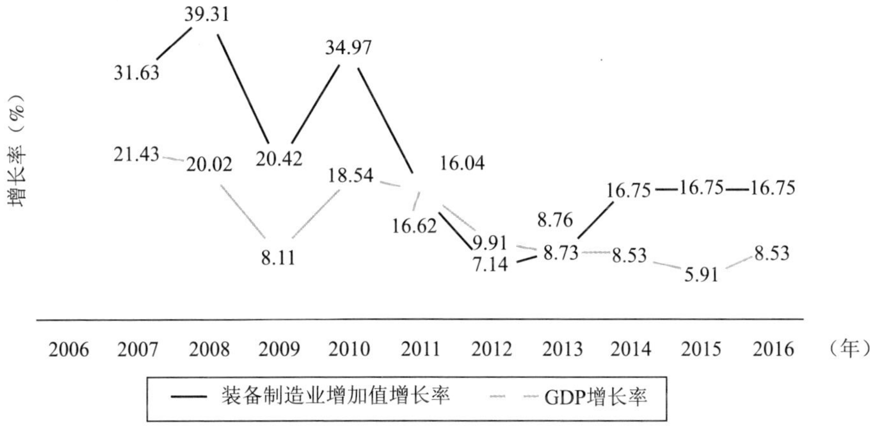

图 2-2 2006—2016 年河南省装备制造业增长率及其 GDP 增长率对比

在深化改革、激发内生动力、增强自主创新能力的政策影响下，河南省产业转型发展取得了显著成绩，制造业进入高质量发展时代。在创新引领发展战略的指引下，河南省工业经济总体平稳、稳中有进、稳中提质，2017 年，全省全部工业增加值 18807.16 亿元，比上年增长 7.4%，规模以上工业增加值增长 8%，规模以上工业企业实现主营业务收入 80605.71 亿元，增长 9.1%，利润总额 5272.37 亿元，增长 8.5%，工业经济总量居全国第五位、中西部地区第一位，制造业在智能化、服务化、绿色化转型发展初见成效。

然而，与国内外先进水平相比，河南省制造业的创新能力还存在较大差距。据《中国企业创新能力百千万排行榜（2017）》研究报告显示，“中国企业创新能力 1000 强”河南省仅占 1.5%，全国排名第 15 位。从绿色发展指数来看，河南省排名 22 位，绿色发展竞争力较弱。从产业生态来看，产业集中度低、产业链和创新链融合度不高，产业生态环境欠佳。从信息化水平来看，河南省两化融合程度在全国排第 18 位，信息化水平亟待提升。从制造业竞争力指数来看，河南省 2015 年得分 80.31，位居全国第 22 名。从开放合作水平来看，与国内外的开放合作还不够广泛、深入，这些都是制约河南省制造业创新能力提升的外部因素。具体来讲，河南省制造业研发投入逐年提高，2016 年投入约 400 亿元，全国排名第 14 位；但大部分企业自身的研发投入太少，平均占企业收入的 0.2%；研发人员 2016 年超 24 万多，数量偏少；专利申请数近些年有较大幅度提升，从 2011 年的 19402 件到 2016 年的 48822 件，但和创新能力强省几十万的年申请量相比还有很大差距，人均申请专利数全国排名第 22 位；有科技创新活动的企业数仅占制造企业总数的 12% 左右；制造业产品创新率 13.4%，全国排名第 11 位，新产品销售收入占行业总收入的 2.46%，只达到全国制造业平均水平的 46%。新产品销售收入平均为 1487.21 万元，为全国制造业企业平均水平的 45%。由此可见，河南省制造业企业研发成果和经济效益均远低于全国制造业企业的平均水平，科技创新能力不强（以上数据主要来源于历年的河南统计年鉴）。

2013 年，河南省装备制造业增加值 3024.03 亿元，占全省工业增加值的 22%；2013 年年底，专用设备制造业企业共有 1129 家，占整个河南省装备制造业企业总数的 23%，创造了整个装备制造业近五分之一的主营业务收入。通信设备、计算机及其他电子设备制造业虽然拥有的企业数占整个装备制造业的比例不高，但其从业人数却占将近四分之一。2009—2013 年的五年间，河南省装备制造业的各分行业总体都呈上升趋势。2011 年以前，通用设备制造业增加值均高于装备制造业的其他各子行业，且增加速度最快。2011—2012 年间，通用设备制造业增加值骤减，甚至低于专用设备制造业。到 2013 年，专用设备制造业、交通运输设备制造业的增加值迅速增加，分别超过通用设备制造业成为当年增加值第一位、第二位（简彦林，田二强，2015）。河南省装备制造业拥有良好的基础，发展潜力大，但在发展中也存在综合竞争实力不足、龙头企业不强、创新投入不足、自主创新能力不够强；产业集中度低、配套集成能力不强；高端人才匮乏，技能人才满足不了需求等问题（民建河南省委员会，2014）。

从全国来看，河南省装备制造业在全国具有比较明显的规模优势，"十二五"以来，装备制造业的知识产权也呈现了加快上升的发展态势。河南省装备制造业的专利拥有量在全省专利拥有量中占据重要地位，2016 年，河南省装备制造业的有效专利拥有量约占全省的 58%，有效发明专利的拥有量约占全省的 64%，有效高价值专利量约占全省总量的 63%，产业的科技创新能力在全省处于主导地位。

河南省装备制造业的专利拥有量在全省专利拥有量中占据重要地位，但在全国的占比还有待提高，如表 2-1 所示。

表 2-1 1985—2017 年 4 月河南省装备制造业专利统计 单位：件

细分行业	发明专利		实用新型		外观设计		发明授权		小计	
	河南省	全国	河南省	全国	河南省	全国	河南省	全国	河南省	全国
农业机械	1021	28778	4420	66124	279	4991	308	9584	6028	109477
内燃机	463	42885	1668	56969	29	2961	158	18030	2318	120845
工程机械	2987	105181	10273	192362	400	7922	1207	42505	14867	347970
仪器仪表	292	35276	526	22781	19	199	112	16202	949	74458

续表

细分行业	发明专利		实用新型		外观设计		发明授权		小计	
	河南省	全国	河南省	全国	河南省	全国	河南省	全国	河南省	全国
文化办公设备	433	52021	875	32707	77	6549	112	25479	1497	116756
重型矿石设备	285	5188	935	11875	3	30	67	1560	1290	18653
机床工具	614	339238	2221	71226	0	0	214	10233	3049	420697
电工电器	1777	83616	3971	104377	73	6254	397	31205	6218	225452
机械基础件	2041	74630	4307	108178	49	4430	802	28051	7199	215289
食品包装机械	299	15855	1123	34902	62	3981	67	6025	1551	60763
合计	10212	782668	30319	701501	991	37317	3444	188874	44966	1710360

注：分类标准来源于中国工业机械联合会与国家知识产权局共同商定的分类体系，即，将装备制造业划分为农业机械、工程机械、重型矿石设备、机床工具、机械基础件等 10 个细分行业。

近年来，虽然河南省装备制造业的专利发展取得了可喜的成绩，但与发达省市的发展态势相比，还处于需要追赶的状态，如图 2–3、图 2–4 所示。

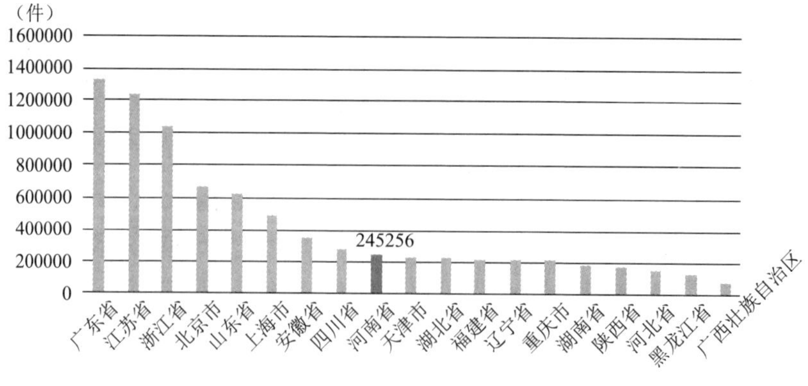

图 2–3　河南装备制造业专利拥有量全国排名

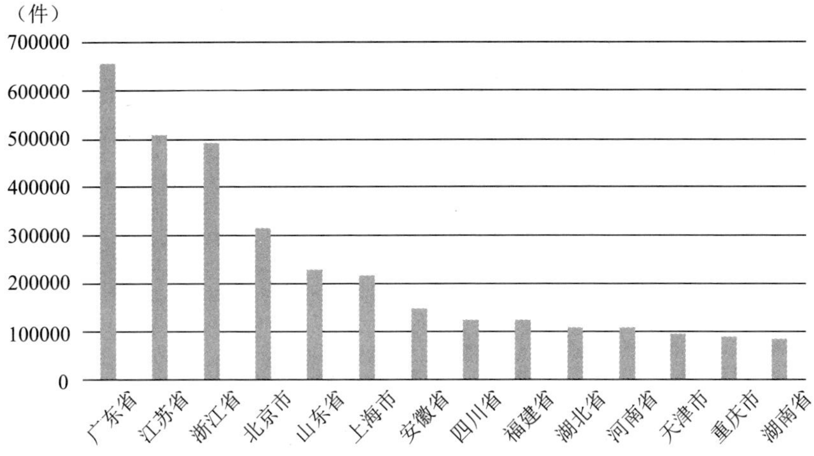

图 2-4 河南省装备制造业有效专利量全国排名

2.2.1.2 装备制造业重点领域发展现状

河南省输变电设备已经达到国际先进水平。我国电力装备产量稳居世界首位，自 2006 年开始，我国发电设备年产量连续 9 年超过 1 亿千瓦，占全球发电设备产量的 50% 以上；2014 年，我国发电设备装机容量已超过美国位居世界第一。自 2008 年开始，变压器年产量连续 7 年超过 10 亿千伏安，220 千伏及以上输电线路长度为 57.89 万公里，位居世界第一。我国现已成为名副其实的电力装备制造大国。依托许继集团有限公司、平高集团有限公司、河南森源电气股份有限公司等企业，不断突破智能电网和 1000 千伏特高压交流输电、±800 千伏及以上特高压直流输电关键技术。许继智能电网产业园和特高压直流试验中心项目、河南森源电气股份有限公司节能环保型变压器关键技术研究及应用项目，成为河南省扩大输变电装备产品系列和成套优势，打造平顶山、许昌超千亿级输变电装备制造产业集群，提升输变电装备产业链竞争力的重要抓手。国家电网公司已在河南建设以南阳、豫北、驻马店三个 1000 千伏特高压交流变电站和郑州 ±800 千伏特高压直流换流站为支撑、各级电网协调发展的坚强智能电网。

河南省能源技术和装备水平不断提高。2016 年，河南省全省骨干煤炭企业煤矿采、掘机械化程度达到 85%、88%，分别比 2010 年提高 14 个百分点和 9

个百分点，自动化综采技术逐步推广应用。超超临界火电机组广泛应用，超低排放技术推广应用步伐加快。郑州市、鹤壁市配电自动化系统投入运行，18个省辖市基本建成智能电网调度支持系统。三门峡上渠风电场全部使用国内陆地单机容量最大的3兆瓦机组；安阳内黄125兆瓦农光互补光伏电站建成投产。特高压、智能电网、电动汽车充换电、新能源接入、纤维乙醇成套工艺等领域取得多项技术突破，大采高综采液压支架、轻便钻机等装备达到国际先进水平。

冶金矿山、油气、工程机械大型成套装备形成重要产业基地。在冶金矿山成套装备方面，中信重工集团、郑煤机集团等龙头企业，通过中信重工集团的高端电液智能控制装备制造项目，郑煤机集团的超大采高智能化液压支架及超重型刮板输送机研发项目，显著提升了河南省在高端大型选矿粉磨设备、液压支架、输送机、掘进机等产品制造与服务领域的优势，形成全国重要的郑州、洛阳冶金矿山成套装备研发生产基地。在油气装备领域，中原重机石油设备有限公司、河南信宇石油机械制造股份有限公司、中原中油特种车辆有限公司等重点企业，通过发展石油钻井机械、采油机械、抽油机、防盗采油树、钻井液振动筛、天然气采气树等石油、天然气设备，重点推进深层、深水、非常规油气钻采装备开发，形成濮阳石油、天然气装备制造基地。在工程机械装备领域，河南卫华集团有限公司、豫飞重工集团有限公司，通过推动河南工程机械向数字化、自动化、智能化、大型化、专用化方向发展，形成新乡工程机械装备制造业集群。

轨道交通和盾构装备成为国内重要的研发制造基地。在轨道交通装备领域，中国中铁隧道装备制造有限公司、盾构及掘进技术国家重点实验室、郑州南车轨道交通装备有限公司、中国船舶重工集团公司第713所等企业，通过发展高速动车组、城际动车组、地铁、城市有轨电车等新型整车设计、制造及维修保养，初步形成郑州南车轨道交通装备有限公司年总组装和调试城际动车组96辆、有轨电车60列、高速动车组三级修120辆的生产能力的轨道交通装备造修基地。依托中铁装备集团公司的河南盾构装备制造业，在实现从“追赶”向“引领”转变的进程中，行业影响力不断增强。中铁装备是我国全断面隧道掘进机行业拥有核心技术和自主知识产权最多、市场占有率最高的专业化企业，综合实力位居“国内第一、世界第二”。国内首台硬岩盾构、世界首创超大断面矩形盾构、世界最小直径 TBM、世界首台马蹄形盾构均诞生于中铁装备集团。目前，中铁装备的产品已成功运用到国内 100 多项重要工程中，并先后出口 10 多个国家。前不久，中铁装备自主设计制造的最大直径（15.04 米）泥水平衡盾构产品打破了国外公司的垄断，成为行业的新名片。作为国内的龙头企业，中铁装备在全国布局了多个生产基地，盾构年产能 230 台以上；产品遍布国内 40 多个省市区，并远销意大利、奥地利、阿联酋、新加坡、马来西亚、印度、黎巴嫩、以色列、越南等 16 个国家和地区，市场占有率连续六年保持国内第一。中铁装备先后荣获“河南省省长质量奖”“中国质量奖提名奖”“中国工业大奖表彰奖”“服务型制造示范企业”“国家技术创新示范企业”“国家制造业单项冠军示范企业”等荣誉，成为国内首批隧道掘进机企业特级生产资质企业，企业强大的研发实力和制造能力广受认可。2018 年 4 月出台的《郑州市盾构装备产业培育专案》显示，到 2020 年，郑州市盾构隧道掘进机全球市场占有率将达 40% 以上，实现产值 100 亿元；到 2025 年，中铁装备发展将成为全球最大、研发能力最强的盾构机企业，郑州市将成为盾构之城。郑州市、洛阳市正在形成国内盾构产业具有影响力的轨道交通装备制造产业集群。

农机装备制造迈上新台阶。作为农业大省，河南省的农机装备制造、特别是粮食机械装备研发制造水平高、技术强、成绩显著。河南省开封市共有国家粮食加工装备工程技术研究中心和国家农产品加工装备中心两个科技研发中心，代表了国内粮食机械制造领域工程技术的最高水平，并形成了全国最大的粮食机械装备研发制造基地。其中，开封茂盛粮食机械有限公司产品占有全国粮食机械市场 85% 以上的份额，同时凭借种类齐全、性价比高的产品优势大量出口南美、非洲和东南亚等地区。中国一拖集团有限公司、洛阳中收机械装备有限公司等龙头企业，不断实施创新驱动、智能转型，中国一拖集团有限公司新能源发动机检测试验平台项目，洛阳中收机械装备有限公司智能自走式玉米联合收割机产业化项目，极大地提升了大中马力拖拉机、联合收割机、播种施肥机械等产品技术水平，形成了超百亿的洛阳农机装备制造产业集群。在军工技术的农机装备转化上，依托中国电子科技集团公司第27研究所和郑州飞机装备有限公司，利用军工技术研制电子控制、无人控制农机装备，河南省农机装备达到国内先进水平。

河南省机器人产业发展势头良好。作为河南省唯一的机器人及智能装备产业基地，洛阳德平科技股份有限公司研发的油气管道焊接机器人性能媲美世界顶尖产品，获得中俄东线天然气管道项目意向订单。中信重工进军特种机器人行业，成功推出了履带式机器人平台等五大系列产品，建成了全国最大的特种机器人产业基地。洛阳沃德福工程技术有限公司在RV减速器研发上实现了突破。洛阳工业机器人产业从无到有，如今洛阳市机器人及智能装备研发生产企业已达112家，正奋力打造河南省先进装备制造业的龙头。河南欧帕工业机器人有限公司、郑州科慧科技股份有限公司，通过重点发展码坯机器人、机器人抓盘、智能焊接机器人，形成郑州工业机器人制造基地。洛阳中重自动化工程有限责任公司、西普凌锐（洛阳）智能科技有限公司等企业，通过推进自行式重型机械手等产品研发，形成洛阳工业机器人制造基地。许继集团有限公司、许昌台湾数控智能装备制造产业园，通过重点建设变电站智能巡检机器人、服务机器人及应用于特殊环境下的特种机器人，形成许昌智能机器人制造基地。

机械基础件、基础制造工艺及基础材料显著提升了河南省“三基”产业研发能力。洛阳孟津空港产业集聚区隆华节能公司与河南科技大学、中船重工七二五所、上海大学、北京大学深圳研究生院开展产学研合作，成功研发并批量生产TFT-LCD/AMOLED高纯度宽幅钼靶材，打破了国外垄断。国润新材与上海化工研究院合作，先后开发出直径2.5米、3米等国内口径最大的钢带波纹管，占领了市场前沿，推动了产业的创新驱动发展。洛阳LYC轴承有限公司开发的盾构机主轴承、大吨位履带吊转盘轴承、海上石油平台超大尺寸转盘轴承、3兆瓦及以上配套风电轴承、高铁轴箱轴承项目，新乡航空工业（集团）有限公司按照工业4.0标准和高度智能化先进工程标准年产2000万套VVT/DCT粉末冶金产品生产线等项目，通过支持核心基础零部件（元器件）、先进基础工艺、关键基础材料推广应用，推进郑州机械研究所齿轮强度与可靠性试验检测技术基础公共服务平台建设，极大地提升了河南省“三基”产业研发能力和市场竞争力。

综上所述，河南省各主导产业的规模进入全国第一方阵，一些产业领域的龙头企业的技术创新能力在全国居于先进水平甚至引领地位；但是，河南省装备制造业总体上大而不强，高端供给短缺、中低端供给过剩的结构性矛盾依然较为突出，创新能力弱、资源消耗大、智能化水平还不高、龙头企业缺乏、品牌影响力不够强等短板凸显，在今后一个时期仍将制约河南省装备制造业整体素质的提升。在制造业产业升级上，深化制造业与互联网融合发展，协同推进智能制造、绿色制造、服务型制造、基础制造，推进品牌升级方面，实现“河南装备、装备世界”的奋斗目标，需要进一步强化河南省制造业的科技创新能力。

2.2.2 河南省装备制造业发展的演进过程及其特点

河南省装备制造业起步于国家“一五”建设时期，发展于20世纪90年代之后。河南省装备制造业的发展与全国大多数地区的装备制造业的发展具有一定的相似性，主要经历了由生产要素驱动、投资驱动，向创新驱动发展三个主要的发展阶段。经过“十二五”以来的快速发展，河南省装备制造业的规模已跃入全国第一方阵。2016年，河南省规模以上装备企业完成主营业务收入1.3万亿元，居河南省制造业五大主导产业之首，在电力装备、盾构装备、农机装备、矿山装备等领域居全国领先地位。以电力装备为例，许继集团在特高压输变电领域创下20多项世界第一，为全球已投运的特高压直流输电工程提供了75%的“大脑”（控制系统）、50%的“心脏”（换流阀），产品销往“一带一路”沿线20多个国家和地区。

2.2.2.1 第一阶段（1953—1978年）

“一五”和“三五”开始的“三线”建设时期，国家把河南省定为重点建设地区，在豫西、豫北、豫中地区进行了大规模的工业建设。国家在河南省工业、交通等方面投资的项目，奠定了河南省在全国生产力布局中的重要地位，也从根本上改变了河南省的经济和工业布局。

“一五”期间，国家重点建设156个项目，在河南省布局了13个重点项目；其中，装备制造业就有洛阳拖拉机厂、矿山机械厂、河南柴油机厂三个项目，后续增加到五个装备制造业项目；同时，还有洛阳轴承厂、洛阳铜加工厂、洛阳耐火材料厂、黄河冶炼厂、郑州人造金刚石厂，以及1956年建设的洛阳玻璃厂六个非装备的制造业项目，制造业项目超过了64%。在“三五”开始的“三线”建设，从20世纪60年代初到80年代初，历经近20年。河南省“三线”工程共建成核、航空、电子、兵器、造船、航天等工业及地方军工企事业单位66个。“三线”建设新建了舞阳钢铁厂、改造了安阳钢铁厂，形成了一定的特殊钢生产能力。河南省的煤炭、电力、石油等能源工业有了较大发展，形成了在全国居于重要地位的豫西铝生产基地。同时，河南省的纺织、机械等装备制造业也得到迅速发展。洛阳市、郑州市发展为全国的机械和纺织基地。1958—1970年期间，全省工业布局主要在各地区沿铁路干线逐步展开；工业投资达66.8亿元，主要用于冶金、煤炭、机械、化工等部门。这些投资不仅使原有工业城市继续扩大，而且在京广、陇海沿线，催生了安阳市、新乡市、焦作市、三门峡市等中、小工业城市。1952年，河南省的重工业比重为18.3%，到1978年，重工业的比重则高达54%，形成了河南省以重工业为主的工业结构。

1953—1978年，河南省工业总产值的年均增长速度达到12.3%，高于这个时期全国平均水平（11.4%）0.9个百分点，在全国位居第八位。1978年，河南省工业生产总值仅有59.2亿元，而2017年则高达18807.16亿元，40年增长了317.7倍，河南省工业总量已稳居中部第一，全国第五。目前，河南省全省钢产量的80%、有色金属的100%、煤炭产量的90%、电力和建材工业的80%、机械工业的70%、纺织工业的60%以及国防科技工业的主要生产科技能力，都出自当年的“三线”企业。在国家投资的引导下，1971—1980年，河南省工业投资方向更加明确，地域相对集中，主要是在已经形成的工业区追加投资。10年时间，河南省工业总投资达104.6亿元，其中，能源、机械、化工、冶金四大产业投资占总投资95%以上，形成了一些各有特色的工业基地，如豫北和豫西的煤炭基地、火电基地，洛阳市、郑州市的机械工业基地，新乡市、安阳市、郑州市的纺织工业基地。

在国家战略的驱动下，这个时期河南省构建了相对完整的工业体系，为改革开放后，尤其是20世纪90年代河南省装备制造业的快速发展奠定了坚实的产业基础，也为河南省从一个农业大省向工业大省转变创造了潜在的巨大经济发展空间。

2.2.2.2 第二阶段（1979—2007年）

改革开放开始的1978年，我国东、中、西部工业结构的相似率在90%以上。20世纪80年代中期以来，由于国家区域发展政策的重点向东部沿海地区转移，中央在河南省的投资比例不断降低。如1990年以后，在河南省全社会固定资产投资中，中央投资的比例每年以将近2%的速度递减，到2003年，降到了10%。但1984年以后,河南省的乡镇企业进入高速增长阶段。从1978年开始，河南省的乡镇企业投资占全省投资比重一直保持在30%~45%之间，依托当时的国有工业基础，河南省的乡镇企业在轻纺等轻工业领域实现了快速的发展。

改革开放初期，在计划经济条件下的国企改革时期（1979—1997年），河南省进入了加速工业化的发展时期。这个时期在出口导向战略的指引下，我国国民经济对外依存度由1978年的9.8%上升到1997年的36.1%，但河南省外向型经济的发展远远落后于沿海地区省份。这个时期为提高消费水平，河南省不断加大对轻工业的投资，积极扶持轻工业的发展，在固定资产净值中，河南省轻工业所占比重由1978年的15.9%上升到1985年的20.4%，轻工业在工业总产值中所占比重也由46.0%上升到48.1%，工业产业偏重型结构有所改变,轻重工业发展趋于协调,但重工业比重仍然高于轻工业。“八五”期间，在邓小平同志南巡讲话的推动下，河南省工业经济进入了一个新的发展时期，1991—1995年的五年间，河南省全省工业总产值年均增长达到18.7%；其中，在1993年和1994年，增长率分别达到21.2%和21%。“八五”期间，河南省的轻工业和重工业都得到了快速的发展，轻工业年平均增长18.9%，重工业年平均增长18.6%。这一时期工业结构调整是以增加投资、扩大规模、增加总量、提高速度为主要特征，乡镇企业遍地开花，经济开发区如雨后春笋般涌现。加工业的快速发展，原材料、能源工业供应紧张，促进了对上游产品投资需求的增加。轻工业和重工业的比重由 1990 年的 45.6：54.4 转变为 1995 年的 43.2：56.8。河南省工业的快速发展，并没有使轻重工业的结构关系发生明显变化，重工业仍然在河南省工业中居主导地位，并在发展过程中比重还有所提高。1979—1997 年近 20 年时间，河南省工业总产值的年均增长率虽然上升到 14.3%，但却低于这个时期全国平均水平（14.45%）0.15 个百分点，在全国工业总产值年均增长的位次也跌落到第 14 位。

河南省自然资源丰富，国家一度将河南省确定为资源开发加工混合型经济地区，围绕资源上项目的思维方式对河南省的经济发展产生了长期的影响，河南省在全国的优势工业领域主要集中在资源导向型的行业。“一五”期间，在河南省布局的 13 个重点项目中，就有平顶山 2 号煤矿、焦作中马村煤矿，以及洛阳铜加工厂、黄河冶炼厂四个资源开发和加工项目。由于偏向于发展能源、原材料工业，形成了河南省偏重型工业的产业结构特征。1978—1997 年，河南省重工业的投资占工业基本建设投资总额的 87%；其中，能源工业占 57.5%。与此同时，对资金、技术密集型的加工制造业、特别是装备制造业投入不足。1994—1997 年，加工制造业投资占全国的比重仅为 4.8%，而相邻的湖北省、河北省两省则均达到 6%。1997 年，河南省技术改造投资比 1990 年下降了近 10 个百分点。1997 年，河南省在国有企业更新改造投资中，用于增加产能的投资比重占 38.7%，而用于增加产品品种和提高产品质量的投资不足 6%。同时，资金使用分散，“八五”期间（1991—1995），河南省共完成技改项目 7800 个，平均每个项目的总投资不足 600 万元，导致全省加工制造业技术装备水平低，生产工艺较为落后，技术进步缓慢，产品档次低。1998 年，河南省工业总产值增长率下降到 7.12%，在全国的位次也下降到第 25 位，不仅低于当年全国平均水平的 10.70%，还低于中部地区平均水平的 10.06%，将近 7 个百分点（魏后凯，2000）。在此时期，河南省经济的发展不仅与全国发达地区差距越来越大，而且还与中部地区的四川省、湖北省和湖南省等省份的差距也明显在拉大。

1997 年爆发的亚洲金融危机，对我国的出口导向型战略是一个沉重的打击，一些开放型经济活跃的省份受到了严重的冲击。2000—2009 年，河南省进出口总额从188.3亿元增长到917.9亿元，对外贸易依存度从3.7%上升到4.7%，远低于全国平均水平。自20世纪90年代以来，河南省工业结构的调整是在工业原有的结构上进行的。这个时期外资对河南省投资仍偏向于制造业和能源项目。因此，河南省制造业在由计划经济向市场经济转型发展的过程中，制造业的产业结构进一步偏向重工业。

“九五”中后期至“十一五”初期（1998—2007年），市场供需关系发生了历史性的变化，由以往供不应求的短缺经济，发展到总体上供需平衡、甚至供大于求。国家先后出台了一系列宏观调控措施，抑制经济过热的影响，一些生产能力利用水平较低的加工工业，例如，机械工业、金属制品、橡胶制品等产业增速大幅度回落，市场机制的作用逐步增强，对河南省工业结构的调整产生了巨大的影响。河南省加大了对结构调整的力度，对浪费资源、污染环境、产品质量低劣的“五小”企业，实行关停并转；对国有小型企业加大改革力度，实行改组改造、兼并联合甚至破产，“抓大放小”组建企业集团，培育行业的龙头企业。同时，还对一些行业采取特别的结构调整措施，优化行业结构。河南省经济结构调整的重点也开始由解决供应短缺、数量扩张，进入追求质量效益，提高经济整体素质、产业结构升级和可持续发展的新阶段。市场的变化导致河南省工业生产增速回落，1996年，河南省工业增速为14.8%，比1995年回落5.1个百分点，1997年又进一步回落6.5个百分点。轻工业受市场变化的影响十分明显，增速大幅下滑，1996年和1997年增速分别比1995年下降8个和12个百分点。虽然，由于国家实行“适度从紧”的财政金融政策，重工业的增速也出现了下降，但由于河南省的能源、原材料工业在重工业中所占比重较大且属于当时加强发展的行业，下降幅度小于轻工业，重工业仍在工业中居主导地位。尽管“九五”期间轻重工业结构变化较为复杂，但从总体来看，重工业比重还呈提高之势。1999年重工业比重为57.6%，比1995年上升0.8个百分点，2000年进一步上升为63.31%。

“九五”期间，受宏观经济环境变化的影响，重工业增速由1995年的20%，下降到1999年的8.9%。重工业内部增长格局也转变为：原材料工业（12.0%）>重工业平均速度（10.7%）>加工工业（8.3%）>采掘工业（8.2%）。

1990年，采掘工业、原材料工业、加工工业三者占重工业的比重分别为17.6∶34.8∶47.6；1999年，三者的比重变化为16.0∶42.4∶41.6。根据数据表明，在20世纪90年代，采掘工业比重变化不大，显示出稳定发展的特征；原材料工业比重则上升明显，10年间其所占比重上升了7.6个百分点；加工工业则相反，所占比重明显下降6个百分点。重工业的这种内部结构调整，使得基础工业与加工工业之间的矛盾得到明显缓解，制约工业发展的矛盾由资源约束型转向市场约束型。

在市场机制和国家政策的双重作用下，1998—2007年，河南省电子、电力、电气机械、交通运输制造、有色金属冶炼、化纤、建材、医药、食品工业、有色金属矿采选、非金属矿采选等产业实现了高速增长。代表河南省的工业化水平，体现产业结构升级和工业技术水平提高的电子及通信设备制造业、电气机械制造业实现了快速增长，且增速明显高于全省平均水平，资产和产值比重不断提高。1991—1999年，河南省电子及通信设备制造业增速达26.3%，比全省平均水平高12.5个百分点；其中，在"九五"期间，其增速达17.8%，成为河南省工业发展新的增长点。"十五"期间，以输变电和成套设备为主的装备制造业成为河南省五大支柱产业之一。2005年，河南省规模以上装备制造业（不含汽车及零部件产业、电子设备制造业）实现销售收入1202亿元，居全国第九位，比2000年增加了1.9倍，五年年均增长23.9%；实现工业增加值366亿元，五年年均增长21.6%，高于全省工业3.5个百分点，占全省工业的比重达到11.3%，对全省工业增长的贡献率为12.7%；实现利税112亿元，利润66亿元，分别比2000年增长了3.2倍和6.5倍。当年利润增幅高于全国平均水平64个百分点，居全国第五位。2005年，河南省通用设备、专用设备和电力装备三大优势行业实现销售收入1040亿元，占全国的比重达到4.5%，比2000年上升了0.4个百分点，"十五"期间，年均增长22.1%，高于全国平均水平2.5个百分点。河南省的输变电设备、重型矿山装备、农业机械、起重设备等行业整体竞争力位居全国前列，大中型拖拉机、大型干法水泥主机设备、二次继电保护装备、高压隔离开关、防爆电机、煤矿液压支架、有色金属加工装备、玻璃深加工设备等一批产品市场占有率均居全国第一位。

2005 年，河南省规模以上装备制造企业 1864 家，其中，“双五亿”企业 24 家，比 2002 年增加 15 家。在全国机械工业 500 强中，河南省有 16 家，名列全国第八位。2005 年，河南省装备制造业有 10 家企业销售收入超过 10 亿元，比 2000 年增加七家；其中，一拖集团营业收入超过 70 亿元，许继集团超过 60 亿元，中信重机超过 40 亿元，黄河实业、洛轴、平高、郑纺机、郑煤机、森源、南阳防爆七家企业超过 10 亿元。2005 年，洛阳市、郑州市、许昌市、新乡市四市规模以上装备制造业实现增加值 206 亿元，占全省的 56.3%，对全省装备制造业增长的贡献率为 52.2%。长葛市、长垣县、荥阳市、上街区、沁阳市、巩义市和新乡县的装备制造业销售收入均超过 10 亿元，成为带动当地经济发展的支柱产业。一些地区初步形成了各具特色的产业集群。长垣起重机生产企业 83 家，配件生产企业 490 家，年销售收入 70 亿元，100 吨以下起重机的国内市场占有率达到 60% 以上。上街—荥阳阀门生产企业 400 多家，年销售收入 42 亿元，已成为全国三大阀门生产集聚区之一。沁阳市造纸专用设备制造企业 150 余家，年销售收入 10.3 亿元，可生产幅宽 8 米以下各种造纸机械，产品国内市场占有率 30% 以上，是全国四大造纸专用设备制造基地之一。

2007 年，河南省的能源、原材料等重工业增加值占工业增加值的 70% 左右，大大高于全国平均水平；其中，居于前七位的均为传统产业，即，非金属矿物制品业、煤炭开采和洗选业、电力、热力的生产和供应业、有色金属冶炼及压延加工业等，这些行业占工业增加值的比重高达 53%。而高新技术产业、高附加值行业则发展缓慢，产业规模较小，2007 年全省高新技术产业工业增加值占规模以上工业增加值的比重仅为 3.7%。这表明，资源优势和原材料优势在河南省经济增长中发挥着重要作用，资源性工业是拉动河南省经济增长的主导力量。河南省以资源型工业发展为主导力量的经济增长模式，在国家大力倡导科学发展、绿色发展、低碳发展的历史条件下，逐渐成为制约河南省经济发展方式转变的内在原因。据统计，河南省万元 GDP 能耗是国内先进水平的 2.1 倍，能源利用率比发达国家低 10 个百分点，万元工业增加值用水量是发达国家的 3~5 倍。此外，按照国际上产业技术密集度的划分标准，河南省现有制造业全部位于中低技术产业水平，高新技术产业中技术密集度最高的电子及通信设备制造业占 2.95%，医药制造业仅占 0.56%（王放，2008）。

2.2.2.3 第三阶段（2008—2017 年）

“十一五”以来，河南省装备制造业发展明显加快，总量从全国第九位上升至第七位，一批优势产业和骨干企业迅速壮大。2008 年，全省规模以上装备企业完成增加值（不含交通设备、通信设备、计算机及其他电子设备）902.5 亿元，占全省工业增加值的比重达到 12.4%；实现销售收入 3294.7 亿元、利税 422.1 亿元、利润 308.4 亿元，分别比 2005 年增长 1.7 倍、2.8 倍和 3.7 倍；完成投资 846.3 亿元，是 2005 年的 4.7 倍。

2014 年，河南省装备制造业工业增加值同比增长 15.76%，增速高于全省工业平均水平 4.56 个百分点，规模以上企业实现主营业务收入 13454.43 亿元，同比增长 16.84%，占全省工业总量的 20.15%，居全国装备制造行业第六位，全省工业行业第一位。2015 年，河南省的装备制造业能够生产 150 多个大类、5000 余种产品，已形成由农业机械、工程机械、电工电器、汽车、轨道交通、机械基础件、石化通用机械、重型矿山机械、机床工具、仪器仪表、食品包装机械等行业组成的门类较齐全，具有一定规模的产业体系。河南省的装备制造业涌现出中国一拖、中信重机、许继集团、平高集团、中铁装备、宇通客车、郑州煤机集团、中原内配、洛阳轴承、卫华集团、南阳防爆集团、开封空分、安阳鑫盛机床等一批国内行业龙头企业，拥有世界上最大的自由锻造油压机、自磨机和球磨机、支护高度最大的矿用液压支架、第一套特高压开关和直流输电控制保护系统等一批重大标志性产品和技术装备。

经过多年来的发展，河南省装备制造业初步形成了“三有一高”的竞争优势：有潜力、有基础、有优势、关联度高。有潜力，即有需求前景，具备成长性。“十一五”以来，我国已经进入工业化和城市化的快速发展阶段，对装备制造业产品需求大幅增长；并且随着国内装备制造业技术水平的提高，替代进口的趋势加大，在一些优势领域逐渐进入国际市场，国外需求在稳步增加。有基础，即河南省装备制造业曾经具有雄厚的基础，仍有一批骨干企业有一定的规模基础，形成了一定的配套能力，具有一定的人才科技力量。2008 年，装备制造业占全省工业的比重超过 10%，在输变电装备、大型矿山设备、农业机械、大型空分设备、轴承等领域主导产品技术水平居国内前列。有优势，即河南省在能源、原材料、劳动力方面均有比较优势，总体上具有要素成本优势。有一定的区位市场优势。河南省煤炭、电力、有色、化工、食品等产业发展潜力较大，作为中西部规模最大的装备制造业省份，对周边地区具有较强的辐射能力。关联度高，即装备制造业涉及多个行业，产业链长、带动能力强，是代表一个国家、地区综合工业水平的产业。

从河南省装备制造业的技术能力来看，2005 年，全省大型装备制造企业专利申请量达到 281 件，专利授予量达到 89 件，分别比上年增长了 1.3 倍和 53%。2007 年，装备制造企业已有国家和省级技术中心 42 个，研发投入占营业收入的比重达到 2.3%，新产品产值率为 13%，分别比 2000 年提高了 0.4 和 1.9 个百分点。

河南省装备制造业在快速发展的同时，一些长期积累的深层次问题依然突出，主要表现为：缺乏核心竞争力强的大型企业集团、区域配套能力不强、技术创新能力薄弱等。

首先，缺乏核心竞争力强的大型企业集团。2007 年，河南省装备制造业销售收入仅相当于江苏省的 23.9%、广东省的 27.7%、山东省的 29.3%。全省规模以上装备企业当年平均营业收入只有 0.64 亿元，尚无一家超百亿元的企业。

其次，产业集中度低，区域配套能力不强。河南省装备制造业大型骨干企业少，特别是缺乏集设计、制造、服务于一体的成套总包企业，围绕大型企业的中小企业群体尚未真正形成，原材料供应、外协配套件等相关产业发展不足，尚未形成专业化分工、社会化配套的制造体系，这既制约了企业迅速做强做大，也未能对区域经济发展产生显著的带动作用。

再次，改革步伐缓慢，相当一部分大型国有企业发展活力不足。河南省装备制造业国有资产比重高达 51.9%，比全国高 19.1 个百分点。一些大型国有企业历史包袱和社会负担过重，改革改制步伐缓慢，缺乏创新机制和自我改造能力，贻误了一些宝贵的发展时机。

最后，技术创新能力弱，产品结构层次低。很多企业引进消化再创新、集成创新的意识不够强，能力不足，承担重大技术装备自主设计和成套供应的实力不突出，技术含量高、附加值高的精密加工和智能控制等装备比例低，产品多数处于产业分工价值链的中低端。

“十一五”以后，国内装备制造业取得显著进展：一是产业规模取得突破性增长。2010年，我国装备制造业销售产值143770亿元，出口交货值15693亿元。我国装备制造业已连续三年位居世界第一。二是自主创新能力不断增强。围绕能源、材料、交通运输、农业等重点领域发展的迫切要求，开发出了一批具有自主知识产权的装备。三是产业国际竞争力进一步增强。我国装备制造业在保持低成本优势的同时，发电设备、机床等行业产品质量、技术水平已有质的跃升，一批重大装备已占领国外市场，在国际上树立起了良好的信誉，并涌现出一批具有国际竞争力的大型企业。

作为河南省装备制造业的核心集聚区郑州市，和全国装备制造业的发展一样，经过“十一五”期间的发展，郑州市装备制造业在规模、产业集群建设、创新能力等方面都取得了显著成绩。2010年，郑州市规模以上装备制造企业完成工业增加值343.3亿元，实现销售收入1419亿元，利税214.9亿元。郑州装备制造业增加值占工业的比重从2006年的17.34%上升到2010年的21.46%，占GDP的比重从2006年的6.27%上升到2010年的8.58%。在工程机械、煤矿机械、金属制品等优势领域涌现出了郑煤机、宇通重工、恒星科技、恒天重工、新大方等一批在国内具有较强竞争力的骨干企业，并涌现出一批具有特色的专业化中小企业。2010年年底，郑州市确定的39个重点工业园（聚集）区中，以装备制造业为主的工业园（聚集）区就有郑州高新区、郑州经济开发区、上街装备制造业基地、荥阳阀门工业集群区、荥阳建筑机械工业集群区、荥阳豫龙工业园、巩义民营科技创业园、郑州机械（加工）制造产业园、宇通工业园，涉及阀门、建筑机械、专用设备等11个，占全市重点产业园（聚集）区的28.2%。“十一五”期间，郑州市装备制造业创新能力显著提升，在工程机械、煤矿机械、轨道交通等优势领域自主研发成功一大批新技术、新产品，拥有郑州机械研究所、机械工业第六设计研究院等一批实力较强的科研院所，拥有1个国家重点实验室、2个国家工程研究中心、1个国家工程技术中心、6家国家级企业技术中心、32家省级企业技术中心及41家市级企业技术中心。与此同时，郑州市装备制造业的发展仍然存在产业创新能力不足、产业集中度不高、产业结构不尽合理等问题，制约了产业的高质量发展。

作为河南省装备制造业的另一个核心集聚区洛阳市，国家“一五”期间投资兴建的156个重点项目，先后有七个落户洛阳市，其中，有五个属于装备制造业项目。经过几十年的发展，洛阳形成了规模大、门类齐全、成套及配套能力强、技术水平相对较高的特点，为河南省乃至全国的经济建设作出了巨大的贡献。2004年，洛阳市规模以上工业企业实现增加值256.3亿元，其中，制造业占80%，装备制造业在制造业中占据了45.1%的份额，当年获得专利授权260多项、获得省部级及以上科技成果奖励13项，其中，有两项国家级奖励。2004年，洛阳市被国家科技部批准为“省部共建装备制造业基地”。2005年，洛阳拥有国家级科技开发机构8个、国家级工程技术中心2个、国家级行业技术检测和质量监督中心10个、国家级企业技术中心5个，以及省级工程技术中心18个。虽然洛阳市一些重点产业领域的装备制造业企业的技术水平在全国处于先进水平，且拥有高素质的产业技术工人队伍；但洛阳市装备制造业存在的问题也是比较明显的：一是技术创新的基本模式还是“引进消化型”，多数企业尚未掌握系统设计与核心技术。二是企业尚未真正成为技术创新的主体，共性技术研究的协作机制尚未建立，难以集中优势力量攻克技术难关，科技中介服务体系不够健全。三是制造业公共信息服务平台建设尚需建立和完善，通过信息技术提升和带动传统产业发展的巨大潜力还没有充分显现出来。四是大中型企业的设备新度系数还不够高，部分企业的设备新度系数还不到0.5，整体装备亟待改造和提升。五是装备制造业企业国有大中型企业较多，经营机制和创新活力还需要进一步激活和放大。针对这些问题进行改革和完善，有利于促进洛阳市装备制造业实现高质量发展，实现对重点产业领域创新引领发展。

从总体上看，河南省工业处在产业演进发展的第三个阶段，科技进步明显，2007—2016年，河南省发明专利的有效量出现了逐年增长的良好势头，如表2-2所示。虽然从专利技术的有效存量来看，自2007年以来，河南省有效专利占全部授权专利的比率上升较快，但波动也非常明显，近年来出现波动向下的苗头，这说明河南省科技创新还存在一些问题，没有很好地显现全省大力推进创新驱动发展的潜力，如图 2-5 所示。

表 2-2　2007—2016 年河南省发明专利有效量

年份	2007	2008	2009	2010	2011	2012	2013	2014	2015	2016
数量	5736	10095	18951	29221	40495	52768	62293	70870	83905	95370

图 2-5　2007—2016 年河南省专利有效量占全省授权专利的比率

从全国整体上看，自 2006 年以来，河南省科技创新的水平低于全国平均水平，与国内发达地区相比，发展的步伐明显滞后，与全国经济总量第五的地位明显不符，加快创新发展步伐时不我待。图 2-6 显示了 2006—2016 年河南省与北京市、上海市、广东省和深圳市等地区的发明专利有效量的增长趋势。

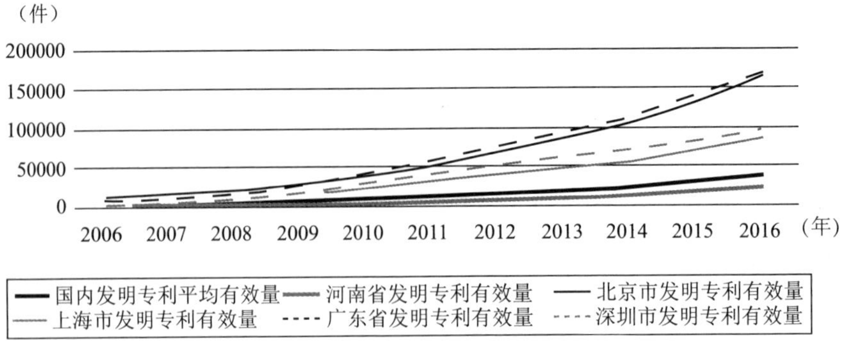

图 2-6　2006—2016 年河南省发明专利有效量与发达地区及全国平均水平比较

3 河南省产业转型发展的动力机制及其特征

长期以来，河南省大力实施工业主导发展战略，经过改革开放40年的发展，建成了具有相当规模和水平、门类比较齐全的现代工业体系。自2005年起，河南省工业增加值就一直居全国第五位，仅次于广东省、江苏省、山东省、浙江省四省。2017年全省规模以上工业企业主营业务收入8.06万亿元，比上年增长9.1%;工业增加值1.88万亿元，比上年增长7.4%，居全国第五位、中部地区第一位。河南省工业能够保持良好的发展态势，主要得益于河南制造业历经不同的发展阶段，都能够顺利实现动力转换，拥有较为强劲的发展动力，使产业快速适应新的转变要求，逐步由模仿、跟随演进到重点产业领域在国内引领发展。深入分析河南省制造业，尤其是装备制造业演进的动力机制及其特征，对新时代河南省产业的高质量发展十分必要。

3.1 河南省制造业创新发展的阶段性特征

通过对河南省改革开放40年来制造业，尤其是装备制造业历次产业转型升级的演进过程的定性和定量分析，课题组发现，河南省制造业由模仿、跟随演进到重点产业领域引领的三次产业转型升级，充分体现了产业发展动力背后的“引进消化吸收再创新—集成创新—原始创新”能力的跃升，也深刻地显现出河南省制造业迈向高质量发展的产业跃升之路。河南省制造业的发展模式，也由政府战略规划下的低成本要素驱动模式、市场主体投资驱动模式向创新驱动发展模式转变。

3.1.1 政府战略规划下的低成本要素驱动模式

当区域经济发展处于不发达阶段时，依据比较优势理论，低成本要素会成为产业发展的核心动力（向晓梅，吴伟萍，2018）。在工业化初期，矿产资源开发是区域发展的初始动源（张雷，1997）。河南省是我国重要的矿产资源省份之一，储量居全国前八位的矿产达 55 种，钼、蓝晶石、珍珠岩、天然碱、铸型用砂五种矿产储量居全国第一位；煤炭、石油、天然气、铝、金、银和水泥灰岩、耐火粘土、大理石等储量也极为丰富。自新中国成立之后到改革开放初期和中期，在国家战略规划下，河南省建立起现代工业体系，在这个阶段，政府是产业主要的创新主体。

3.1.1.1 河南省工业体系的基础构建：政府作为创新的主体

“一五”和“二五”建设时期，国家根据河南省的区位和资源优势，集中在河南省布局了一批资源导向型的重点建设项目；其中，制造业，尤其是装备制造业是建设的重点，经过这个阶段的建设，河南省初步确立了机械、纺织、煤炭和电力等行业的基础地位。1966—1978 年，国家进一步对河南省工业发展进行了重点投资，主要集中在豫西地区沿焦枝铁路的“三线”工业建设，加强了河南省的冶金、煤炭、电力、机床工业的实力，修筑了焦枝铁路，建立了郑州铝工业基地，洛阳玻璃厂，豫西的核、航空、航天、电子、兵器等一批军工项目。在改革开放初期，河南省已经建成了以煤炭、电力、石油工业为基础，以装备、汽车、食品、有色、钢铁、化工、纺织、轻工等主导产业为支撑，以电子信息、新材料、生物医药和新能源等高新技术产业为先导的门类比较齐全的工业体系，在若干重要产业领域形成了一批具有国内外影响力的工业企业和产品，制造业对河南省国民经济发展起着重要的支撑和带动作用。在此时期，产业创新的主体是各级政府及其主管部门；并且，地方政府发展产业的动力，主要体现为向中央政府争取更多的建设项目，以及与项目密切相关的投资。相关企业主要是配合地方政府做大地区产业的“盘子”，在没有得到政府主管部门批准的情况下，企业是没有创新自主权的，因此，企业不属于创新的主体。

改革开放初期的1979年，全国在建大中型项目1100多个，1980年又新增大中型建设项目1100多个。庞大的基建规模远远超出国民经济的承受能力，全社会购买力随之迅速增加，导致物价快速上涨，继而引发了改革开放后的第一次通货膨胀，国民经济重大比例关系严重失调，全国经济出现了严重的混乱。党中央及时提出了“调整、改革、整顿、提高”八字方针，河南省按照中央的部署实施了一系列政策措施，对产业结构、工业产品结构、工业技术结构和企业组织结构等进行了调整，停建缓建了一批建设项目，对落后的小企业进行了关停并转，为随后河南省工业化的快速发展奠定了坚实基础。

在此时期，河南省产业的主体是国有大中型企业，中央和地方政府仍然是产业发展的创新主体，产业布局、大中型企业的技术改造，以及企业的经营活动主要由各级政府的主管部门决定。部分大中型企业在政府的主导下开始引进发达国家的先进技术和设备，在自力更生的指导思想指引下，有关企业十分重视消化、吸收和完善所引进的先进技术和装备，但企业还缺乏面向市场需求研发技术和产品的自主创新能力。

3.1.1.2 市场体制和机制的建设：企业逐步成为创新的主体

从1984年起，河南省经济工作由调整为中心转向以改革为中心。全面转换企业经营机制，深化国有企业改革，建立现代企业制度，重塑市场主体，推动了企业由计划经济向市场经济转变。河南省呈现出国有经济、集体经济、私营经济、联营经济、股份制经济、外商投资经济、港澳台投资经济等多种经济成分并存的多元化格局，工业经济在国民经济中逐步占据了主导地位。

20世纪90年代以后，河南省工业的所有制结构发生了深刻的变化，非公有制工业企业迅速发展，城乡个体工业年均增长31.1%，混合所有制更是以年均169%的速度快速增长，在各个工业部门中的比重迅速增加，几乎占据了工业领域的半壁河山。国有工业从1991年以后结束了自1956年开始在工业领域占据绝对优势的历史，比重逐年降低。从1994年集体工业的比重超过国有工业，到1996年集体经济占据绝对优势，再到1997年非公有制经济开始占据相对优势，形成了以公有制为主体，多种所有制经济共同发展的格局。

自 1997 年之后，河南省的非公有制经济成为推动工业增长的重要力量。

从 38 个工业部门的统计数据来看，1990 年河南省国有企业占绝对优势的部门有 30 个，非国有企业仅在黑色金属矿采选、其他矿采选、服装、家具、文教用品、塑料、金属制品、其他制造业 8 个工业部门占绝对优势。而且，非国有企业中是集体企业唱主角，非公有制企业的作用极小。到 1998 年，国有企业占绝对优势的部门只有 13 个，非国有企业已在 25 个工业部门中占有绝对优势。虽然国有经济在 38 个部门中依然存在，但除个别部门外，国有经济的比重都已大大降低。

在改革开放政策的促进下，河南省工业企业的平均规模逐年扩大。1990 年，河南省工业企业平均产值规模为 12.79 万元，2000 年增加到 96.55 万元，同比增长了 7.55 倍；其中，国有工业增长 3.66 倍，集体工业增长 5.98 倍，城乡个体工业增长 20.98 倍，其他经济类型工业增长 4.11 倍（未扣除物价因素影响），其规模扩大的趋势十分明显。在这个时期，国有企业的规模相对较大，在大中型工业企业中占多数。无论是 1990 年还是 2000 年，国有工业企业的平均规模都要大于其他所有制企业。2000 年，国有企业平均产值规模为 4579.57 万元，远远高于集体企业 371.10 万元、城乡个体企业 33.15 万元、其他经济类型企业 3393.56 万元的水平（杨建，2002a）。在河南省全省 319 家大型工业企业中，国有企业为 292 家，占总企业数的 91.53%；在河南省全省 684 家中型工业企业中，国有企业有 510 家，占总企业数的 74.56%。国有工业企业生产集中度相对较高，具有强大的控制力。

在河南省工业增长较快的 20 世纪 90 年代，河南省工业增长主要是在原料、初级产品加工上实现的低水平扩张，与产业升级的要求相差甚远，在工业增长中注重数量的扩张，忽视技术水平的提高；工业产品中资源型产品多，而技术型产品少，粗加工产品多、深加工产品少（杨建，2002b）。1997 年全国全部工业企业平均产值规模为 143.5 万元，而河南省 2000 年平均工业企业产值规模为 96.55 万元，仅相当于全国 1997 年平均水平的 62.28%。河南省各地相当多的企业自成体系组织生产，大而全、小而全的格局并没有从根本上扭转，专业化协作水平低。多数企业仍偏重于外延式扩张，主要关注的是产量的增加和分布范围的扩大，而对技术素质的提高和效益的提高重视不够；有的地方政府用行政手段搞“拉郎配”，把效益差的企业硬塞给效益好的企业，使企业承担“扶贫济困”的社会职能，企业规模小、技术水平低下是导致当时河南省工业效益不高的一个重要原因。

3.1.1.3 依靠技术进步突破要素驱动模式：大型企业集团以创新求发展

国有企业经过现代企业制度改革，到2000年底，已有50%的国有企业完成公司制改造，新的法人治理结构相继建立，企业法人财产制度开始形成，并初步建立了国有资产出资人制度。

继白鸽集团之后，中国一拖公司（H股）、许继电气、平高电器、宇通客车、黄河旋风、冰熊股份等股票相继上市。一些大型企业集团通过“三改一加强”和结构调整，生产集中度和专业化水平有所提高，企业实力明显增强，在行业中的优势地位更加突出，到2000年，销售收入超亿元的企业和企业集团达到28家，超10亿元的企业有4家。

河南省装备制造业涌现出一批科技含量相对较高的产品，其中，平顶山天鹰集团的封闭式组合电器、许继集团的输变电自动化控制和保护装置与系统、郑州电缆集团的高压交联电缆均达到国际先进水平。中信重工的千万吨级大型露天矿成套设备获国家科技进步特等奖，南阳光辉机械厂生产的小麦制粉成套设备被命名为全国机械工业名牌产品，洛轴集团的准高速铁路轴承、轿车及摩托车轴承、重载轴承等重要机械基础件居国内领先水平。一拖集团的大型轮式拖拉机获河南科技进步一等奖并批量进入西非和南美市场，其生产的大型风力发电设备在欧洲发达国家中标；郑州水工机械厂的大型闸门装置在葛洲坝水利枢纽工程中一次交验成功，开封空分集团的大型空分设备开始进入欧洲市场。

2000年，河南省538种主要机械产品有51.1%采用了国际标准和国外先进标准组织生产，重点骨干企业的主导产品有56%采用了国际标准和国外先进标准，标志着河南省技术先进企业的产品已经上了一个新台阶。

2000年前后，河南省装备制造业的科研开发机构主要集中在国有大中型企业，例如，拥有15个原机械部系统的行业性开发机构；大中型企业自办的科研开发机构160个，其中，7个国家级企业技术中心，2个国家重大技术装备国产化基地，22个省级企业技术中心。此外，河南省设有7个国家级质量监督检验机构，12个省级质量检验机构，6个规划设计院。企业工程技术人员26900多人，占职工总人数的10.77%，具有中高级技术职务的有1610多人，占工程技术人员总数的60%，具备了较强科研开发能力。

总体上看，进入21世纪，河南省装备制造业整体规模居全国中上游水平，2000年，河南省全部国有及规模以上非国有装备制造业增加值和总产值分别占全国同业2.55%和2.31%，均居全国第10位。河南省装备制造业产品在全国市场占有率为2.37%，销售收入和实现利润分别居全国第10位和第12位，但产品销售利润率仅为3.19%，低于全国同行业4.59%的平均水平;盈利水平小于1，为69.50%，不足全国同行业盈利水平的7/10。出口产品产值仅占全国的0.38%，居全国第16位，出口产品产值率仅为2.19%，居全国第28位。装备制造业新产品率居全国第14位，处于全国中等水平，但新产品产值率不足11%，居全国第24位，河南省装备制造业的核心竞争力亟待提高。很明显，政府战略规划下的低成本要素驱动模式，只能使河南省工业企业依靠资源优势、劳动力及其价格优势在价值链的低端实现规模扩张，难以促进河南省工业，尤其是装备制造业实现产业技术升级，进而占据价值链的高端。河南省装备制造业一些产业领域的龙头骨干企业，依靠技术进步在全国市场乃至国际市场获得较强的竞争优势，说明河南省的产业，尤其是装备制造业只有立足科技创新，走转型升级的发展道路，才能实现又好又快的发展。

3.1.2 市场主体投资驱动模式

根据经济增长理论，投资是经济增长的关键因素。改革开放以来，河南省的经济之所以能持续、快速的发展，投资发挥了极为关键的作用。河南省矿产种类多，开采价值大。矿产资源的开发，既可以直接增加居民和政府的财政收入，促进区域经济增长，也可以吸引外部投资，改善交通运输、医疗卫生、公共服务等基础设施，为区域发展创造条件，还可以通过前向、后向、侧向的经济物质联系，产生经济乘数效应，促进区域经济增长（樊新生，

2005）。投资推动河南省工业规模不断扩张的同时，河南省有选择地承接发达国家和地区技术含量较高的产业转移，促进了国内外先进技术在河南制造业的加速扩散。在不同的发展阶段，投资对河南省工业技术创新能力的提升也发挥了积极的促进作用。

3.1.2.1 投资推动了河南省工业规模的持续扩张

新中国成立以来，工业投资成为河南省投资的主体。在“一五”和“三线”建设时期，国家把河南省定为重点建设区，在豫西、豫北、豫中地区进行了大规模的工业建设。“一五”建设时期，为配合国家对河南省进行的重点建设，河南省动员和组织了大批人力、物力投入到重点建设项目中，先后兴建了洛阳拖拉机厂、洛阳热电站、洛阳有色金属加工厂、洛阳矿山机械厂、洛阳滚珠轴承厂、郑州纺织机械厂、郑州第三棉纺厂、三门峡水电站等大中型骨干企业，以及平顶山 2 号立井、焦作小马村煤矿（董志凯，1999）。一批为国家工业化必需，而过去没有或非常薄弱的大中型骨干企业纷纷建成。河南省纺织、机械、煤炭、电力等工业得到迅速发展。洛阳、郑州初步发展为全国的机械和纺织基地。1958—1970 年，河南省工业布局主要在这些地区沿铁路干线逐步展开，工业投资达 66.8 亿元，主要用于冶金、煤炭、机械、化工等部门。这些投资不仅使原有工业城市继续扩大，而且在京广、陇海沿线，还催生了安阳市、新乡市、焦作市、三门峡市等中、小工业城市。国家在河南省工业、交通等方面投资项目的实施，奠定了河南省在全国生产力布局中的重要地位，也从根本上改变了河南省的经济布局。总体上看，改革开放后的 20 世纪 80 年代初，河南省人均投资水平较高的地区主要是豫北地区的焦作市、新乡市、安阳市、洛阳市、三门峡市等陇海铁路沿线地区，以及豫中地区的郑州市、许昌市、平顶山市。

“六五”（1981—1985 年）期间，河南省形成了两大工业区：豫北工业区，包括安阳市、新乡市、焦作市、濮阳市、鹤壁市等城市；豫中工业区，包括郑州市、洛阳市、平顶山市、许昌市等城市。两大工业区汇集了河南省绝大部分工业和有重大影响的现代化大、中型企业。此外，由于优越的地理位置和丰富的资源条件，豫西地区成为国家重要能源化工基地。河南省紧密配合国家在豫西能源重化工基地的部署，加快豫西北能源、原材料的开发和重化工工业的发展，豫西地区成为重点投资开发的地区。1950—1985 年，国家用于河南省工业建设的投资总额高达 253 亿元之多，占同期河南省基本建设投资总额的 60%。

20 世纪 80 年代中期以后，由于国家重点发展东部沿海地区，中央投资在河南省投资中的比例不断降低，如图 3-1 所示；但在这个时期，河南省乡镇企业进入高速增长阶段，1980—2000 年河南省乡镇企业数量的增长如图 3-2 所示（樊新生，2005）。1978 年以后，乡镇企业投资占河南省全省投资比重一直保持在 30%~45%。河南省乡镇企业的起步及初期发展与矿产资源开发有直接关系。中央和河南省地方政府在豫西、豫北和豫中地区进行的重点投资，使该地区成为河南省的经济重心；尤其是郑州市、洛阳市、焦作市、新乡市等城市，工业基础雄厚，技术水平高，其对周围地区农村工业发展的带动作用远远大于其他地区。因此，这些地区的乡镇企业主要依赖本地的矿产资源和劳动力要素的优势，在较低的技术水平就能够满足当时市场对能源和原材料初级产品需求的情况下，乡镇企业迅速得到催生并实现了快速的发展（李小建，1993）。

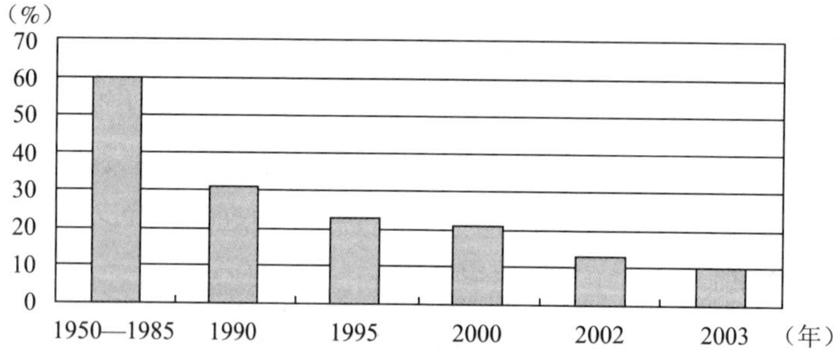

图 3-1　1950—2003 年中央在河南省固定资产的投资比例变化

“八五”和“九五”期间，河南省国内生产总值净增长近 40%、农村社会增加值净增量近 60%、农民人均收入净增量 40% 都来源于乡镇企业。1998 年底，河南省乡镇工业企业的总产值已占全省工业总产值的一半以上，成为影响全省经济增长的主要因素，在农产品加工、矿产资源开发、机械制造、建筑建材等产业领域形成较大的经营优势（米剑锋，2000）。

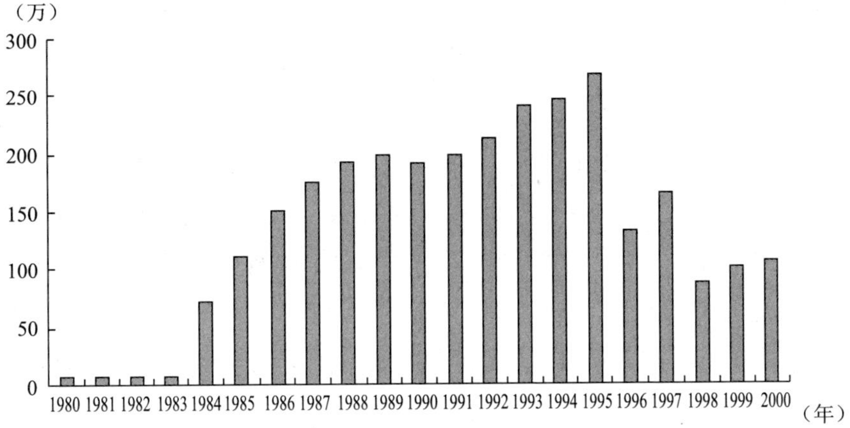

图 3-2 1980—2000 年河南省乡镇企业数量的变化

随着改革开放和市场经济的全面发展，企业竞争的对象、领域、范围发生了重大变化，河南省乡镇企业也暴露出一些比较明显的问题——增速回落、效益下滑、亏损增多，究其原因，主要存在以下问题：

一是乡镇企业长期形成的产业结构和产品结构不合理，没有自己独具特色的产业体系和产品优势。乡镇企业发展之初是在城乡市场分割或半分割体制下进行的，绝大多数是对城市相应部门、产业乃至产品结构的模仿而进入市场的，因而与国有企业的产业、产品浅层次的同构现象严重。

二是企业规模偏小。据统计，1998 年河南省乡镇企业年均实现产值只有 245 万元（当年价），从业人员平均为 32 人。过小的规模使一些企业规模效益上不去，也不利于企业抵御经营风险，赢得市场主动权。

三是技术层次低。河南省乡镇企业普遍存在设备陈旧、工艺落后、生产粗放、环境保护及安全意识差，其产品以原料粗加工为主，技术含量低，产品质量、档次不高，单纯依赖外界的技术来源，缺乏技术创新能力。

四是体制创新力度不够，高素质的人才严重不足。乡镇企业集体经济的实现形式单一，企业产权不清，政企不分的问题一直存在。河南省乡镇集体企业改制步伐相对缓慢，到 1998 年年底，全省股份制和股份合作制企业只占到 20% 多，一些集体企业受体制因素的约束，活力不足、适应市场能力减弱，经营机制灵活的优势不能充分发挥出来。1997 年，全省乡镇企业在职职工中，拥有大中专学历的技术与管理人员所占比例低于全国平均水平，仅为4.4%，小学以下文化程度的职工有20%左右。

五是乡镇企业的发展造成了严重的污染。从1997年起，国家开始重点整顿治理环境污染较为严重的15类小型企业，关闭了一批污染严重、治理不达标的乡镇企业，河南省当年关闭了数千家污染严重、治理不达标的企业。未被关闭的乡镇企业，也由于污染治理投入增加，使得企业成本加大，同时也给后续新进入市场的乡镇企业增高了环境保护的“门槛”，企业技术水平低、技术和管理人才匮乏、创新能力弱，极大地制约了乡镇企业继续走“低成本要素驱动”的发展模式。

3.1.2.2 投资促进了河南省工业技术创新能力的提升

作为中部欠发达地区的河南省，在改革开放中后期，由于外资的进入促进了制造业的技术进步。Wang和Blomstrom（1992）指出，内外资技术水平差距越大，外资企业的溢出效应就越大，其提供的示范效应及可模仿的空间就越大，技术落后的本土企业通过模仿创新示范企业发展经济赶超的可能性就越大。然而，本土落后企业进行技术模仿创新是建立在自身一定的技术水平上的，即自身技术水平无法消化吸收溢出知识时会产生反作用，从而影响“示范—模仿”机制发挥作用（Girma，2005）。因此，企业的发展不仅取决于溢出效应，还取决于企业的吸收能力，技术吸收能力使得企业能够理解新的知识，加强企业对知识的整合，提高技术创新能力，提高生产效率（王华，祝树金等，2012）。欠发达地区除了通过外部性学习外资企业技术以外，还可以通过技术创新提升生产效率。现有的文献普遍认为，外资企业的技术溢出、本土企业的学习及自我创新能力能够影响本土企业的发展和生产效率的提升（梁经伟，江鸿泽等，2018）。河南省制造业2006年以后的发展完全符合这些理论揭示的内在规律。

为了解决河南省制造业，尤其是乡镇企业技术落后的问题，1994年，河南省有关部门启动了旨在用高新技术重塑河南省乡镇企业的“新星工程”，重点推动100家乡镇企业试点企业吸收高校和科研院所的科技成果，实现“二次创业”，以产出高附加值的产品。河南省部分地区很早就认识到依靠科技创新提高企业整体素质的重要性，经过积极探索，取得了良好的绩效。例如，1993 年长葛市大力实施“科技兴市”战略，与 100 多所高校、科研单位建立了协作关系，常年聘请 1500 多名科技人员为乡镇企业提供智力支持，强化乡镇企业职工的培训，使企业的产品质量不断提高，并创出了一批名牌产品。黄河实业集团组建伊始，长葛市政府有关部门就协助企业与省技术经济研究所联合，开发出在国内外市场享有盛誉的金刚石磨具系列产品；后来又与日本大阪金刚石株式会社、郑州三磨研究所联合，引进世界一流技术和设备，使其主导产品的主要技术指标达到国际先进水平，被国家确定为 100 家企业技术开发中心之一。该公司在 1995 年的营业收入就达到 1.8 亿元，利润 3000 多万元，成为全国同行业的明星，1998 年在上海证券交易所成功上市。该公司 2017 年年报显示，公司营业收入达到 31.67 亿元，利润 3.4 亿元。目前，该公司已发展成为集科研、生产、贸易于一体的国家大型企业，下属成员企业分布于长葛、郑州、北京、上海四地。该公司拥有国家级企业技术中心、企业博士后科研工作站和河南省超硬复合材料及其制品工程技术研究中心，拥有多项核心关键技术和自主知识产权，其中部分产品的综合指标已达到国际先进水平，是国家高新技术企业。该公司主要产品有碳系新材料（超硬材料及制品、超硬复合材料及制品、首饰用钻石、金刚石线锯、金刚石微粉、石墨烯）、智能制造、合金粉、3D 打印金属耗材及制件等，“旋风”牌系列产品畅销日、美、欧等发达国家及东南亚市场，“旋风”牌人造金刚石被原国家质检总局评为“中国名牌”产品。目前，该公司已经成为世界最大的人造金刚石制造基地，全国超硬材料及智能制造的龙头企业。科技创新促进了该公司长期、持续、稳定地实现了高质量的发展。

2005 年始，中国工业的空间格局出现变化，东部地区工业比重出现下降，中西部则呈现上升趋势。河南省各级政府以“招大商、引大项目”为抓手，加强与世界 500 强企业、跨国公司、央企、大型民营企业等战略合作和产业对接活动，从产业组织层面提高承接水平。

随着创新驱动战略的全面实施，河南省制造业企业不断加快转型升级的步伐，各级政府在招商引资中十分关注增量产业对存量产业及其技术升级的带动作用。在制造业领域，引导资金投向高端制造、智能制造、绿色制造等先进制造业，加快引进以中高端产品为主的龙头企业、知名品牌和重大项目，优化提升传统优势产业，培育战略性新兴产业。2014 年，河南省工信厅下发了《河南省产业转移项目产业政策符合性认定试点工作方案》，该方案要求在承接产业转移过程中，以遏制低端和落后产能转移为工作重点，严把产业政策闸门、严把认定关；在承接产业转移中，重点对 19 个需要抑制产能过快增长的行业进行严格把关。

2017 年，河南省全省实际吸收外资 172 亿美元，实际到位省外资金 9000 多亿元；在豫投资的世界 500 强企业有 127 家，国内 500 强企业达 158 家。具有国内外一流科技创新能力的世界 500 强和国内 500 强企业逐步进入河南省，对河南省相关产业领域的技术进步带来越来越大的促进作用。

本课题组通过对 1996—2016 年河南省工业企业的数据进行分析，结果显示，河南省总体经济规模不断扩大（如图 3-3 所示），自 1996—2002 年，河南省总体经济规模处于缓慢增长状态，从 2003 年开始，河南省经济加快了发展的步伐，并多年居于全国第五位、中部六省第一位的规模。2003—2016 年，河南省制造业固定资产投资占全社会固定资产投资的比例，如图 3-4 所示；而自 2003—2014 年，河南省制造业固定资产投资也处于快速增长状态，并于 2014 年达到阶段性顶峰。自 2014 年开始略有下降，2017 年比 2016 年又有所回升，近几年处于高位波动状态。

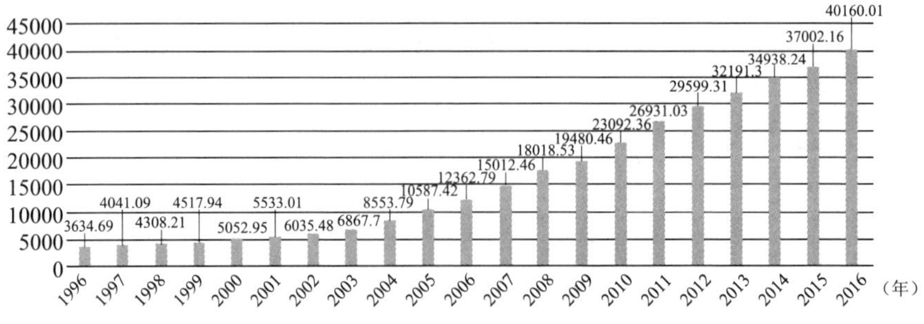

图 3-3　1996—2016 年河南省生产总值变化趋势

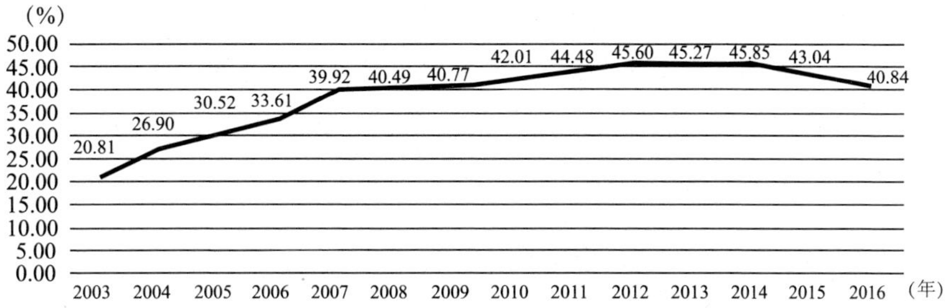

图 3-4 2003—2016 年河南省制造业固定资产投资占比变化趋势

本课题组运用 SPSS 数据统计软件，将河南省 2003—2016 年的制造业固定资产投资与生产总值，以及工业增加值分别进行了相关性分析，分析结果如表 3-1 所示。

表 3-1 2003—2016 年河南省制造业固定资产投资与生产总值、工业增加值的相关性分析结果

地区	制造业固定资产投资与生产总值的相关系数	制造业固定资产投资与工业增加值的相关系数	*Sig*
河南省	0.991	0.953	0.000

通过对 2003—2016 年河南省制造业固定资产投资与省生产总值的相关性分析，本课题组发现，两者之间具有显著的正相关关系，相关系数为 0.991。这表明，2003—2016 年，河南省制造业固定资产投资对生产总值具有非常强的正向影响。

通过对 2003—2016 年河南省制造业固定资产投资与工业增加值的相关性分析，同样发现，两者之间具有显著的正相关关系，相关系数为 0.953。这表明，2003—2016 年，河南省制造业固定资产投资对工业也具有非常显著的正向影响，但略低于其同期对全省生产总值的影响，说明河南省制造业固定资产投资对全省工业之外的第二产业内外部其他产业也具有显著的正向的影响。

一个地区的专利有效量，能够显示这个地区科技创新的能力及其对经济和社会的影响潜力。为了分析河南省在创新驱动战略的指引下，科技创新对全省经济及产业发展的影响，本课题组运用SPSS数据统计软件将河南省2006—2016年河南省全省专利的有效量，分别与河南省的生产总值、工业增加值进行相关性分析，以探究河南省科技创新对全省经济及产业发展的影响，分析结果如表3–2所示。

表3–2 河南省专利有效量与生产总值、工业增加值的相关性分析结果

地区	专利有效量与河南省生产总值的相关系数	专利有效量与工业增加值的相关系数	*Sig*
河南省	0.971	0.896	0.000

通过对2006—2016年河南省专利有效量与全省生产总值之间的相关性分析，我们发现，两者之间具有显著的正相关关系，相关系数为0.971。这表明，2006—2016年，有效专利的存量对河南省生产总值也具有非常显著的正向影响，但略低于同期制造业固定资产投资对全省生产总值的影响，说明企业创造的相关专利技术在整体上可能还弱于引进的技术和装备。

通过对2006—2016年河南省专利有效量与全省工业增加值的相关性分析，我们发现，两者之间也存在显著的正相关关系，相关系数为0.896。这表明，2006—2016年，河南省专利有效量对全省工业增加值同样具有非常显著的正向影响，但明显低于其同期对全省生产总值的影响，这进一步显示专利有效量对河南省除工业之外的第二产业，以及第一、第三产业也可能存在正向的影响。

为了进一步分析河南省制造业固定资产投资与全省专利有效量之间的关系，本课题组运用SPSS数据统计分析软件将河南省2006—2016年的制造业固定资产投资与专利有效量进行了相关性分析。由于技术引进是河南省制造业的主要技术来源，因此，在相关性分析基础上，本课题以制造业固定资产投资为自变量，以专利有效量为因变量进行回归分析，分析结果如表3–3所示。

表 3–3 2006—2016 年河南省制造业固定资产投资对专利有效量的回归分析结果

地区	相关系数	回归分析结果				
		B	*t*	*Sig*	R^2	调整后的 R^2
河南省	0.983	9.245	15.995	0.000	0.983	0.963

由表 3–3 可知，制造业固定资产投资与同期专利有效量之间存在显著的正相关关系，且相关程度非常高，说明河南省制造业固定资产投资对专利有效量的影响非常显著。回归分析的结果显示，至少在 2006—2016 年期间，河南省制造业固定资产投资与全省专利有效量之间存在回归关系，这表明，制造业固定资产投资在很大程度上是河南省有效专利产生的“因”，而有效专利在整体上是制造业固定资产投资产生的“果”。专利有效量对制造业固定资产投资的回归方程可表征为：

$$y= 0.983\,x-18894.9 \qquad (3\text{–}1)$$

从表 3–3 可以看到，这个回归模型具有高达 96.3% 的解释程度。根据以上回归方程，在 2006—2016 年期间，河南省制造业固定资产投资每增加 9830 万元的资金，才能增加 1 个专利的有效量。

综合本部分的各项分析，河南省制造业固定资产投资在不同的发展阶段对河南省经济总量的扩张，以及制造业产业的增长作出了较大的贡献，且对河南省专利技术创新具有直接的促进作用。通过不断投资高端装备来引进先进技术，对当前和今后一个时期的河南省制造业，尤其是装备制造业的高质量发展具有十分积极的意义。

3.1.3 创新驱动发展模式

河南省以资源型工业发展为主导力量的经济增长模式体现了工业化快速发展时期的特征，具有一定的必然性，在促进社会经济发展方面发挥了重要作用。“十三五”以来，环境约束对河南省经济和产业发展的影响面越来越大，加快技术创新的步伐成为制造业企业必须面对的严峻挑战。厘清河南省制造业，尤其是作为全省支柱产业的装备制造业企业自主创新的演进过程，对加快河南省制造业的创新发展意义重大。

3.1.3.1 河南省制造业创新发展的载体

2007 年，河南省能源、原材料等重工业实现增加值占全省工业增加值的 70% 左右，大大高于全国平均水平。其中，排名前七位的均为传统产业，即非金属矿物制品业、煤炭开采和洗选业、电力和热力的生产及供应业、有色金属冶炼及压延加工业等，这些行业占全省工业增加值的比重高达 53%。而高新技术产业、高附加值行业则发展缓慢，产业规模较小，2007 年，河南省全省高新技术产业实现工业增加值占规模以上工业增加值的比重仅为 3.7%。这表明，资源优势和原材料优势曾经在河南省经济增长中发挥着重要作用，资源性工业是拉动经济增长的主导力量。张民祥和郭民生（2007）运用柯布—道格拉斯生产函数测算了技术进步增长率和技术进步对河南省经济增长的贡献率，结果显示，河南省当时正处于粗放型向集约型的经济增长方式转变，加快技术创新步伐已经开始成为促进河南省经济和产业健康快速发展的现实途径。

2008 年发生的国际金融危机，河南省工业当时也受到了严重的冲击。当时，河南省的电解铝价格从每吨 2 万元下跌到不足 1 万元，全省经济形势急转直下。2009 年 1 月，河南省工业增速仅为 1%，在沿海打工的农民工返乡近 900 万人。尽管从 2010 年开始，受资源类产业的强势反弹的影响，河南省工业形势得到一定程度的改善，增幅也开始回升，但这场金融危机延缓了河南省经济发展步伐，同时，也给河南省产业的发展敲响了警钟：河南省工业存在能源、原材料产业比重偏大、单位 GDP 能耗大、产业结构层次偏低等问题充分暴露出来。进入 2010 年，河南省工业发展对资源的依赖虽然有所减轻，但前期资源消耗基数较大，资源整体消耗水平仍然偏高。同时全省各地市工业发展水平参差不齐，从工业生产方式和生产效率上看，既有郑州市、洛阳市这样先进的制造业中心，也有平顶山市、焦作市这样依靠高能耗发展的传统工业城市，工业发展的区域结构不平衡也大大增加了河南工业结构升级和调整的难度。国际金融危机使河南省工业出现了明显的分化，技术力量薄弱、产业规模小、产品技术含量低、生产方式落后的县域工业受冲击较大，而中心城市的现代工业在受到国际金融危机冲击之后，对全省经济的拉动作用不仅没有减弱反而在持续增强，对河南省经济迅速摆脱国际金融危机的不利影响发挥了十分积极的重要作用。

针对河南省工业存在的产业集中度低、区域配套能力不强、技术创新能力弱、产品层次低、围绕大型企业的中小企业群体尚未真正形成、部分大型国有企业发展活力不足等问题，河南省省委、省政府于 2009 年 4 月出台《关于推进产业集聚区科学规划科学发展的指导意见》，正式将产业集聚区作为工业化、城镇化、农业现代化协调发展的战略突破口，在全省启动产业集聚区规划建设。通过政府有形之手的主导，运用财政、税收、土地及企业入驻、招商引资和生产环境条件服务等政策措施，以及国内外市场主体的协同抢抓产业转移的黄金机遇，促进了河南省产业结构的调整，发展方式的转变，产业集聚区的建设为河南省经济的发展开辟了新空间。发展产业集聚区，使河南省摆脱了“低、散、小”的工业发展模式，快速向先进制造业大省迈进，同时加快了城镇化进程。河南省产业集聚区从无到有、从小到大、从弱到强，成为全省区域经济的增长极、产业转型升级的突破口、地区招商引资的主平台、转移就业的主渠道、改革创新的示范区。2010 — 2013 年，河南省产业集聚区累计完成投资 3.56 万亿元，占同期全省投资的 45.3%。2013 年，产业集聚区规模以上工业企业实现主营业务收入 3.13 万亿元，占全省的 52.6%。在产业集聚区的助推下，全省城镇化率由 2008 年的 36% 提高到 2013 年的 43.8%。2014 年，全省建成 180 个产业集聚区。在大力发展产业集聚区的过程中，制造业企业，尤其是装备制造业企业快速推进了自主创新的步伐，一些装备制造业龙头企业，立足于自身良好的技术吸收能力，在较短的时间里经历了“引进消化吸收再创新”“集成创新”向“原始创新”的嬗变。

3.1.3.2 河南省装备制造业创新发展的演进历程及其模式特征

从经济规律和国际经验来看，发展中经济体若要成为高收入经济体，避免落入“中等收入陷阱”，就必须经历一个产业持续升级的过程，以不断推动产业结构调整优化，保持全要素生产率的增长，打造出产业持续创新能力和新的比较竞争优势（向晓梅，吴伟萍，2018）。河南省制造业长期以来存在低水平的产能过剩、高水平的产能不足的问题，20 世纪 80 — 90 年代河南省的低价值工业品大量停留在仿制的低水平阶段，而高价值的先进装备主要依靠进口。河南省装备制造业在高压输变电装备、大型农业机械、大型矿山装备、轨道交通等产业领域具有较好的产业基础，许继集团、中国一拖、中信重工、中铁装备、宇通汽车等装备制造业大型企业的技术能力较强，它们在科技创新发展的实践中沿着引进消化吸收再创新—集成创新—原始创新走出了一条具有河南省装备制造业特色的自主创新之路。

本课题运用多案例分析的方法，并以线性分析式、比较式、时间顺序、理论式构建四种结构类型，分析河南省在全国装备重点领域具有领先地位的五家装备企业的典型产品技术创新案例，以梳理出其创新发展的演进路径机制和模式特征，为河南省制造业企业实现创新驱动发展提供理论依据。

（1）引进吸收消化再创新：进入高价值装备领域。

企业只有不断努力获取新的知识和技术，通过内部研发积累知识和从外部学习知识两种途径来提高创新能力，才能保持竞争优势，主动应对技术、市场和环境的变化，提高企业发展水平（West 和 Marco，2010）。对于具有一定的技术基础的企业来说，要进入一个新的产业领域，引进这个产业领域的国际先进企业的技术和产品，是构建这个产业重要产品的设计理念和研发经验等知识体系的一个基本途径。河南省装备制造业的领军企业许继集团、中国一拖、中信重工、中铁装备、宇通汽车等在科技创新发展的实践中都经历了引进消化吸收再创新这个重要的基础性环节。

案例一　许继集团特高压 ±800 千伏直流技术的引进消化吸收再创新

许继集团有限公司是国家电网公司直属产业单位，是国内电力、自动化和智能装备制造业的领先企业，特高压装备是其五大核心业务之一。2006 年，许继集团主持完成的“牵引供电自动化系统成套技术及应用”项目荣获国家科技进步奖二等奖。2009 年，许继集团“超高压直流输电重大成套技术装备开发及产业化”荣获国家科技进步奖一等奖。2011 年，许继集团“供用电系统谐波的有源抑制技术及应用”项目荣获国家科技进步奖二等奖。2012 年，许继集团“特高压交流输电关键技术、成套设备及工程应用”项目荣获国家科技进步奖特等奖。2015 年，许继电源公司“大功率特种电源的多时间尺度精确控制技术及其系列产品开发”项目荣获国家科技进步奖二等奖。这些奖项从侧面显示出许继集团技术的创新能力的提升过程。

【引进技术 1】2002 年，许继集团引进西门子直流控制保护设备制造技术，并在前期积累的自主技术和工程经验的基础上，通过对西门子技术的融合创新和自主研发，对引进技术进行全面升级，研制出了具备世界先进水平和完全自主知识产权的成套控制保护设备 DPS-2000 系统。

【引进技术 2】2004 年，许继集团与德国西门子集团合资组建西门子许继输电系统有限责任公司，合资公司主要从事研制、生产高压直流控制保护系统，晶闸管阀，高压输电串联补偿装置和静态无功补偿器产品，并提供相关售后服务、技术咨询及技术培训服务。随后，进一步引进西门子公司光控晶闸管换流阀技术，通过技术培训，完全消化吸收了西门子公司的换流阀设计、制造和试验技术，从而具备 ±500 千伏直流输电换流阀自主设计、制造和试验的技术能力。

案例二　中国一拖集团的引进消化吸收再创新

中国一拖集团有限公司，是中国农机工业的重点骨干企业，以农业机械、动力机械、零部件等多元产品的设计和制造的大型装备制造企业集团。中国一拖集团设计制造了新中国第一台拖拉机、第一辆军用越野载重汽车。建厂以来，中国一拖集团已累计向社会提供了 340 余万台拖拉机和 260 余万台动力机械，帮助中国人以不足世界十分之一的耕地，养活了世界近四分之一的人口。

【引进技术 1】1955 年，中国一拖集团引进苏联技术，生产出第一台履带式东方红拖拉机。此后 20 年，东方红拖拉机完成了中国 60% 以上机耕地的作业，推动中国开始了农业机械化的发展进程。

【引进技术 2】1985 年，中国和意大利拖拉机合作项目签字仪式在北京举行，由中国一拖集团担纲，引进意大利菲亚特大轮拖产品技术。随后，又引进了英国的里卡多柴油机生产技术。从此之后，中国一拖集团开始生产大型拖拉机、柴油机、小麦/水稻联合收割机等农业机械，打破了国外跨国公司对国内大型轮式拖拉机市场的长期垄断，推动了我国拖拉机产业的技术升级。

【引进技术3】2011年，中国一拖集团成功收购意大利ARGO集团旗下的McCormick法国工厂，该工厂主要生产拖拉机用传动系统，功率覆盖90~230马力，有同步器换挡、部分动力换挡和全动力换挡三种类型，技术水平属于当时国际主流机型。本次收购是中国农机企业成功收购世界知名农机企业的第一例，加快了中国一拖集团进军国际市场的步伐，有力地促进了中国一拖集团核心竞争力的提升。

案例三　中信重工集团的引进消化吸收再创新

中信重工集团是中国最大的矿山机械与水泥设备制造企业、中国最大的重型机械制造企业之一，专业从事国家基础工业技术装备、成套工艺流程的基础研究和开发设计，是中国低速重载齿轮加工基地、中国铸锻和热处理中心、国家级理化检验认可单位和国家一级计量企业，拥有“年产千万吨级超深矿建井及提升装备设计及制造技术”“年产千万吨级移动和半移动破碎站设计及制造技术”“日产5000~12000吨新型干法水泥生产线成套装备设计及制造技术”“低温介质余热发电成套工艺及装备技术”“利用水泥生产线无害化处置生活垃圾技术”等20多项核心技术，形成了大型化、集成化、成套化、低碳化的绿色产业发展新格局，产品远销亚、非、欧、美、澳等20多个国家和地区，在国内外市场占据较大份额。

【引进技术1】1955年，中信重工引进苏联年产2万吨矿山机械设备设计和制造技术。1956年，中信重工生产的提升机、破碎机、球磨机等矿山机械，填补了当时我国装备工业的空白，在社会主义工业化进程中发挥了重要的作用。

【引进技术2】2005年，中信重工与德国威普克·潘克液压公司开展合作，引进威普克·潘克液压公司最新的“威普克泵”液压控制技术，与威普克液压公司联合设计、自行制造了世界上最大的18500吨自由锻油压机组，建设完成重型冶铸、锻造、热处理及重型铆焊、重型机加工在内的“新重机”工程，使中信重工的制造能力达到了国际先进装备制造业的高端配置。

【引进技术3】2015年，中信重工引进美国戴尔公司的Precision T5810工作站，构建了一个专业化的设计平台，形成包括机械设计、工程设计、工艺设计、液压机自动化控制设计在内的创新技术研发环境，构建了立体化的重型装备及工程配套设计能力，使中信重工的设计效率比引入前提升了10倍以上，同时还掌握了20项核心技术，设计能力达到了国际领先水平。

案例四　中铁装备集团的引进消化吸收再创新

中铁工程装备集团有限公司（以下简称“中铁装备”），是集隧道掘进机、隧道机械化专用设备、地下空间综合开发、钢结构四大产业门类为一体的综合性企业。该公司以隧道及地下工程装备产业一体化发展为核心优势，构建了隧道掘进机、隧道机械化施工专用设备、钢结构三大产品系列，以马蹄形、矩形断面为代表的异形盾构为中铁装备首创产品，“彩云号”TBM入选2017年度央企十大“国之重器”，设计、制造技术处于国内领先地位。中铁装备成立九年来，实现了从“追赶”向“引领”转变，盾构装备年产能230台以上，产品遍布国内40多个省市地区，市场占有率连续六年保持国内第一，并远销意大利、奥地利、阿联酋、新加坡、马来西亚、印度、黎巴嫩、以色列、越南等16个国家和地区。

【引进技术1】2013年，中铁装备收购了德国维尔特公司硬岩掘进机（TBM）及竖井钻机知识产权和品牌使用权，并在德国成立了克瑞德国隧道掘进机有限公司。德国维尔特公司是国际上著名的隧道、矿山机械制造企业，拥有世界最先进的硬岩掘进机、竖井钻机制造技术。这一成功收购使中铁装备公司成为世界上能独立生产硬岩掘进机，并具有自主知识产权的三大企业之一。

【引进技术2】2015年，中铁装备与瑞典山特维克公司签订战略合作协议，在钻爆法开挖设备凿岩台车领域展开深度合作。瑞典山特维克公司是全球领先的制造商，在凿岩台车领域拥有世界最先进的技术，曾多次入选《福布斯》“全球最具创新能力公司100强”。与瑞典山特维克公司的合作，共同推进凿岩台车在我国国产化装备的技术进步，填补我国该工程机械领域的空白。2017年，由中铁装备自主研制的国内首台具有完全自主知识产权的电脑导向三臂凿岩台车在河南省新乡下线，已成功应用于中铁上海工程局四公司郑万铁路项目，这标志着中铁装备三臂凿岩台车产品逐步实现系列化。

【引进技术3】2018年，中铁装备引进中冶集团北京崇建公司自主研发的3D打印混凝土技术，并集成到其装备制造产品和工艺之中。这种颠覆性技术的应用能够彻底改变传统的隧道施工生产方式，改善以往隧道施工灰浆量大、污染严重等问题。

案例五　宇通客车的引进消化吸收再创新

郑州宇通客车股份有限公司（以下简称“宇通客车”）是一家集客车产品研发、制造与销售为一体的大型现代化制造企业。宇通客车按照国家纯电驱动的技术转型战略，坚持电动化、智能化、网联化的产业发展方向，开发插电式、纯电动、燃料电池三大动力系统，重点突破系统集成、车载能源、电驱动系统、整车控制、电附件等共性核心技术，自主研发的新能源客车综合技术处于国际先进水平。其中，整车节能与控制技术、高压隔离电源变换技术、高密度电驱动控制等技术处于国际领先水平。目前，宇通客车自主研发的新能源客车动力系统已成为行业主流动力系统，形成了具有国际竞争力的6~18米系列化新能源客车产品，产品远销至美国、英国、法国、挪威、马其顿、委内瑞拉、俄罗斯、以色列、沙特，以及中国澳门、中国台湾等30多个国家和地区。2016年，宇通客车《节能与新能源客车关键技术研发及产业化》项目荣获国家科学技术进步奖二等奖。2017年，宇通客车位列“2017年中国企业500强”第379名，入选《财富》杂志“财富500强”，位居第177名。

【引进技术1】1989年，宇通客车投入3300多万元进行技术改造，引进了日本、德国的关键设备和生产工艺，新建了一条贯通式的生产线，生产工艺和技术水平得到了显著提高，随后开发出以“宇通红”为代表的特色产品，初步形成了2000辆大客车的生产能力，首款双层卧铺客车（ZK6980WD-1）打开了市场销量，在行业中的竞争地位快速提升。

【引进技术 2】2002 年，郑州宇通客车股份有限公司与欧洲三大商用车制造商之一的 MAN 公司合作，引进 MAN 公司四个整车产品和六个客车底盘。引进的整车产品分为城市客车、城间客车、旅游客车等四个系列。引进的客车底盘主要包括：9 米城市客车底盘、12 米和 18 米标准地板城市客车底盘，以及 12 米低地板城市客车底盘。通过吸收 MAN 公司的城市客车底盘和车身技术，结合中国城市客车的使用工况，宇通公司开发出都市亮点 ZK6118HG 系列高等级城市客车，其各种性能获得了大幅度的提高。

【引进技术 3】2009 年，宇通客车引进世界知名涂装设备制造商德国杜尔公司（DURR）的全自动生产线，建成全球工艺、设备最先进、生产规模最大的大客车阴极电泳涂装生产线。宇通客车吸收了德国杜尔公司电泳线在方案布置、设备配置、工艺技术、涂装品质等方面的先进技术，改进了电泳涂装工艺，显著提高了磷化和电泳质量，同时还进一步提高了电泳漆的回收效率。

【引进技术 4】2011 年，宇通客车引进全球著名的日本帕卡公司电泳生产线，引进国外关键部件的先进技术和装备，实现了车架电泳涂装从高压预冲洗、预脱脂、脱脂到工业水洗的四大步骤、16 道工序的全自动化生产，不仅可实现车架表面漆膜的流平性和美观度，更可保障车架 8~10 年不锈蚀，大大提高了车身的可靠性和耐用性。在此基础上，宇通客车创新电泳工艺，设计了领先业界的“Y.E.S 宇通电泳标准”。

【小结】从以上案例可以看到，这五家行业的龙头企业都是有较强的技术实力的国有企业，当初都是选择和相关产业领域的国际领先企业进行合作并引进国际先进产品技术或工艺，在充分吸收国际先进技术的基础上在相关领域形成了自己的技术优势，并结合相关装备国产化的需求进行了后续的深度开发，奠定了在中国市场乃至世界市场的强大竞争力。

（2）集成创新：形成本公司系列高价值装备产品。

集成创新是指企业利用各种信息技术、管理技术与协同平台等，对各类创新要素和创新内容进行选择、整合和优化，形成优势互补的有机整体的动态创新过程。集成创新重视产品质量和产品多样化。本课题选择的五个典型企业，在引进相关产业领域的国际先进产品设计、装备或工艺技术之后，并没止步于已引进技术的水平，而是在消化吸收国外先进技术所包含的知识体系的基础上，利用自身在行业内积累的经验和合作资源，注重整合国内高校、科研院所和相关企业的技术资源和创新能力，搭建科研平台、攻克阻碍产业发展的关键技术难题，有效提升自身的研发实力，开发出一系列的高端装备和生产技术，跳出了改革开放初期在大量制造业企业存在的“引进—落后—再引进—再落后”的怪圈，走上了依靠技术创新推进企业高质量、国际化发展的道路。

案例一　许继集团的部分集成创新成果

【产学研合作研发】2010 年，许继集团与西安交通大学、河南省电力科学研究院合作，共同研发“继电保护远程效验及状态监测技术和超高压长距离输电线路永久性故障判别与自适应重合闸技术”，成果技术先进、创新点突出、社会和经济效益显著，达到国际先进水平。与西安交通大学合作研发过程中，产生了 24 项专利技术。2011 年，许继集团与青岛科技大学合作开展“10KV2MW 柔性直流输电系统的研究开发”“基于 MMC 的多端柔性直流输电系统的研究开发”等项目，取得了一系列创新性的研究成果。

【成立博士后科研工作站】1998 年，许继集团与华中科技大学、西安交通大学、上海交通大学、浙江大学、同济大学、哈尔滨工业大学、南开大学、重庆大学等国内一流高校合作，成立了许继集团博士后科研工作站。博士后科研工作站研究出多项科研成果，对推动许继的科技进步、保持许继的技术领先、提高企业的科学管理水平作出了突出贡献。

【搭建产学研合作研发平台】2008 年，许继集团组建了“国家高压直流输变电设备工程技术研究中心”。2013 年，许继集团与国网北京市电力公司、南车株洲电力机车研究所有限公司、北京交通大学合作成立“国家能源主动配电网技术研发中心”，开展动力电池应用、微网运行技术等方面的研究。许继集团与河南理工大学共建“煤矿井下智能供电系统实验室”，开展煤矿井供电安全、智能化方面的课题研究，共同研发了 WGB-85 系列高压防爆开关综合保护装置和 KJ895 井下智能通讯分站及电力监控系统，成果达到国内领先水平。

【**构建协同创新机制**】2009年，许继集团联合河南省13家相关企业、科研院所和高校,成立了“河南省风电产业技术创新战略联盟”,由许继集团牵头、联盟成员共同承担的河南省重大科技专项——“2.0兆瓦风力发电机组关键技术研究与产业化”获得国家科技部立项，这是全国第一个以联盟组织承担的省部级科技重大专项。该项目攻克了风电整机和控制系统等20多项关键技术难题，研制了具有自主知识产权的2.0兆瓦“电网友好型”风电机组、风电控制系统等五个产品，搭建了风电机组全功率试验台等五个研发试验平台，建立了七条新产品生产线，实现了兆瓦级风电机组和控制系统的产业化。该项目开发的产品已成功应用于国家风光储输示范工程、大唐通辽甘旗卡风电场、大唐三门峡清源风电场等多个国家重点工程，累计实现销售收入40563万元。

案例二 中国一拖集团的部分集成创新成果

【**产学研合作研发**】2011年，中国一拖集团与吉林大学、中国农业大学、江苏大学等高校建立校企战略合作关系，开展农业机械领域的战略研究、新技术研究以及人才培养等方面的合作。中国一拖集团在相关高校设立“东方红创新基金”和“中国一拖人力资源培训基地”；相关高校则组织专家参与中国一拖的企业战略、发展规划和农业机械、柴油机等技术领域的工程项目研究，开展决策咨询服务，并根据国际现代农业机械领域发展动向和进展，及时向中国一拖集团提供具有自主知识产权的新技术、新产品及国际产业发展等方面的信息，双方持续开展人员和学术交流。

【**成立博士后科研工作站**】2000年，中国一拖集团成立了一拖集团博士后科研工作站。通过博士后科研工作站搭建项目平台，引进高层次科技人才，完善一拖人才结构，解决科研和生产中的关键、急需的重点项目，从而增强企业发展的技术创新能力。依托博士后科研工作站成功研制了包括YZ25GD振动压路机、YL16G全液压轮胎压路机等在内的新产品，填补国内多项空白。

【**搭建产学研合作研发平台**】2015年，中国一拖集团联合西安交通大学、吉林大学、中国农业大学、河南科技大学等高校建设的“拖拉机动力系统国家重点实验室”，经国家科技部批准成立，该重点实验室围绕非道路用柴油机节能减排关键技术、大功率拖拉机负载换挡传动系关键技术、拖拉机智能控制技术等开展攻关，该实验室的建立支撑了中国一拖集团在国内农机行业的技术领先地位。2016 年 8 月，该重点实验室研制的《东方红—LF904/ LF954/ LF904—C/ LF954—C 轮式拖拉机》《东方红—LR6A3LU 柴油机》《东方红—YM6S4UF 柴油机》《东方红—YM6S9U 柴油机》和《基于桁架机器人和在线自动测量的无人操作智能加工流水线开发》五项科技成果通过了河南省科技厅组织的成果鉴定，两项成果达到国际先进水平，三项成果达到国内领先水平。

【构建协同创新机制 1】2017 年，由中国一拖集团牵头、联合相关高校、科研院所及企业共建的河南省智能农机创新中心，被河南省工业和信息化委、河南省发展改革委、河南省科技厅、河南省财政厅联合认定为河南省制造业创新中心。该中心是河南省首家制造业创新中心。建立该中心是为了整合各类创新资源，打通智能农机技术的创新链条，构建合作共赢的创新生态系统，打造农机装备行业智能制造、智能农机作业、智能农耕大数据分析服务等研发创新平台，把中心建成国内乃至国际一流的农机装备行业创新平台。

【构建协同创新机制 2】2018 年 6 月，中国一拖集团、一拖股份公司和河南科技大学共同完成的“差速器齿轮智能精锻生产线关键技术开发及应用”项目，通过中国机械工程学会组织的科技成果鉴定会。该项目集成了数字化仿真分析、近净成形工艺、生产过程总线控制、热锻件在线检测、工艺参数自动补偿、绿色制造等多种先进技术，研发了一条智能化精锻生产线，研制了非接触式激光测量系统，开发了基于工艺大数据的智能化锻造工艺参数专家系统，突破了锻造生产线中对工艺参数自动补偿的技术瓶颈，推动了数字化技术在锻造技术领域的应用。该项目申请专利 20 项，发表论文九篇，登记计算机软件著作权三项，制定并发布国家标准一项，形成了中国一拖集团体系化的相关技术知识和工艺知识。

案例三　中信重工集团的部分集成创新成果

【产学研合作研发 1】2014 年，中信重工与紫金矿业集团及相关高校合作，设计、制造了全球规格最大直径 7.9 米 ×13.6 米的“中国第一大金矿”大型溢流型球磨机，一次性试车成功并交付用户。该磨机是目前国际规格最大、设备配置最高、控制性能最完善的球磨机设备，已达到世界磨机技术发展的巅峰。

【产学研合作研发 2】2010 年，中信重工与太原科技大学基于双方长期良好的合作签订战略合作协议，双方正式结为战略合作伙伴。根据协议，双方将本着优势互补、互惠互利、共同发展的原则，在产学研联合开发、人才培养、资源共享等方面展开全面合作。太原科技大学成为中信重工科研和人才培养基地，中信重工成为太原科技大学的实习基地和技术成果转化基地。

【成立院士工作站和博士后科研工作站】2013 年，中信重工成立院士工作站，10 名工程院院士和 3 名在各科学研究领域有卓越建树的专家受聘为中信重工院士专家顾问委员会成员。中信重工通过借力国内高端智力资源，为向高新技术企业、成套服务商、国际化企业转型的中信重工注入新的动力。2008 年中信重工设立博士后科研工作站，汇聚相关学科博士开展了一系列课题研究。

【搭建产学研合作研发平台 1】2011 年，中信重工牵头，联合河南科技大学，申报矿山重型装备国家重点实验室获国家科技部批准立项建设。实验室下设物料与加工工艺实验室、制造工艺实验室、电气传动与控制实验室等 18 个专业实验室，共计 31 个实验系统，拥有机械、自动控制、检测诊断等重大设备及仪器，形成了完整的实验研究手段和人才链条，也构成了重矿装备设计与制造课题研究所需的“设计—实验—仿真”一体化的研究平台体系。实验室重视与国内高校、科研机构和企业协同创新，还与澳大利亚 JK 磨矿分析公司、澳大利亚 SINO 铁矿等机构和企业开展技术交流与合作。实验室先后研发的千万吨级矿井特大型摩擦式提升装备，填补了国内特大型提升机的空白，奠定了中信重工在特大型提升机市场上的优势地位。实验室研发的 Φ7.32 米 ×12.50 米双驱溢流型球磨机、7.32 米 ×11.28 米双驱溢流型磨机、大型高效旋回破碎机、硅铁矿热炉余热发电技术，是目前我国铁矿项目完全独立设计制造并投入稳定运行的规格最大、技术最先进的、具有最高装机水平的磨机组，其设计制造标准达到了国际领先水平。实验室研发的大型高效旋回破碎机与硅铁矿热炉余热发电技术，能够显著降低生产成本和硅铁冶炼系统能耗及厂用电率。

【搭建产学研合作研发平台 2】2015 年，中信重工北京设计研究院与中国科学院自动化研究所共建“智能控制系统联合实验室”。联合实验室主要围绕“精密检测与传感技术”“高速高精度伺服驱动技术”“嵌入式智能系统”“机器人集成应用系统”“数据挖掘与分析利用”五大重点研发方向开展合作研究。

【构建协同创新机制 1】中信重工为了瞄准前沿技术，以其拥有的国家级企业技术中心、国家重点实验室为依托，构建了特色鲜明、优势明显的“三位一体”技术研发体系。为支撑“三位一体”研发体系，该公司建立了工业实验室、数字模拟实验、国际技术标准和基于云计算的技术研发四个研发平台，并与清华大学、澳大利亚昆士兰大学等 20 多所国内外知名院校开展了广泛深入的项目合作。与澳大利亚企业的合作，利用对方的人才和技术优势，在悉尼建立了矿山机械研发基地。

【构建协同创新机制 2】2017 年，中信重工与河南科技大学签署战略合作框架协议，双方确定在人才培养、新技术开发、共享重点实验室等方面开展合作。根据协议，双方将建立人才交流互聘机制、人才供需平台和大学生实践创新基地，联合申报国家、省、市级研发创新团队；合作开发新技术、新产品，联合建立高端装备先进制造技术、耐磨材料技术协同创新中心，加强技术创新领域和军工领域项目合作;共享现有重点实验室、工程技术研究中心，联合申报政府科学技术研究项目、成果奖励和科研平台，联合开展标准制定。中信重工还设立了“校企合作科研专项基金”，每年投入不少于 200 万元，用于项目合作的配套资金和费用支出。

案例四 中铁装备集团的部分集成创新成果

【产学研合作研发 1】2018 年，中铁装备与中铁隧道局集团、盾构及掘进技术国家重点实验室联合研制出中国最大直径（15.80 米）的泥水平衡盾构机。目前，通过研发合作，中铁装备已在泥水平衡盾构机领域独立申请四项核心专利。

【产学研合作研发 2】2017 年，中铁装备与中铁隧道局集团联合研发出国内最大直径的硬岩掘进机（TBM）“彩云号”，成为首个国产硬岩掘进机应用于滇西南地区复杂地质条件的铁路建设隧道，改变了我国铁路长大隧道项目机械化施工长期受制于跨国公司装备的历史，标志着我国硬岩掘进机技术已经达到世界领先水平。“彩云号”TBM 入选 2017 年度央企十大“国之重器”。2017 年，由中铁装备与上海科大重工联合研制的、最小转弯半径达 220 米的国内首台套地铁用小转弯连续皮带机，成功中标中铁隧道集团以色列 Herzl 工区皮带机项目。

【产学研合作研发 3】2014 年，中铁装备牵头并联合山东大学、武汉大学、浙江大学、清华大学、上海交通大学等七所高校申报“973 计划”项目“TBM 安全高效掘进全过程信息化智能控制与支撑软件基础研究”，获国家科技部批准立项。该项目聚焦 TBM 安全高效掘进全过程信息化智能控制和支撑软件基础研究，通过研究实现 TBM 施工过程中岩—机状态识别、TBM 掘进参数智能决策控制，避免由于信息缺失、单凭经验操作带来的重大难题。项目完成后大幅提升了中国 TBM 的设计、制造和掘进的智能水平，为管理者、业主、监理等提供有效的信息和决策支持，极大地增强了我国 TBM 技术的自主创新能力，抢占了世界硬岩掘进机技术的制高点。

【成立院士工作站】2016 年，河南省首家掘进机械院士工作站落户中铁装备，掘进机械院士工作站为中铁装备乃至全行业搭建了高端的人才集聚和科技研发平台。

【搭建产学研合作研发平台】2017 年，中铁装备牵头与相关高校和科研院所及企业共建“河南省盾构成套装备工程技术研究中心”，顺利完成由中铁装备自主研发的国内首台竖井掘进机出渣试验装置多种渣土的出渣试验任务，出渣效果良好。2017 年，“中铁装备双创示范基地”成为河南省首批省级双创示范基地。2017 年，由中铁装备组建的“河南省盾构产业公共技术研发设计中心”，被认定为省级工业公共技术研发设计中心，该中心聚焦隧道掘进机一系列关键部件的设计制造技术的研发。

【构建协同创新机制 1】2016 年，中铁装备集团与中铁第六勘察设计院集团有限公司在郑州签署战略合作协议。2017 年，中铁装备集团与洛阳 LYC 轴承有限公司在洛阳签署战略合作协议。双方以提高盾构 /TBM 关键部件国产化水平为目标，依托由中铁装备承担的国家工业强基工程“盾构 /TBM 主轴承减速机工业试验平台项目”，建立隧道及地下空间开发合作的战略联盟。

【构建协同创新机制 2】2016 年，中铁装备与西南交通大学签署战略合作协议，作为西南交通大学教学实习基地，学校每年定期选送学生到该基地，中铁工程装备集团将选派高技能人员对学生进行指导，并在引进技术人员方面优先选用参训学生。2017 年，中铁装备集团与中国矿业大学在郑州隆重举行了研究生工程实践实习基地揭牌仪式，双方联合开展人才培养。

【构建协同创新机制 3】2018 年，中铁装备与中冶集团北京崇建公司签署战略合作协议，双方确定制定长远合作项目规划、共同组建课题研究团队，在地下综合管廊、河道清淤治理、隧道支护混凝土、裸土绿色覆盖、3D 打印等领域开展技术合作，定期交流各自掌握的建设工程信息，在合作过程中共享各自优势资源。

案例五　宇通客车的部分集成创新成果

【产学研合作研发】2013 年，宇通客车与清华大学、北京理工大学、吉林大学、哈尔滨工业大学、同济大学、大连理工大学、郑州大学、中国汽车技术研究中心、中国汽车工程研究院等数十所国内知名高校和科研院所合作研发节能与新能源客车关键技术，历经 10 年技术攻关，实现了纯电动、插电式、混合动力共平台开发，获得了多项关键技术，其中，整车节能与控制技术、高压隔离电源变换技术、高密度电驱动控制技术等创新成果处于国际领先水平。这些技术已获授权发明专利 23 项、实用新型专利 142 项、软件著作权 14 项，发表论文 23 篇，形成国家和行业标准 4 项。

【成立博士后科研工作站】2000 年，宇通客车与清华大学、北京理工大学、吉林大学、哈尔滨工业大学等合作，成立博士后科研工作站，开展了汽车 NVH 技术研究、汽车主动安全技术研究、汽车能量回收研究、汽车节能产业研究、汽车动力总成节能研究、汽车碰撞安全性研究、汽车阻燃防火材料研究。2007 年，博士后科研工作站研发出具有较高创新性价值的客车发动机热管理系统。

【搭建产学研合作研发平台】2014 年，宇通客车与相关高校和科研院所合作，成立了“国家电动客车电控与安全工程技术研究中心”，中心定位于电动客车核心技术“电控技术”和“安全技术”的科技成果转化和工程化研究开发。中心先后完成了电动客车电控与安全工程技术研发和测试 2 个平台的建设，突破了动力系统、车载能源、电机驱动、整车控制及电附件五大共性核心技术，具备系列化电动客车研发及工程化能力，并实现了批量化推广应用。同时，中心还承担了 28 项国家重大科研项目，取得了一批技术成果；共申请 PCT 国际专利 15 件，申请中国专利 1057 件，其中，发明专利 524 件，获授权专利 355 件。中心牵头或参与制定国家和行业标准 47 项，获省部级以上科技奖励 9 项，其中，获国家科技进步奖二等奖 1 项、河南省科技进步奖一等奖 2 项；开发了以 12 米插电式混合动力、纯电动、燃料电池客车为代表的 6~18 米系列化产品，形成了 334 款新产品。在新能源车辆技术上，中心已实现了 500 公里纯电动客车测试工况续驶里程、误差小于 4% 的车载能源管理技术、功率密度达到 14.7 kVA/kg 的高压电驱动系统集成控制器、比同级传统车减重 20% 的轻量化技术等，部分技术已达到全球领先水平。

【构建协同创新机制 1】2011 年，宇通客车依托实验中心，与国内外相关高校和科研院所合作，建立“客车安全控制技术国家地方联合工程实验室”并获国家发展改革委批准。宇通客车试验中心通过中国合格评定国家认可委员会批准，成为“国家认可实验室”（CNAS）。截至 2018 年 6 月底，宇通客车拥有有效专利 1569 件，其中，发明专利 214 件，同时，还拥有软件著作权 122 件。

【构建协同创新机制 2】宇通客车通过参与行业组织的标准化活动，积极构建产学研协同创新机制。截至 2018 年 6 月底，宇通客车共参与了 149 项国家及行业标准的起草和制定工作，其中，98 项标准已经发布实施。

【小结】各典型企业的实践显示，当企业在某个产业领域积累了一定的技术设计和制造经验之后，要获得进一步的发展，就要聚焦企业的重点发展方向，充分整合产业内外、区域内外相关的优势创新资源，以企业自主选择的主攻方向和重点领域开展产学研协同创新，从而快速提升企业的产品设计和制造能力，在国内及国际市场竞争中占据优势地位。

（3）原始创新：引领国内和国际市场高端装备发展。

原始创新是指创新主体主导开发一种全新技术成果并实现其商业化的过程。中外的大量创新实践显示，许多国家、地区和企业都经历了引进先进技术后，创新主体通过消化吸收先进技术，然后会进行模仿和跟随创新，在比较系统地积累了与先进技术相关的产品及其生产的知识和经验之后，就会结合市场需求及能够获取的产业资源和能力，开始探索集成创新。在此基础上，企业会依托自身的优势和市场需求进行引领性的原始创新，从而占据相关技术和产业领域的制高点，实现高质量的发展。本课题选取的五个龙头企业，经过引进消化吸收再创新、集成创新后，最后都在重点产业领域成功进行了原始创新，形成了核心竞争力，成为引领所在产业领域市场竞争的强者。

案例一　许继集团的主要原始创新成果

【原始创新成果 1】2001 年，许继集团独立研发了“5000 安直流输电换流组件”，标志着许继集团在特高压直流输电换流阀自主化方面取得突破性进展，成为世界首个成功研制出额定电流达到 5000 安以上直流输电阀产品的电力装备制造商。

【原始创新成果 2】2011 年，许继集团研发了“±800 千伏特高压直流输电控制保护系统”。据报道，该直流输电控制保护及换流阀设备设计合理、技术先进、创新性强，处于国际领先水平，推广应用前景广阔，具有重大的经济和社会效益。

【原始创新成果 3】2011 年，许继集团研发了“DPS—3000 新一代成套控制保护系统”，这是首个完全由国企自主研发制造的高端工业控制系统平台，达到了国际先进水平，打破了国外技术壁垒，标志着许继集团在直流输电领域的核心竞争力得到进一步提升，为我国特高压直流输电技术进入国际市场奠定了坚实基础。

【原始创新成果 4】2012 年，许继集团独立研发了“±500 千伏电压等级 HOCT5030-A 型混合型光电直流电流互感器”，适用于超高压直流输电工程，产品整体运行稳定可靠，测量性能满足产品设计要求，绝缘设计和结构设计满足安全运行要求，填补了国内直流电流互感器的空白，并形成了具有自主知识产权的系统集成技术和产品。

【原始创新成果 5】2013 年，许继集团独立研发了“6250 安特高压直流输电换流阀设备”，在国际上首次全面攻克了 6250 安直流换流阀基础理论、成套设计、关键设备研制、集成技术和试验技术方面的难题，掌握了核心技术，形成了自主知识产权，它标志着许继集团成为全球首家成功研制出世界上运行电流最大换流阀的企业。

案例二　中国一拖集团的主要原始创新成果

【原始创新成果 1】2007 年，中国一拖集团独立研发出“140~180 马力轮式拖拉机”，180 马力轮式拖拉机前驱动桥的成功研制，填补了国内大马力轮式拖拉机前驱动桥的空白，产品整体技术达到国内领先水平。140~180 马力轮拖当年在国内有较大市场需求，但是国内市场 140~180 马力轮拖所配套的前驱动桥过去全部依赖进口，因此，急需开发国产大马力前驱动桥。中国一拖集团在轮式拖拉机领域先后共创造了 55 项中国专利。

【原始创新成果 2】2010 年，中国一拖集团独立研发出中国第一台拥有完全自主知识产权的动力换挡拖拉机，打破了国际农机巨头在重型拖拉机领域的垄断格局，搭建起中国大轮拖新的升级换代技术平台。

【原始创新成果 3】2013 年，中国一拖集团协同河南科技大学完成的“高钒高耐磨合金及复合技术的工程化应用”获得国家科技进步奖二等奖。该项目围绕矿山、冶金和水泥等行业对高性能耐磨材料的需求，经过 16 年系统研究，解决了高钒合金成分、组织控制、复合技术集成等关键问题，成功研制出高品质高钒高耐磨合金及其系列复合技术，填补了我国装备制造业金属耐磨材料技术空白，为“国家新重机工程”、世界最大的溢流型球磨机等装备提供了关键耐磨部件，大大提高了机械装备使用寿命和作业效率。项目工程化应用以后，减少矿山开采189万吨，节约能源230万吨标准煤，减少CO_2排放529万吨，节约水资源2678万吨，经济效益和社会效益、环境效益非常显著。

案例三　中信重工集团的主要原始创新成果

【原始创新成果1】2013年，中信重工自主研发的直径5米敞开式无轨运输硬岩掘进机（TBM），达到世界领先水平，它运输、安装更加方便，敞开式保证了作业过程中可以做到及时支护，防止掘进后的变形。该机的研发成功填补了国内空白，价格仅为进口同类产品的1/2，打破了国外技术的垄断。该装备的“无轨”设计，使作业现场无须铺设钢轨，降低了工程造价，该掘进机重量轻、效率高、成本低，在结构、功能、支护等方面有很多独创的设计，非常符合中国国情。

【原始创新成果2】2014年，中信重工自主研发成功具有独立知识产权的CHIC1000、CHIC2000系列智能化重载型工业专用高压变频器，达到国际领先水平，可以让相关行业显著提升节能效果和智能控制效果，促进我国重型装备转型升级。变频产业是嫁接重型装备和生产工艺的桥梁，是实现工业自动化、信息化的重要媒介。长期以来，国内变频器市场，尤其是在高压大功率变频器领域，几乎都被国外产品垄断。中信重工通过变频器的设计和制造，不仅打破了发达国家的垄断，同时也打通了产业链，实现了工艺设计、装备制造、控制系统的全覆盖，由此开启机械制造驱动向控制驱动的转变。

【原始创新成果3】2016年，中信重工研发成功世界首创的GPYT系列5种规格石膏专用过滤机，为脱硫石膏脱水提供了高效、节能、稳定的先进工艺，可提高效率近3倍，完全替代传统的带式过滤机和陶瓷过滤机，开启了石膏脱水的新革命，对于我国的资源利用和环境改善具有重要意义。立盘过滤机是一种应用广泛的过滤脱水设备，中信重工自建厂之初就开始引进国外先进技术，2000年自行研发出用于氧化铝厂氢氧化铝种子液过滤脱水的第

一、二代GPL型立盘过滤机，2003年研制的第三代GLL系列高效立盘过滤机，是国内首创的新技术、新产品，具有高浸没率、自搅拌式、变频调速等特点，已获得国家发明专利8项，各项指标达到世界领先水平，取代了原有的转鼓式过滤机。

【原始创新成果4】2016年，中信重工依托基础实验、数据库、选型软件等核心技术，成功研发辊压机原料终粉磨技术，以及RP200—180大型原料辊压机，该机能够大幅降低能耗，节约成本，提高经济效益，助力水泥企业实现绿色突围。目前，中信重工已拥有辊压机发明专利8项、实用新型专利36项。2007年以来，中信重工开发出多领域、系列化的辊压机产品，辊压机先后获得“中国名牌产品”“国家战略性创新产品”等数项殊荣，并成为国家行业标准的制定者，产品和技术先后出口澳大利亚、俄罗斯、土耳其、印度、柬埔寨、泰国、缅甸等国家。

案例四　中铁装备集团的主要原始创新成果

【原始创新成果1】2013年，中铁装备自主研发出迄今世界上掘进断面最大的矩形盾构机，打破了国外技术垄断，迫使“洋品牌”逐步退出中国市场。采用矩形盾构施工，与人工开挖相比，效率提高4~5倍，不仅对地上道路的正常通行、周边环境影响较小，而且施工的安全性、施工效率也较高。此外，与圆形盾构相比，采用矩形盾构施工，还可使隧道的空间利用率提高近20%，并且隧道埋深浅、坡度小，更有利于通行。目前，在矩形盾构机领域，中铁工程装备已独立申请了该领域14项核心专利。

【原始创新成果2】2016年，中铁装备自主研发出目前世界上最小直径的全功能硬岩掘进机（TBM）“中铁237号”，该机与正常尺寸的TBM相比，其转弯半径由通常的500米缩小到300米，更换刀盘刀具方式由以往的前装改为背装，安装钢拱架的距离由5~6米缩短为3.5米，大大地提升了施工的工作效率和安全性。目前，中铁装备在掘进机领域已拥有144项专利。

【原始创新成果3】2016年，中铁装备自主研发出大断面马蹄形盾构机，标志着该企业已完全掌握超大异形盾构机设计和施工技术的自主知识产权，实现了我国异形盾构装备的自主化和智能化。马蹄形盾构机的诞生，是我国铁路隧道施工技术与装备发展史的里程碑事件，标志世界异形隧道掘进机研制技术迈向新阶段。在山岭软土隧道领域，通过用马蹄形盾构机代替圆形盾构机能够最大限度地提高隧道空间利用率，使掘进速度提高 2~3 倍。目前，中铁装备集团在马蹄形盾构机领域已独立申请 1 个发明专利和 1 个实用新型专利。

【原始创新成果 4】2017 年，中铁装备自主研发的世界首条全自动盾构机刀具生产线在中铁装备集团设备公司正式投入使用，该项创新实现了盾构机刀具生产由人工组装到全自动生产的跨越，成功填补了这个领域的世界空白。

案例五　宇通客车的主要原始创新成果

【原始创新成果 1】1999 年，宇通客车自主研发出国内第一款纯电动客车。

【原始创新成果 2】2005 年，宇通客车自主研发出国内第一款混合动力客车。2018 年“混合动力客车用集成式电机控制及充电装置”获得河南省专利奖特等奖。

【原始创新成果 3】2015 年，宇通客车研发出全球第一台无人驾驶大客车。

【原始创新成果 4】2016 年，宇通客车《节能与新能源客车关键技术研发及产业化》项目荣获 2015 年度国家科学技术二等奖，宇通客车率先成为荣获国家科技进步奖的新能源整车企业，该成果的核心技术就是睿控——宇通客车发明的一种具有保温、散热和防潮功能的电池箱结构及综合热管理系统，开发了达到 IP67 防护等级的动力电池箱，解决了涉水安全和高寒区域适应性难题。该项目的关键技术已批量应用到 6~18 米节能与新能源客车系列化产品，获得 112 个产品公告，覆盖中型、大型、特大型客车。

【小结】以上典型企业的自主创新成果显示，通过搭建高水平的科技创新平台、汇聚高层次科技人才并广泛开展产学研协同创新活动，才能取得高水的研发成果，从而形成具有原创性的产品和核心技术，企业才能占据产业竞争的制高点，成为国内外市场竞争的胜出者，引领相关产业的创新发展。

3.2 河南省装备制造业转型发展的驱动力及其转换机制

河南省装备制造业龙头企业的创新实践表明，要实现企业乃至行业的转型升级，就必须不断地开展创新活动、推进企业创新能力的提升。在这个演进过程中，企业的创新层次会逐渐上升，创新的模式也会相应地发生变化。要深刻地理解这种变化背后的原因，就要深入考察推进企业转型发展的主要驱动力量、类型特征，以及导致不同发展阶段演化的转换机制。

3.2.1 河南省装备制造业不同发展阶段的主要驱动力及其特征

产业的转型升级是河南省装备制造业高质量发展的长期目标，也是装备制造业企业创新发展的基本任务。通过分析改革开放以来河南省制造业发展的演进过程可以发现，河南省装备制造业转型升级的演进过程，是企业创新能力沿着“引进消化吸收再创新—集成创新—原始创新”演进的过程，也是企业不断提高发展质量的过程。因此，深入考察河南省装备制造业企业转型发展的驱动力及其在不同阶段的转换机制，就要具体地分析促进企业创新能力提升和创新模式变化的影响因素，以及它们之间相互影响、相互作用的关系。

3.2.1.1 河南省装备制造业转型发展驱动力的主要类型及其特征

持续的产业升级是产业之间一个艰难的竞争过程，对不同地区的产业来说都是艰巨的挑战，能否获得成功很大程度上取决于是否能够处理好供给与需求、政府与市场、技术进步与产业融合等多重因素及其交互关系（向晓梅，吴伟萍，2018）。产业升级的基本动力既有产业的自身动因，也有产业的技术环境、市场环境及政策环境等外部动因。那么，持续推进河南省装备制造业产业升级的动力是什么？其主要类型和特征又是什么？这是我们首先需要梳理清楚的。

（1）河南省装备制造业转型发展驱动力的主要类型。

产业升级是一个动态的过程（Porter，1990），主要指随着需求结构与供给结构的变化，生产要素从低生产率水平或者低生产率增长的部门向高生产率水平或者高生产率增长的部门流动，进而推动产业结构的高度化和合理化，并提升经济社会发展的质量和效益。从经济规律和国际经验来看，要成为比较高生产率的部门，就必须经历一个产业持续升级的过程，以不断推动产业结构调整优化，保持全要素生产率的提高，形成产业持续创新的能力和新的比较优势（向晓梅，吴伟萍，2018）。现有相关研究表明，创新和技术水平是动态比较优势形成的核心和关键，产业升级、技术提升均可视为动态比较优势的显性表现。“干中学”使得一个地区的企业或产业凭借生产经验的累积和内生的技术进步，在短期内迅速获取动态比较优势；创新则能够通过技术优势的积累获得长久的技术领先，在较长时期内保持动态比较优势，实现超越式发展。因此，动态比较优势的获取，首先取决于对劳动力、资本等基础生产要素的合理配置，形成多样化的产品供给，满足市场对最终产品的多样化的需求。其次是要依托技术创新完善研发、设计、品牌等价值链高端环节，打破低端锁定，同时，由于创新本身具有高成本与高风险特征，在市场经济环境下，要素资源很难主动流向创新活动，需要政府来营造改善制度供给体系的环境，帮助企业克服向新的潜在优势产业或者产业领域转换的市场风险，为动态比较优势的建立创造条件，提升促进经济高质量发展和产业升级的驱动力，实现地区经济的有效增长。

改革开放 40 年来，河南省装备制造业的快速发展，正是在生产要素供给、市场需求、技术创新、政府战略导向和制度安排四大动因相互影响、相互作用下，形成了推动比较优势动态演进、产业持续升级的耦合动力机制。政府政策、生产要素供给与市场需求结构的动态转化是河南省装备制造业产业升级的直接拉动力；技术创新是产业转型升级的内在推动力，河南省装备制造业循着引进消化吸收再创新—集成创新—关键领域原始创新的技术创新模式更替的过程，推动产业结构和实体经济发生质的演进。政府战略导向及制度安排既是河南省装备制造业转型升级的外部保障，又是内部创新的重要诱因。

新中国成立初期，河南省几乎没有现代工业，更谈不上装备制造业的基础。河南省的装备制造业是在国家战略规划下，在一张白纸上描绘出来的。

在改革开放初期，河南省虽然已经构建了相对完整的工业体系，装备制造业也有了相当的基础，但因国有体制自身的约束，导致改革开放初期到20世纪90年代中期，多数国有大中型企业日子并不好过。上文中分析的五个案例企业，几乎都是在国家或地方政府战略规划下兴建和发展起来的。政府的作用在于通过战略导向和相关制度安排，适时释放“政策红利”，例如，改革开放初期的国企“放权让利”“利改税”“拨改贷”等，以及按照市场规律制定精准的产业发展政策，帮助市场在资源配置中更好地发挥决定性作用，降低企业交易成本。在这四大动因的交织作用下，在国际产业分工的大背景下，河南省装备制造业依托一系列促进产业发展的政策措施，从被动进入市场，到主动参与国际竞争并进入产业分工中高端价值环节，充分利用不同时期的动态比较优势，以政策推动、市场需求拉动和技术创新驱动，实现产业梯次升级，不断向高级化方向发展，奠定了在国内外市场的竞争地位，初步探索出一条产业持续升级的高质量发展之路。

（2）河南省装备制造业转型发展主要驱动力的特征。

按照动力、路径转换及比较优势动态更迭的阶段性特征，河南省装备制造业改革开放40年来的产业演进历程可以分为三个阶段，它们彼此间相互关联、并持续推进创新型企业向产业价值链中高端攀升。

第一阶段（1978—1996年）：产业规模快速扩张阶段。改革开放初期，国家对河南省的投资逐年下降，国有工业企业处于管理体制改革阶段，装备制造业企业虽然相对处于较高的技术水平，但进入市场的步伐缓慢。与此同时，在国家政策鼓励下，从1984年开始，河南省乡镇企业凭借低成本要素进入高速增长阶段。但当时绝大多数乡镇企业技术能力低下，主要依靠国有企业淘汰的装备组织生产，其竞争优势主要来自经营机制灵活和依赖低成本要素打价格战。在此时期，河南省装备制造业产业升级的动力微弱，除生产要素这个因素还对产业规模维持一定的支撑作用之外，市场需求、技术创新、政府战略导向和制度安排这三大动因对以国有企业为主体的装备制造业产业升级的作用尚未体现出来，产业在全国的地位快速下滑。

第二阶段（1997—2007年）：产业升级启动阶段。1996年前后，国家政策发生转变，从 1997 年开始，国家重点整顿治理严重污染环境的 15 类小型企业，河南省乡镇企业规模急速下降。在地方政府的政策导向下，河南省政府启动的用高新技术重塑乡镇企业的“新星工程”等，使乡镇企业越来越重视通过技术创新来更好地满足市场需求。一些国有大中型企业，经过管理体制改革，逐步适应市场竞争，市场需求、技术创新、政府战略导向和制度安排三大驱动因素对产业升级的推动作用逐步体现出来。一些改革意识较强的国有装备制造企业，例如，许继集团，已经通过技术创新，不断强化企业的市场竞争力，企业的经济效益显著提高，创新能力快速增强。在这个阶段，以投资驱动为主要特征的产业发展模式，不仅扩展了装备制造业的产业规模，而且还带动了相关产业领域的技术进步，促进了产业升级。

第三阶段（2008 年至今）：产业升级步伐加速阶段。加入 WTO 之后，我国企业全面进入全球化发展阶段，产业竞争走向国际化。在这个阶段，河南省装备制造业技术进步的步伐开始加快，特别是 2008 年全球金融危机，对河南省制造业产生了较大的冲击，市场需求和技术创新对产业升级的促进作用越来越大。2009 年，在河南省委省政府实施产业集聚发展的战略导向作用下，针对高新技术企业的优惠政策措施、鼓励产学研合作等制度安排全面推出。这个时期，不仅市场需求、技术创新、政府战略导向和制度安排三大驱动因素交互作用，对河南省各类装备制造业产业升级产生了极大的推动作用，包括高层次人才在内的国内外高端要素和创新资源在政府政策的激励下不断在产业集聚区汇聚，也对装备制造业产业升级产生了越来越强的推动作用。正如前文所展示的，河南省装备制造业的一些龙头骨干企业，已经率先在本企业实现了产业升级，并通过持续的技术创新，在优势领域引领相关产业的发展，使装备制造业成为河南省经济的最重要的支柱产业。

3.2.1.2 不同的发展阶段转型升级的驱动力之间的关系及其特征

河南省装备制造业在改革开放 40 年来的产业演进进程中，产业升级的驱动力之间彼此间相互关联、相互作用，促进了产业的升级。通过考察河南省装备制造业的发展过程可以发现，在不同的发展阶段，发挥主导作用的驱动力之间会发生一定的变化，这些变化既反映了一定的经济规律，同时在一定程度上也体现了河南省产业独有的特色。

（1）不同的发展阶段转型升级的驱动力之间的关系。

第一阶段（1978—1996 年）：要素驱动和市场驱动交替主导。改革开放初期，乡镇企业发展迅猛，河南省装备制造业的扩张开始是由要素主导驱动的，尤其是由投资为主要特征的资金要素驱动的，虽然国家对河南省的投资在逐年下降，但直到 1990 年还占全省固定资产投资的 30% 以上。1996 年第一季度，国有企业出现全国性亏损但国家对河南省的投资仍占全省固定资产投资的 20% 以上。在这个阶段，河南省国有装备制造业企业进行管理体制改革，逐步扩大企业自主经营权、完善分配制度，技术改造主要为了适应市场对产能和成本的需求，主要还停留在原有设计和制造技术的成本和效率层面，并未显著推进产业的技术提升，同时，技术改造的资金主要通过银行贷款投资，对当时负担沉重、制度性约束仍然较多的国企来说，难以实施装备的升级并获得良好的市场回报。市场的逐步开放，驱动了乡镇企业基于河南省矿产资源和劳动力等低成本要素的投资，投资产生的产出能力，又反过来驱动乡镇企业在市场上寻找产品出路，并根据市场的需求仍然在较低层次的技术水平上变化产品设计,而产品制造的效率则主要被低成本的要素所掩盖。因此，在这个阶段，河南省装备制造业的产业技术不仅没有明显进步，而且，与东部沿海地区对外开放带来的先进装备构成的现代产业相比，产业技术之间的差距越来越大。这个阶段政府政策对各类企业的技术创新能力的提高和产业技术进步都缺乏实质性的作用。

第二阶段（1997—2007 年）：以市场驱动为主，要素、技术、政策驱动为辅。1996 年以后，国企改革进入构建现代企业制度，通过兼并重组、“抓大放小”，河南省装备制造业产业结构得到调整和优化。“九五”期间，河南省制定了技改规划、积极争取国家的“双加工程”项目，并给予列入国家“双加”和省重点项目进行重点倾斜。河南省装备制造业企业逐步成为新的、有较强竞争力的市场主体。市场对国企发展的主导作用大大增强，技术创新作为决定企业产品市场竞争优势地位的决定性力量日益受到企业的重视。政府政策作为制约国企和乡镇企业市场行为的重要力量，对引导装备制造业企业提升技术水平、完善市场竞争行为发挥了越来越重要的作用。投资对装备制造业的发展仍然发挥着十分重要的推动作用，在这个阶段，装备制造业的投资行为已经发生了明显的转变，经过淘汰“五小”企业、纺织行业“砸锭”等政府政策行为之后，企业投资更加注重对先进装备及其相关设计和制造技术的选择和投入，以及技术引进后的消化吸收再创新。河南省制造业固定资产投资与企业专利申请、授权及专利有效量之间的正相关关系足以证明这一点。这个时期的企业投资行为促进了相关装备制造业的产业技术升级。在这个阶段，市场需求成为装备制造业企业转型发展的风向标，形成了市场驱动为主导，要素供给驱动、技术创新驱动及政府政策和制度安排驱动交互支撑的发展格局。

第三阶段（2008 年至今）：市场驱动和技术创新交替主导，政策驱动和要素驱动相互支撑。2001 年以后，河南省各级政府十分重视推进企业走向国际市场，国有企业高度重视通过技术革新和内部管理降低生产成本，积极采用 GB/TI 9000—ISO 9000 系列标准，提高产品质量，增强市场竞争力。正如前文对河南省部分典型装备制造业企业的案例分析，企业普遍重视对市场需求趋势的把握和超前预判，并有目的地通过引进关键技术，在消化吸收的基础上开展持续的创新活动，通过构建产学研合作平台和产学研协同创新机制，围绕重点技术领域设置科研项目，整合国内外优质创新资源和能力开展高水平的研发活动，并以创新性的设计和研发，制造高端产品占领国内外市场。基于高价值的创新产品，不断扩展国内外市场，市场需求和技术创新交互作用，驱动相关产业领域的转型升级。在这个阶段，市场需求和技术创新始终是领先的装备制造业企业发展的主导力量，而这些领先企业的发展，也始终离不开对高端生产要素的投入，比如，人才、技术（装备）、知识。而各级政府实施的创新驱动发展政策和相关制度安排，例如，河南产业集聚区建设、高新技术产业和研发平台建设等，为降低企业的创新风险、提高公共技术服务效率和协同创新氛围创造了良好的条件，有力地支撑了装备制造业产业转型升级。在这个发展阶段，河南省装备制造业基本形成了以市场驱动和技术创新交替主导，政策驱动和要素驱动相互支撑，驱动产业实现持续转型升级的发展格局。

（2）不同发展阶段转型升级驱动力间关系的基本特征。

以上分析表明，改革开放 40 年来，河南省装备制造业产业转型升级的各主要驱动力在不同的发展阶段发挥了不同的作用，具有不同的特征。

第一阶段（1978—1996 年）：要素供给和市场需求是驱动产业扩展的主导力量，两者交替发挥主导作用。在这个阶段，政府政策和技术创新对产业转型升级的驱动作用比较微弱，河南省的国外直接投资还相对较少，1988 年之前不足 1000 万美元，1992 年国外直接投资才超过 1 亿美元，1996 年首次超过 5 亿美元，对产业发展的影响还非常微弱。图 3-5 显示了 1985—2017 年河南省吸引国外直接投资的情况。

第二阶段（1997—2007 年）：市场驱动作用不断强化，并逐渐成为产业转型升级的唯一的主导力量，而要素供给的作用保持了相对的稳定，技术创新和政府政策对产业转型升级的驱动作用不断上升，形成要素供给、政府政策和技术创新相互匹配，共同支撑市场导向下的产业转型发展的格局。在这个阶段的大多数年份，国外直接投资都相对稳定，保持在 10 亿美元以下，直到 2005 年才超过 10 亿美元达到 12.3 亿美元，2006 年上升到 18.45 亿美元，2007 年超过 30 亿美元。国外直接投资所带来的技术引入作用也开始发挥作用。

第三阶段（2008 年至今）：市场需求成为所有产业发展的主导力量，与此同时，技术创新能力变成企业立足市场、产业转型发展的主导力量，技术和市场的交互作用，推动了企业的提质增效、产业的转型升级。而政府政策和制度创新能力，对产业持续的要素供给能力和供给质量都发挥了极大的激励和制约作用，两者的交互作用对产业持续、健康的转型发展发挥了不可或缺的支撑作用。河南省装备制造业龙头企业的成功实践表明，市场需求的拉动和技术创新的推动实现有效协同的企业，其产业链和创新链往往能够有效地融合，并且能够快速占据国内外高端市场，引领产业的发展。而政府政策和制度创新能力与产业高端要素供给能力，能为这些产业实现跨越式发展提供相匹配的资金链和人才链，以及鼓励创新发展的社会氛围。在这个时期，国外直接投资逐年增加，相关技术引进也对许多企业的技术能力提升产生明显影响。本课题组运用 2010—2016 年河南省制造业固定资产投资对发明专利申请量、发明授权量及专利申请累积量进行回归分析，发现它们之间的回归关系都非常显著，如表 3–4、表 3–5 和表 3–6 所示。

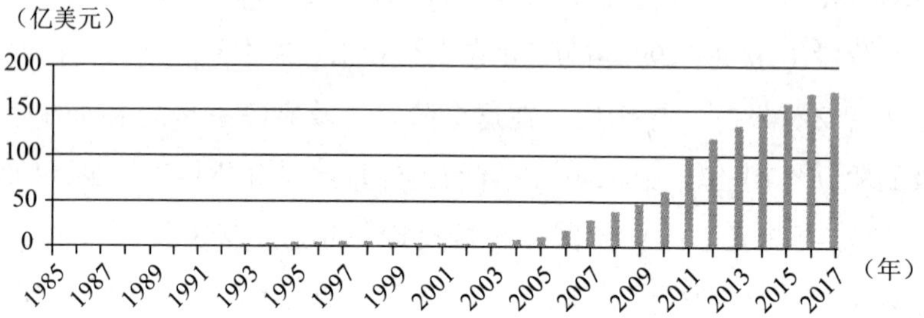

图 3–5 1985—2017 年河南省吸引国外直接投资的情况

表 3–4 2010—2016 年制造业固定资产投资对发明专利申请量回归结果

地区	相关系数	回归分析结果				
		B（标准）	t	Sig	R^2	调整后的 R^2
河南省	0.936	0.968	8.559	0.000	0.936	0.923

表 3–5 2010—2016 年制造业固定资产投资对发明专利授权量回归结果

地区	相关系数	回归分析结果				
		B（标准）	t	Sig	R^2	调整后的 R^2
河南省	0.916	0.964	8.140	0.000	0.930	0.916

表 3–6 2010—2016 年制造业固定资产投资对专利申请累积量回归结果

地区	相关系数	回归分析结果				
		B（标准）	t	Sig	R^2	调整后的 R^2
河南省	0.935	0.972	9.333	0.000	0.946	0.935

这表明，外来投资所带来的新技术在相当程度上促进了河南省制造业内部自主创新能力的提升，三个回归模型的解释度都在 93% 以上。由于两者之间存在关联性，因此，后续的投资可能会继续提升产业内部技术能力并对河南省工业总产值和工业增加值产生积极的正向影响。对于此，我们通过 2006—2016 年各年度的制造业固定资产投资与同期有效专利的累积量之间交互，对河南省生产总值和工业增加值进行回归得到了初步的验证，如表 3–7、

表 3-8 所示。回归结果显示，制造业固定资产的投资与同期有效专利的累积量的交互也对生产总值和工业增加值产生正向的积极作用。这表明，制造业固定资产投资及有效专利的累积不仅分别地、同时两者也交互地对河南省生产总值和工业增加值的增长产生积极的促进作用，其模型对生产总值回归模式的解释度高达 85.6%，对工业增加值的模型解释度也达到 63.9%。

表 3-7　2006—2016 年固定资产投资和有效专利累积量对生产总值回归结果

地区	相关系数	回归分析结果				
		B（标准）	*t*	*Sig*	R^2	调整后的 R^2
河南省	0.935	0.925	7.35	0.000	0.856	0.840

表 3-8　2006—2016 年固定资产投资和有效专利累积量对工业增加值回归结果

地区	相关系数	回归分析结果				
		B（标准）	*t*	*Sig*	R^2	调整后的 R^2
河南省	0.639	0.925	4.326	0.002	0.675	0.639

以上分析表明，河南省产业转型发展的驱动力，在不同的发展阶段发挥的作用有所不同，并且只有在相互匹配、协调的条件下，才能有效地推进制造业，尤其是装备制造业产业持续的转型升级。

3.2.2　河南省装备制造业不同发展阶段驱动力转换的机制

河南省装备制造业在不同的发展阶段，驱动产业转型升级的主要力量及其转换具有内在的原因。深入分析这些驱动力的主要作用及其转化机制，能够为新时代河南省装备制造业转型升级提供可操作的实施路径、方法和合理的政策建议。

3.2.2.1　河南省装备制造业不同发展阶段驱动力作用的基本逻辑

在成熟的市场条件下，市场需求和企业创新是产业转型发展的首要动力。市场需求的激烈竞争，一方面，促使企业不断进行产品的更新换代，企业的创新活动作为实现产品差异化和成本控制的重要手段，其作用被不断加强，始终处于最重要的地位。另一方面，市场需求的竞争使得企业的创新产品容易被模仿和抄袭，导致创新成本上升，创新收益下降，影响企业创新的动力。因此，市场需求在装备制造业企业创新发展的不同阶段会扮演不同的角色：一是创新环境的提供者；二是创新资源的配置者；三是创新动力的催生者；四是竞争活动的激发者。企业在创新过程中会与其他市场主体之间产生利益冲突，所以，政府及其政策和制度安排必须发挥引导创新、扶持创新和保护创新成果的作用。因此，政府在装备制造业转型发展的不同阶段，也会扮演不同的角色：一是创新的引导者，在企业创新活动的初期，政府的政策是引导企业的创新行为和产业的发展符合国家的产业发展规划，以及“五大”发展理念；二是创新的支持者，由于创新具有风险和外部性，政府就要通过为企业创新和产业转型升级提供各种具体的扶持政策和补偿机制，使企业的创新和产业的转型升级能够顺利进行，且符合社会和环境的长远利益；三是创新成果的保护者，创新是经济和社会发展的不竭动力，创新者的创新成果具有外部性，如果政府不能对创新者的创新成果的合法利益进行有效保护，创新活动就难以为继。而创新的主体是企业，创新发生的场所是市场，创新所需的资源来源于市场和社会。所以，政府的政策和制度安排就要针对市场环境和创新资源及条件对企业创新进行统筹规划，在不同的发展阶段发挥不同的作用。因此，市场在企业创新中的作用会随着创新活动的深入而日益凸显。

从另一角度来看，在企业科技创新的初期，政府的引导能够起到特别重要的支撑作用。一方面，政府通过各类限制和鼓励政策对企业的技术创新加以引导，政策干预的结果是在企业微观层面上创造出对政府引导的创新方向的持续响应机制。另一方面，政府行为还将直接影响市场环境，市场的环境变化所产生的压力与引力又将推动企业做出必要的响应。在中国社会主义市场经济条件下，政府是公共制度的创新主体，也是规范创新环境的主体。政府在产业科技创新过程中发挥的作用主要包括四种机制：一是通过基础设施建设为创新提供物质保障；二是通过财政拨款和税费政策为创新提供资金保障；三是通过制度规范为创新活动及其成果提供法制化保障；四是通过市场约束为创新升级提供规范的社会和文化环境。同时，政府的工作还包括通过优惠政策的制定来培养和汇聚人才，搭建各级各类协同创新的平台及高效率的公共服务，促进包括生产要素等创新资源的合理配置和有效利用。

3.2.2.2 河南省装备制造业不同发展阶段驱动力转换的微观机制

根据前文的研究显示，在不同的发展阶段，河南省装备制造业转型升级的驱动力会发生转换，主要体现为要素驱动力从主导地位下降到支撑地位，而市场需求和技术创新则从最初的支撑地位上升为主导地位，且市场需求与技术创新的交互作用，促进了装备制造业产业链和创新链的融合，是产业转型升级的重要保障。由于我国目前进入中国特色社会主义市场经济的新时代，市场需求已经成为所有产业发展的目标，所以，促进产业发展的四种驱动力在不同发展阶段的转换机制，可以提炼为技术创新成为产业转型升级的唯一主导机制。而装备制造业在不同发展阶段转型驱动力转换的微观机制，也可以归结为企业从“引进消化吸收再创新”向“集成创新”演进，再向“原始创新”演进的高级化转换机制。

“引进消化吸收再创新”向“集成创新”的转换机制。要实现从“引进消化吸收再创新”向“集成创新”的转换，首先要构建“引进消化吸收再创新”能力。“引进消化吸收再创新”就是，在对引进发达国家的先进技术进行系统学习和理解其包含的系统知识的基础上，将新技术的结构、配方、原理、数据等进行深入分析和优化，并应用到开发同类产品或相关产品上，且做到新开发的新产品、新技术要与引进技术基本相当或略有提高，即新产品的结构、工艺方法、材料配方等有明显的改善，性能有明显的提高，原理、机理有新的突破。这表明，从“引进”到“消化吸收”，再到“再创新”，是一个对“引进技术”进行学习、理解、掌握再到优化和扩展的过程；也可以说，是对“引进技术”所包含的系统知识进行产业的适应性优化、专门化和扩展化的过程。构建“引进消化吸收再创新”能力，就是企业相关专业的技术人员和一线工作人员，能够学习具体技术的解决方案及其实施方法并达到“举一反三”的过程。

而“集成创新”则是企业利用直接或间接引进的相关创新主体的各种先进或成熟的技术、管理方法与技术工具，在新的市场需求牵引下对各个创新要素和创新内容进行选择、优化和系统集成的过程，以便为企业创造具有更大市场价值的新产品和新技术。集成创新所应用的各种技术都不是企业原创的，都是市场上已经存在的，其创新之处就在于对这些已经存在的单项技术按照企业的独特需要进行了系统集成并创造出更加新颖、更具价值的产品或工艺。因此，“引进消化吸收再创新”向“集成创新”转换的基础，就是企业有多个技术来源，并且能够对不同来源的相关技术知识和信息进行“消化和吸收”、融会贯通。集成创新的目标，就是在企业市场需求的引导下，将消化吸收的各种具体的技术知识进行整合、优化，形成某种具体的技术解决方案和实施方法，能够产生一种比市场上已经存在的同类技术和产品更具竞争优势的产品和技术。换句话说，“集成创新”能力，就是企业在学习和掌握多种相关技术的解决方案及其实施方法后，能够“举多反一”的过程。从这个意义上讲，“引进消化吸收再创新”向“集成创新”转换的关键就是“举多反一”能力的构建，这个转换机制的主要构成要素包括：企业的战略规划、企业内部的研发队伍、合法获取和利用的产业技术资料、产学研合作机制、企业外部的专家队伍、产学研合作平台、企业的研发项目，以及充足的研发经费。“引进消化吸收再创新”向“集成创新”转换机制的运行：企业按照战略规划的目标进行研发项目立项（明确市场目标）—投入项目研发经费—组建产学研协同创新项目团队—针对市场上具体的技术和产品在产学研合作平台开展项目研究—形成研发成果—企业设计和制造新产品。

“集成创新”向“原始创新”转换机制。从本课题选取的典型案例企业的创新实践来看，有了集成创新的成功经验，企业就可以探索构建由“集成创新”向“原始创新”转换的机制了。

原始创新是指在基础科学和前沿技术领域为未来发展奠定坚实基础的创新，其本质属性是原创性和第一性。运用原始创新的成果设计和制造新的产品和技术，就能够在国内外市场上占据竞争的制高点。与集成创新有所不同的是，原始创新的目标是当下市场上还没有的产品和技术，代表了产业技术升级的发展方向。原始创新需要在相关学科基础理论上首先实现突破，然后，能够将理论创新的核心知识转化成能够被市场所接受的产品设计和工程实施方案，最后，企业还能够根据技术方案组织实施并制造出符合设计指标的产品和技术。从这个意义上讲，原始创新是集成创新基础之上的总结和突破，也是运用跨学科领域知识和实践方法构建一种具有原理性突破的全新知识体系的过程。

按照以上的阐述，企业由“集成创新”向“原始创新”转换的机制，需要包括以下构成要素：企业的市场领先战略、企业内部的跨学科研发队伍、合法获取和利用的产业国际前沿技术资料、产学研合作机制、企业外部的高级专家队伍、高层次的产学研合作平台、国家和省部级重点研发项目，以及充足的研发经费。“集成创新”向“原始创新”转换机制的运行：企业按照国际市场领先战略确定的目标进行重大专项立项（明确国家层面的产业发展目标）—投入重大专项研发经费—组建高层次的产学研协同创新项目团队—针对国际市场上缺乏的技术和产品在国家级或省部级产学研合作平台开展项目研究—产生重点领域具有突破性的研发成果—企业设计和制造新产品系统（成套装备）。

3.3 河南省装备制造业转型升级动力转换的基本条件和要求

从河南省装备制造业整体的情况来看，要实现产业转型升级，首先要培育产业转型各个阶段所需的驱动力以及实现动力转换的基本条件和要求。考察河南省装备制造业改革开放 40 年来的实践，按照《“中国制造 2025”河南行动纲要》确定的目标，本课题研究认为，需要从政府的政策及制度安排、企业的技术创新能力、要素的供给能力以及市场需求几个方面，在“十三五”期间和“十四五”期间进行整体规划和全面布局。

3.3.1 河南省装备制造业转型升级动力转换的基本条件

河南省装备制造业总体上大而不强，龙头企业少、创新能力弱、智能化水平不高、品牌影响力不大，高端供给短缺、中低端供给过剩。要加快推进整个产业转型升级的步伐，需要进一步提升政府产业政策供给的精准性和有效性，构建装备制造业协同创新公共服务体系，促进装备制造业积极构建产学研协同创新机制，将技术创新和制度创新相结合、产品创新和服务创新相融合，全面提升企业的自主创新能力以及创新绩效，实现全产业高质量发展。

3.3.1.1 转型升级的动力转换需要创新促进产业集中的政策

尽管装备制造业是河南省的第一支柱产业，2017 年的产业规模上升到全国第五位，但产业类型多、中小型企业数量大，缺少在国内排得上号的大型企业。2017 年世界 500 强企业，中国上榜 115 家，河南省企业为零。2018 年《财富》世界 500 强只有河南能源化工集团入围，居榜单第 496 位，是河南省唯一入围世界 500 强的企业。目前，河南省企业数量超过 126 万家，在 2016 年和 2017 年的全国 175 家制造业单项冠军示范企业中，河南省只有 7 家企业上榜，而 2017 年中国 500 强河南企业上榜仅 9 家，2018 年 10 家；14 家制造业企业进入 2018 年中国制造业 500 强榜单。这表明，河南省装备制造业的产业集中度相对较低，难以形成规模经济效应，不利于技术创新的投入，限制了国际竞争力的提升。产业结构不合理、投资分散、产品技术含量不高、品牌影响力不强、对外技术依存度过高，可能都是造成河南省装备制造业产业集中度较低的原因。《河南省装备制造业转型升级行动计划（2017—2020 年）》明确提出，要“通过 3~5 年的努力，打造国际先进、国内领先的电力装备、盾构装备、农机装备、矿山装备优势产业，培育技术先进、链条完整、竞争力强的新兴产业，建成全国重要的先进装备制造业基地，实现由装备制造大省向装备制造强省的转变”。而且，河南省政府也明确提出要重点支持一批龙头企业，顶层设计思路清晰、转型的路径和任务也十分明确，但能否实现预期的目标，还需要后续针对具体产业，甚至具体企业面临的具体问题，持续提供精准的阶段性政策支持和有效的公共政策服务。要做好这些工作，需要创造几个基本的条件：一是面向国际市场竞争优势的提升，为重点产业领域的龙头企业谋划一批科技重大专项，并匹配足够的项目资金支持，构建高水平的产学研创新团队，以有效提升龙头企业的原始创新能力。二是针对重点产业领域龙头企业的原始创新成果的知识产权化、产业化、商业化和标准化出台激励政策，使更多的投资和优质的智力资源汇聚到这些高价值的科技成果，借助知识产权这个纽带，扩展企业的产业链、做强企业。三是积极和国内外相关贸易机构合作，面向“一带一路”沿线国家及相关政府合作计划、中国与中东欧国家合作计划等政府层面的合作机制，多层次、制度化推介河南省装备制造业龙头企业及其高端产品，为这些企业顺利进入国际市场穿针引线、保驾护航。

3.3.1.2 转型升级的动力转换需要构建企业创新公共服务体系

作为装备制造业转型升级的双主导性的驱动力之一的企业的技术创新能力，一直是河南省装备制造业的薄弱环节。2016 年，河南省规模以上企业 R&D 经费支出为 409.69 亿元，占 GDP 比例为 1.01%，较往年已经有显著提升，但低于全国平均水平 1.47%。同时，与中部地区其他省份相比，河南省仅高于江西省 0.97% 和山西省 0.75%，低于湖北省 1.37%、湖南省 1.25% 和安徽省 1.52%。统计资料显示，1985—2017 年河南省装备制造业专利量仅为全国总量的 2.6%。

2017 年公布的国家“双一流”大学名单中，河南省仅有郑州大学（一流大学和一流学科）、河南大学（一流学科）2 所高校入围，而湖南省、安徽省、湖北省分别有 4 所、3 所和 7 所入围。河南省高水平大学匮乏，非常不利于河南省装备制造业企业通过产学研合作来提升企业的创新能力。为了有力支撑装备制造业龙头企业技术创新能力的快速提升，产出更多具有原始性的科技成果，必须聚焦河南省装备制造业四大优势产业和四大新兴产业，搭建装备制造业企业产学研协同创新公共服务平台，为河南省广大装备制造业企业创新活动提供支撑。为此，需要创造以下条件：一是以河南省重点科研课题资助等形式，支持省内高校和科研机构将河南省装备制造业四大优势产业和四大新兴产业发展的关键科学问题作为研究重点，与相关企业联合成立科研机构，持续开展相关理论研究。二是吸收在河南省装备制造业四大优势产业和四大新兴产业开展理论研究且创新性成果丰硕的省内外高校、科研机构和相关企业，参与河南省建设装备制造业企业产学研协同创新公共服务平台，为其研究成果及其产业化提供资金支持和转化应用条件，协同推进河南省装备制造业企业做大做强。三是基于产学研协同创新公共服务平台，加强河南省装备制造业四大优势产业和四大新兴产业的企业、高校和科研院所之间的学术交流与合作，促进全行业的技术水平的提升。四是组织相关高校、行业协会及市场化的培训机构，持续开展装备制造业企业的专业技术人员新知识培训，以及一线工作人员的操作新技能培训，不断提高全行业制造过程的全生命周期质量标准。

3.3.2 河南省装备制造业转型升级动力转换的基本要求

企业既是市场主体、也是创新的主体，推进河南省装备制造业转型升级，需要装备制造业企业持续加强自身的自主创新能力和高级生产要素的供给能力，为此，需要企业在政府和相关利益主体的支持下，积极开展产学研协同创新，在日常的生产和经营活动中，将技术创新和制度创新紧密地结合，产品创新和服务创新深度融合，显著提升企业创新的绩效，增强企业的市场竞争力。

3.3.2.1 转型升级动力转换需要企业积极开展产学研协同创新

技术创新的实现最终要落实到人的创新活动之中，装备制造业是技术密集性的行业，因而专业技术人才、高技能人才是实现装备制造业技术创新的重要力量。目前，河南省许多装备制造业企业缺乏高层次的专业技术人才，尤其是长期开展基础理论研究的资深专家。一方面，企业要根据自身发展的需要吸引人才加盟，并加强对青年技术人员的锻炼和培养；另一方面，还要积极构建产学研协同创新机制，分享国内外大学和科研院所的资深专家和学者的智力资源及其研究能力、特别是基础研究的能力，不求所有、不求所在、但求所用，这样能够极大地降低企业开展创新的成本，减少创新的风险。为此，一是要主动地“走出去”，到相关高校和科研院所开展交流，将企业的实践经验分享给理论研究工作者，将难题展现在专家面前，同时也为高校的应用型人才培养作出贡献。二是要真诚地“引进来”，将高水平的大学和科研院所的专家请到企业，吸收他们在相关领域开展基础理论研究，并将其研究的新知识、新理论和创新性成果应用到企业的新产品和技术的开发之中。三是要积极参与大学和科研院所主持的理论研究和应用基础研究的项目之中，与此同时，也要积极邀请大学和科研院所的相关专家参加企业主持的产业重大专题研究项目，让大学和科研院所的专家参与解决产业技术创新中的理论问题，以提高企业创新成果的原创性水平。四是积极支持成立产学研合作的科研平台及产学研合作的产业技术创新战略联盟，使产学研合作机制常态化和多元化，以有效促进新技术和新知识在河南省装备制造业相关领域的传播和扩散，促进产业内部技术水平的整体提升。

3.3.2.2 转型升级的动力转换需要企业技术创新与制度创新相结合

按照创新理论的鼻祖熊彼特的观点，创新是一种新的生产函数引入到生产体系之中，或者说是一种新的生产要素与原有的生产要素和生产条件的新组合引入到生产体系之中，从而使生产体系的产出发生显著的变化。从这个意义上讲，企业的创新行为，不仅是一个技术和经济行为，也是一个文化和管理行为，甚至还是一种法律行为（例如，知识产权的创造、应用和保护）。由于创新不仅涉及技术要素，还会因为技术要素的变化，而改变了原有生产体系内部的关系和条件，也就是说，技术创新可能会给企业相关利益主体带来正面的或者负面的影响。因此，企业要实现创新绩效的不断提升，在开展技术创新的同时，还要相应地进行制度创新，以确保创新行为的积极意义和正向的经济价值和社会效益。为此，企业在开展技术创新的同时，一是要将其涉及的相关生产环节、管理环节、服务环节的相关利益主体及其工作行为，纳入与技术创新相匹配的制度创新的范畴，确保两种创新都能实现“帕累托改进”。二是通过管理创新活动，为相关的技术创新活动提供组织内外部更多的积极支持，减少后续创新成果应用的风险和负面影响，特别是对社会和环境的负面影响。三是通过技术创新行为，推进企业内部管理系统和服务支撑系统不断应用新的技术和新的方法，从而提高企业整体的效率和创新生态。

3.3.2.3 转型升级动力转换需要企业产品创新与服务创新相融合

装备制造业企业的产品是支撑其用户开展价值创造的重要手段。本质上讲，用户购买的是企业产品的功能应用，而并非产品本身。与一次性卖装备产品的利润相比，装备制造业企业“n”次的卖产品服务，即卖产品的功能应用会获得更大、更长久的收益。因而，不断开发装备功能的应用场景及其盈利模式，就成为基于产品功能进行服务创新的重要任务。装备制造业的转型升级的重要任务之一，就是不断地增加产品服务在装备制造业企业价值回报中的比重。对众多企业来说，服务的开发不仅涉及产品知识的不同应用，而且还涉及用户的需求及其变化。为此，装备制造业企业需要在以下三个方面加强探索：一是充分挖掘具体装备的功能及其多维度应用场景，并寻求与用户对产品功能应用实现无缝对接，以提高用户使用产品功能的效率、降低用户使用产品的成本及风险；二是从用户使用产品功能提高产出的视角出发，基于本企业的主机产品积极为用户设计整体解决方案，尽可能地为用户提供一站式服务；三是不断总结为用户提供产品服务的基本方式和多维度价值实现活动，并将相对稳定的产品功能服务活动提炼成新的产品功能，整合到产品新的功能设计之中，在提升产品服务的效率和可靠性水平的同时，大幅度降低相关服务的成本，从而增强市场竞争力。

4　河南省产业转型发展的重点和难点

《河南省装备制造业转型升级行动计划（2017—2020 年）》提出，实现由装备制造大省向装备制造强省转变的目标，要“打造国际先进、国内领先的电力装备、盾构装备、农机装备、矿山装备优势产业，培育技术先进、链条完整、竞争力强的新兴产业，建成全国重要的先进装备制造业基地”“培育一批具有国际竞争力的龙头企业，推出一批具有国际影响力的高端装备，打造一批具有国际知名度的精品品牌”。按照河南省委省政府的战略意图，河南省装备制造业转型发展的定位是要满足国际国内两个市场的高端需求，转型发展的重点主要是培育完整且匹配的装备制造业创新链和产业链，转型发展的方向主要是培育有国际竞争优势的高端装备及其所引领的新兴产业，转型发展的目标是拥有若干国际知名的装备制造业大企业、大品牌的全国重要先进装备制造业基地。

4.1　河南省装备制造业转型发展的重点

打造产业链完整、创新链与之匹配的装备制造业新兴产业，是河南省装备制造业转型发展的重点和方向。这既是培育在国际和国内市场上都有显著竞争优势、具有国际影响力的高端装备赖以生存的产业基础，也是培育国内外知名的装备制造业龙头企业所必须具备的产业环境条件。

4.1.1 产业链和创新链匹配支撑河南省装备制造业转型发展

产业链是相关产业部门之间基于一定的技术经济关联，并依据特定的逻辑关系和时空布局关系自然形成的链条式关联关系形态。从产业层面来看，地区产业的发展会逐步形成产业的价值链、企业链、供需链和空间链，相关企业在这四个维度相互对接的均衡过程中形成了产业链，这种“对接机制”是产业链形成的基本模式，作为一种客观规律，它像一只“无形的手”调控着产业链的形成和演进。从企业层面来看，随着产业的不断壮大，单个企业难以应对越来越复杂的分工与交易活动，不得不依靠企业间的相互关联，因此，搜寻一种有效率的企业组织结构以节省交易费用并进一步促进分工的潜力，企业的价值就会大大增加（姚小涛，席酉民，2002），这种搜寻最佳企业组织结构的动力与实践促进了地区产业链的形成。装备制造业产业链向上游延伸会进入到基础产业环节和技术研发环节，向下游拓展则会进入到市场拓展环节。任何装备的生产只有通过最终购买者的正常使用才能产生实质性的价值，否则，所有中间产品的生产都难以持续得到回报。随着产业链的发展，产业价值由在不同部门间的分割转变为在不同产业链节点上的分割。产业链对产业价值的放大，是通过价值链各个环节“1 + 1 > 2”的价值增值效应体现出来的。这种产业链的价值扩张往往来自产业链的乘数效应——当产业链中的某一个价值节点的效益发生变化时，会导致产业链中的其他价值环节或关联产业相应地发生倍增效应。产业链能够实现价值放大效应的内在条件是：产业链总的生产效率大于或等于产业链内部企业的生产效率之和（协作乘数效应），与此同时，产业链总的交易成本要小于或等于产业链内部企业之间的交易成本之和（分工的网络效应）。从这个角度来看，产业链的实质就是相关产业的企业之间价值创造的功能、质量、成本和效率的内在关联，而这种产业关联的优化目标则是相关产业中的企业之间高质量、高效率、生态化的供给与需求的对接关系，是产业价值实现和增值的根本途径。缺乏这种有效的内在产业关联，产业的价值就难以实现、产业的发展就难以持续，那么，这个产业更难以在市场需求的拉动，以及新技术和新商业模式的推动下实现结构的优化和不断的转型升级。

创新链是指围绕某一个核心创新主体，以满足市场需求为导向，通过知识和技术的创新活动将相关的创新主体连接起来，以实现新知识和新技术的经济化过程，与创新系统优化目标的功能链接起来的结构模式。从技术演进的视角来看，创新链是描述一项有较大市场价值潜力的科技成果从创意的产生到产品的生产、销售、应用全过程的链状结构，主要揭示新的知识、技术在整个产业链中的流动、转化和增值效应，反映了相关创新主体在整个产业的价值创造过程中所发挥的引领、衔接、协作和价值传递关系。

自主创新能力薄弱是制约我国高端装备制造业企业转型升级的主要问题，企业参与产业技术创新链的活动越多其创新就越容易获得成功（白硕，2003）。产业链与创新链的联动是促进企业自主创新的重要保障，相关研究结果显示，产业链与技术创新链脱节会明显制约企业的自主创新活动（辜胜阻，黄永明，2010）。目前，河南省装备制造业仍然缺乏集研发、生产、服务于一体的多功能成套大型企业，围绕这种大型企业的中小企业集群还没有发育完善，原材料供应、零部件生产供应等相关产业发展不足、技术水平较低，尚未形成区域市场化的、协调配套的装备制造业产业链。

国内外的相关研究都发现，高端装备制造企业越来越倾向于依赖国际间的创新合作来构建企业合作网络，以推动企业从模仿跃升到自主创新（Varga，2002）。

对于面向国际化发展的河南省装备制造业，转型发展的重点内容之一，就是充分利用国内和国际两种资源，建立和完善具有河南省产业特色的创新链，因此，需要逐步构建研发导向、市场导向、社会应用导向及要素导向的全球科技合作，每个发展阶段的国际科技合作均应聚焦产业创新链的优化和升级需求。研发投入是自主创新能力提升的关键要素，加大研发投入可推动企业从模仿走向自主创新（Mairesse，2004）。河南省制造业单个企业、即便是行业的龙头企业，其研发投入总是相对有限的，其拥有的创新资源和能力与其实现创新目标所需要的资源和能力相比总显得不足，要为高端装备关键技术的创新提供持续不断的资源和能力支持，只有通过政府这只“看得见的手”的政策调控和市场这只“看不见的手”的价值和利益的协调，才能有效地整合国内外的优质创新资源和创新能力，弥补单个企业甚至整个行业的投入不足，促进创新目标的实现。对于涉及影响产业转型发展全局的重大装备产业的关键技术，以及具有国际竞争优势的产业核心技术，甚至要举全省之力、全国之力，才能取得原创性突破。

科技创新活动具有一个完整的链条，这个“创新链”的构建、扩展和优化，不仅包括各类创新主体的企业，还包括科技成果孵化器、公共研发平台、风险投资，以及围绕原始创新成果而形成的产业链、产权交易体系、法律服务体系、技术应用支撑体系等，这些都是与产业创新链紧密相关的创新生态体系的重要构成部分。从这层意义上讲，创新链与产业链必须相互融合，只有打造出产业链与创新链融合的产业体系，这个产业才会不断地得到自我优化并顺利实现转型升级（胡耀辉，2013）。

对产业集中度相对较低的装备制造业来说，要逐步实现产业链与产业创新链的融合，打造具有国际竞争力的全国重要的先进装备制造业基地，需要在“十三五”期间重点做好以下工作：

一是围绕电力装备、盾构装备、农机装备、矿山装备等优势产业，梳理和规划装备制造业各个重点领域的主导创新链。通过对各个重点产业领域的全球专利技术进行导航，科学制定产业技术的专利导航路线图，据此确定产业领域技术发展的主线，及时对产业链中的重点环节进行专利技术的国际布局。

二是根据重点产业领域专利导航路线图，组织制定各重点产业领域发展规划和相关专项规划，分阶段编制重点产业领域准入正面清单和负面清单，编制重点产业领域重大科技专项指南、拥有自主知识产权的技术装备开发目录，向全省相关产业和省内外高校、科研院所公开招标。

三是在政府有关部门的支持下，选择创新能力较强的产业龙头和骨干企业牵头，组织有积极性参与的相关配套企业、高校及科研院所组成产学研协同创新体，围绕自主知识产权技术装备开发目录的项目协同开展技术攻关。

四是根据产业核心技术的研发进程，由相关企业和风险投资机构适时组成高新技术产业化联盟，基于新的产业技术创新链投资建设新兴产业的产业链，孵化创新型企业，使产业链与产业技术创新链实现交互作用、融合发展。

4.1.2 政产学研用协同创新支撑河南省装备制造业结构升级

近年来，河南省大力推进产业结构调整，传统产业改造升级步伐加快、新兴产业规模持续扩大，产业转型升级取得明显成效。2017 年，国家工信部正式批复同意郑洛新创建“中国制造 2025”试点示范城市群，成为全国第四个试点示范城市群。郑州市、洛阳市、新乡市三市正积极推进试点示范工作，通过先行先试、重点突破、示范引领，着力打造新型制造业体系、构建区域协同创新体系、健全人才培养体系、完善政策保障体系，实施制造业创新中心建设、智能制造、技改提升、服务型制造、工业强基、质量品牌提升、军民融合、开放合作、绿色制造、集群培育十大工程，建设中原城市群先进制造业高地、中西部地区科技创新高地、河南省创新创业人才高地、内陆地区产业开放合作高地，打造全国制造业区域增长典范和转型升级新样板。在推进“中国制造 2025”试点示范城市群工作的过程中，不能忽视河南省装备制造业产业长期存在的结构不合理等突出问题，产业基础不牢、新兴产业规模小、创新能力弱、资源消耗大、品牌影响力不强、质量效益相对较低等问题，对产业转型发展造成的巨大困扰。河南省在推动互联网、大数据、人工智能等新技术和装备制造业的深度融合过程中任务艰巨。

要使河南省装备制造业产业链呈现出显著的价值扩张效应，或者说产业链的乘数效应，就需要产业链各个环节保持越来越高的协调性，而构建完整、协调的产业创新链是产业链价值实现和价值扩张的基础。本课题选取的五个典型案例企业都是河南省装备制造业的龙头企业，四个龙头企业本身和一个龙头企业的母体都是创立时间超过 50 年的大型国有企业，企业的技术积累及技术创新能力在全省乃至全国同行业中都处于领先水平。但从这几个典型企业的实践来看，它们一直都在积极搭建高水平的产学研合作平台、构建高效率的产学研合作机制、多维度地开展产学研合作，以加快企业专业化的创新型人才培养，以及技术创新能力的全面提升，如表 4–1 所示。这表明，河南省装备制造业的转型升级需要产学研协同体、产业技术创新联盟及其协同创新机制的强有力的支撑。

2017 年，河南省政府决定，2020 年之前对全省 2.2 万家规模以上工业企业普遍进行新一轮技术改造。要使全省装备制造业的整体技术改造取得显著的成效，共性技术的提升刻不容缓。产业共性技术是构建高端装备制造业产业技术创新链的技术基础，特别是为装备制造业企业集群提供高新技术和节材、节能、降耗的专业化工艺技术，技术要求高且研发费用大，共性技术的研发是个别企业难以有效实施的。共性技术研发首先需要政府部门的大力支持，依托产学研协同创新来研发和实施。河南省绝大多数装备制造业企业的知识和技术积累不足，应充分利用高校和科研院所的知识和智力资源进行自主创新。开展广泛的产学研合作可以推动企业从模仿走向自主创新（韩东旭，2010）。积极建立产学研协同创新平台，能够推进创新所需的相关要素在高端装备制造业内高度集聚、交互作用，促进传统装备制造业企业从模仿走向自主创新（柳百城，2008）。

河南省装备制造业在发展历程中，曾出现过不少为求得一时一地的经济增长，而以资源浪费、能源高耗、污染环境为代价的重复建设现象。虽然经过多年来的不懈努力，2015 年河南省万元工业增加值能耗已经下降到 1.24 吨标准煤，但仍远高于上海市、广东省等国内先进省市，也高于全国平均水平。河南省的装备制造业产业结构升级是一个极富挑战性的艰巨任务，需要构建转型升级的协同共进模式，这不仅需要在技术层面开展产学研协同创新；同时，还需要在政府层面推进各级地方政府与市场的协同、政府与企业的协同，进而有效推进市场与企业的协同，以及跨行业之间的企业协同，通过多方的协同共进，以解决市场方面、社会环境方面及产业政策方面的障碍，顺利推进河南省装备制造业体系化的产业结构升级（郑钊，2016）。

表 4–1 河南省装备制造业重点领域龙头企业产学研合作的主要平台

龙头企业	主要合作高校和院所、企业	主要协同研发平台
许继集团	华中科技大学、西安交通大学、上海交通大学、浙江大学、同济大学、哈尔滨工业大学、南开大学、重庆大学、北京交通大学、河南理工大学、青岛科技大学、国网北京电力公司、国网株洲电力机车研究所、河南省电力科学研究院、德国西门子集团。	国家高压直流输变电设备工程技术研究中心、国家能源主动配电网技术研发中心、煤矿井下智能供电系统实验室、河南省风电产业技术创新战略联盟、博士后科研工作站等。
中国一拖	西安交通大学、吉林大学、中国农业大学、河南科技大学、江苏大学、意大利菲亚特公司、英国里卡多公司、意大利 ARGO 集团。	拖拉机动力系统国家重点实验室、河南省智能农机创新中心、一拖集团博士后科研工作站等。
中信重工	清华大学、澳大利亚昆士兰大学、河南科技大学、太原科技大学、中国科学院自动化研究所、紫金矿业集团、澳大利亚 JK 磨矿分析公司、澳大利亚 SINO 铁矿公司等。	矿山重型装备国家重点实验室、国家级企业技术中心、院士工作站、博士后科研工作站，高端装备先进制造技术、耐磨材料技术协同创新中心等。
中铁装备	清华大学、上海交通大学、山东大学、武汉大学、浙江大学、西南交通大学、中国矿大、盾构及掘进技术国家重点实验室、中铁隧道局集团、上海科大重工、洛轴、中冶北京崇建公司、中铁第六设计院等。	河南省盾构成套装备工程技术研究中心、河南省盾构产业公共技术研发设计中心、掘进机械院士工作站、中铁装备创新创业示范基地等。
宇通集团	清华大学、北京理工大学、吉林大学、哈尔滨工业大学、同济大学、大连理工大学、郑州大学、中国汽车技术研究中心、中国汽车工程研究院等。	国家电动客车电控与安全工程技术研究中心、博士后科研工作站、客车安全控制技术国家地方联合工程实验室、宇通客车试验中心。

对产业科技创新能力总体水平较低的装备制造业来说，要快速构建并不断优化提升产业创新链，打造具有国际竞争力的全国重要的先进装备制造业基地，需要在“十三五”期间重点做好以下工作：

一是研制并围绕电力装备、盾构装备、农机装备、矿山装备等优势产业的专利导航路线图，按照各重点领域的主导创新链，构建龙头企业牵头的产业创新战略联盟等产业组织，吸纳相关产业配套企业和高校、科研院所参与对高端装备设计和制造的关键技术和产业核心技术的协同研发，以新的技术链为主导，打造升级版的装备制造产业链，培育新兴产业的企业集群。

二是省政府有关部门可主导编制并围绕重点培育自主知识产权的技术装备开发目录，有计划、有步骤地加强河南省国家级重点实验室、国家级工程技术研究中心、行业重点科研院所，以及河南省相关高校协同创新中心等共性技术研发平台建设，持续强化对影响高端装备整体竞争力的产业共性技术研发的重大专项的支持力度，以及研发相关条件的支持。

三是推进河南省技术转移体系建设，强化全省生产力促进中心等技术转移中介服务机构的能力建设，提升其技术转移和扩散的功能，围绕高端装备制造业产业技术创新链，将财政支持的共性技术研发平台研发成功的产业共性技术，通过无偿或有偿使用方式，向全省产业技术创新联盟成员企业或其他装备制造业中小企业、创新创业主体转让技术研发成果，降低共性技术研发的费用与产业化风险，全面提高产业的技术能力。

四是在政府相关产业政策和规划引导下，推进政府装备制造业技术改造专项资金和政府与市场相结合的装备制造业发展基金建设，资助装备制造业重点企业技术创新、重点装备研发和核心技术重大专项，补贴重点企业人才引进和培训，以及重大装备制造重大科研成果的奖励。采取多种方式支持各级各类产业技术创新战略联盟成员围绕各自确定的产业关键技术、工艺主攻方向，以骨干企业牵头组建各具特色的产学研结合的创新平台，基于创新平台整合国内外各种优质的创新资源和能力，持续开展高新技术和高端装备产品的研发活动。

五是针对河南省装备制造业普遍资金困难的情况，省政府有关部门要加快制定出台系列化的金融支持政策，鼓励金融机构创新金融产品，加大对河南省装备制造业创新型企业的信贷投入；鼓励各级融资性担保等中介机构，为装备制造企业技术改造和装备升级提供贷款担保等相关金融服务；引导创业（风险）投资机构向装备制造业投资。

六是在省级层面成立河南省装备制造业创新发展跨部门联席会等协调机构，将省委省政府的先进制造业强省发展战略的推进，与各地区装备制造业重点产业领域的产业链与创新链协同发展紧密地结合起来，以此为抓手打好产业转型发展攻坚战，有效地推进产业技术改造、信息化改造、智能化改造、绿色化改造，加快实现装备制造业从数量和规模扩张向质量和效益提升转变。

4.2 河南省装备制造业转型发展的难点

在河南省 180 个产业集聚区主导产业中，有 79 个产业以装备制造业为主导产业。自 2013 年起，河南省装备制造业规模以上企业主营业务收入已破万亿元，成为河南省工业经济增长的第一支柱产业。然而，河南省的装备制造业目前仍然明显存在产业集中度低，产业配套集成能力不强、龙头企业数量少、技术投入不足、自主创新能力偏弱、市场综合竞争力不够强等问题，与此同时，高端复合型创新人才匮乏、高水平技能人才满足不了产业高质量发展的需求。破除这些障碍，已经成为河南产业转型升级、建设全国重要的先进装备制造业基地十分紧迫的任务。

4.2.1 做强龙头企业：以原始创新引领重点产业领域国际化发展

河南省装备制造业转型发展的主导力量，首先来源于各个重点产业领域在全国市场具有举足轻重地位的龙头企业。只有这些规模较大且拥有较强的核心技术支撑的龙头企业群体，才有可能在产业发展的过程中推进产业链与产业创新链的融合发展，在国际市场上拥有越来越大的话语权，相关产业领域才能在其引领下实现转型升级，走上高质量发展的道路。从目前情况来看，河南省装备制造业的大型企业集团在全国的地位相对偏低。近几年来，河南省入围中国装备制造业 100 强的企业并不多，2015 年仅有三家入围：郑州宇通（第 29 位）、郑州煤机（第 84 位）、中国一拖（第 95 位）。2016 年和 2017 年都只有郑州宇通一家入围，且排名也由 2016 年的第 40 位，下降到 2017 年的第 60 位。加大装备制造业企业的市场地位和经济规模，对产业转型发展意义重大，非常紧迫。

目前，河南省处于工业化中期，自然资源对经济增长的作用在逐渐弱化，而高级生产要素、特别是拥有自主知识产权的核心技术和专业化的创新型人才的作用在不断增强。本课题组分析发现，2010—2016年，河南省发明专利的授权量与工业增加值之间存在显著的正相关关系，相关系数达到0.89（*sig*：0.007），越来越接近同期制造业固定资产投资与全省工业增加值之间的相关系数0.912（*sig*：0.004）。这表明，河南省制造业的自主创新能力在快速提升，并在不久的未来可能达到并超过固定资产投资对工业发展的支撑作用。大力培育河南省装备制造业创新能力和市场竞争优势显著的龙头企业，首先要支持和促进河南省本土成长的、有强大原始创新能力的大型企业集团。

从本课题分析的几个河南省装备制造业重点产业领域的龙头企业技术升级的典型特征来看，本土企业在形成自己的核心技术之前，都经历了从模仿到自主创新的过程，这个过程包含了先“引进消化吸收再创新”，再进入“集成创新”，最后上升到“原始创新”三个基本的演进过程。这五家龙头企业的实践表明，从引进先进技术到在关键领域获得原始创新成果，并形成一定的国际市场优势地位，有的只用了短短几年，有的则经过了较长时间的渐变才得到全面提升。显然，并不存在所谓的时间不可压缩的特征。一种可能的解释就是，在产学研的协同下，外部的技术积累可以快速地转化为企业内部的资源和能力，而技术的起点较为关键。因此，培育重点产业的龙头企业，可以从以下几个方面入手：

一是针对有较好技术基础的骨干企业，要按照政府主导制定的重点产业领域的专利导航路线图，选择从国际领先的跨国公司投资引进关键技术和设备，确保技术的高起点。然后，借助产学研协同创新平台，加快对所引进的先进技术和装备进行消化吸收，研发制造出功能有所改进、成本有所降低、可靠性有所提高的新产品。在深刻理解所引进的先进产品的设计和制造技术逻辑的基础上，再扩展到对其他同类的国际先进技术的学习和研究，形成针对新的产业领域的技术和新产品的创新思路，进而整合现有技术的各自优势进行集成创新，研发出虽然没有原理性重大突破，但能够据此开发出有较强市场竞争力的新技术和新产品，从而实现“引进消化吸收再创新”向“集成创新”的转变。

二是经过反复多次的“集成创新”实践，当这些骨干企业能够较好地掌握现有先进技术所包含的知识体系之后，在产业政策的引导和企业内外部协同创新力量的支撑下，企业借助于产业技术重大研究专项和产业重点工程项目的实施，在关键产业领域对核心技术进行突破，获得具有原创性价值的核心技术，生产出具有较强国际市场竞争优势的高端装备产品，逐步形成企业的原始创新能力。

三是相关重点产业领域的龙头和骨干企业要以核心技术的扩展和延伸为主线，以技术、资本和管理为纽带，吸引产业内部的骨干企业和中小配套企业积极参与构建产业技术创新链，依托产业技术创新链逐步形成新兴产业的产业链。

四是在大力培育本土龙头企业的同时，相关政府部门还要积极发挥过去河南省引进外资的成功做法，按照产业发展的正面清单，引进一批具有先进专利技术的龙头型、基地型项目，探索全产业链集群式引进模式。将内部培育与外部引进相结合，以加快装备制造业产业结构的优化和调整的步伐。河南省各地在承接装备制造业产业转移中要根据产业发展的负面清单，严格按照产业链与产业技术创新链融合发展的原则，避免以往出现过的招商引资的无序竞争甚至是恶性竞争现象，不以损失产业的比较优势和绝对优势为代价，力避新的区域产业结构趋同化倾向，保持和维护区域经济的规模效益、分工效益和产业结构效益。

五是政府有关部门要加快制度创新的步伐，积极探索在装备制造业重点产业领域发展混合所有制经济的途径和有效实现形式，进一步降低门槛，吸引社会资本和战略投资者，推进河南省装备制造业实现投资主体多元化。河南省各地政府要充分利用国家在河南布局高端装备知识产权保护中心这个“制度红利”的潜力，积极争取中央企业、省外装备制造业龙头和骨干企业，以及跨国公司参与河南省装备制造业基于知识产权的转型升级。通过培育、壮大一批具有自主知识产权、有较强国际竞争力、能够发挥支撑和带动作用的跨地区、跨行业、跨所有制和跨国经营的大型企业集团，带动河南省装备制造业转型升级、走国际化发展道路。

4.2.2 做大骨干企业：以集成创新支撑骨干企业实现转型升级

加快推进河南省装备制造业优势产业的核心竞争力，必须逐步由过去主要依靠少数几个龙头企业支撑产业创新发展的局面，全面转向未来主要依托产业链支撑的发展模式转变。在强化大型龙头企业的辐射带动力的同时，还要高度重视在产业内部培育技术能力较强的骨干企业，并逐步增强骨干企业的产业支撑作用，以带动中小企业配套技术能力的全面提高，形成“龙形产业”和“蜂群型”产业集群，高质量地推进河南省装备制造业的转型升级。

改革开放以来，河南省装备制造业经过市场化初期的发展、引进外资和政府推动的技术改造升级的演进过程，产业的发展不仅体现在企业数量的显著增加、规模快速扩大，同时也体现在企业技术能力的不断提升上。特别是最近几年，在环境保护、产业转型升级的背景下，河南省的制造业通过技术改造升级，不仅技术能力有了明显提升，在产品质量上也有很大改观，产业污染物排放大幅下降，技术升级后企业二氧化硫排放量减少了 87%，涌现出一大批制造能力和技术水平较强的行业骨干企业。简要回顾和分析这些骨干企业多年来发展壮大的政策背景，能够更加清晰地看到它们在产业转型升级过程中的发展机遇，以及科学合理地规划这些成长型企业未来一个时期发展方式的选择。

2009 年 5 月，国务院办公厅出台《装备制造业调整和振兴规划》，2009 年 9 月，河南省发布《河南装备制造业调整振兴规划》，明确提出 2009—2012 年的发展目标，对产业规模、技术创新、制造服务业、企业壮大、积聚发展等方面确定了具体的定位，提出重点发展四大优势产业、壮大五个先导产业，夯实五大基础部件产业，着力提升自主创新能力、现代制造能力、服务增值能力和产业配套能力。2011 年以来，河南省政府办公厅已连续几年发布包括装备制造产业在内的重点产业行动计划，这些年度行动计划都十分重视依托装备制造业重点产业量领域的龙头企业及其重大装备项目，以提升产业链竞争力。

2017 年，河南省政府出台《河南省装备制造业转型升级行动计划（2017—2020 年）》，明确提出重点建设 10 个制造业创新中心、100 个创新型技改示范项目、1000个新产品开发重点项目建设和万户工业企业技术改造，培育六家左右省级制造业创新中心，完成5500家规模以上工业企业技术改造，技术改造投资达到4200亿元，占工业投资的比重超过20%，推动企业内涵式发展。2017年12月，河南省工信委开始组织申报国家工信部第一批工业企业技术改造升级导向计划，各级政府部门开始积极引导投资方向，优化投资结构，促进产融合作对接的政策密集出台，这样的政策环境，为河南省装备制造业的转型发展，提供了空前的选择空间。

2017年，河南省政府出台了《关于扩大对外开放积极利用外资的实施意见》，支持外资企业参与河南省创新驱动发展战略实施和产业转型发展，文件要求引导外资投向高端制造、智能制造、绿色制造等先进制造业，并对符合政策规定的鼓励类外商投资项目适用引进技术设备免征关税、重大技术装备进口关键零部件，以及原材料免征关税和进口环节增值税等优惠政策。文件明确表示，支持外资企业建立各类研发中心、创新中心和博士后科研工作站，允许外资企业参与承担国家和省级科技计划项目，鼓励跨国公司与省内科研机构、高校、企业合作建立研发中心或实验室，促进国际先进技术成果转化应用。河南省政府还明确支持沿海地区外资企业向河南省转移，要求各地政府按照国家《中西部地区外商投资优势产业目录》要求，发挥河南省劳动力资源、市场和产业配套优势，集团化、体系化承接东部沿海地区加工贸易类外资企业向河南省转移。

随着这些政策的不断实施，不久的将来，河南省的装备制造业将会形成本土装备制造业企业与外来装备制造业企业全面融合发展的新格局。大量的理论研究结果显示，对于中西部地区技术水平相对落后的不少本土企业来说，内外资技术水平差距越大，外资企业的技术溢出效应就越大，其提供的示范效应及可模仿的空间就越大，技术落后的本土企业在模仿的基础上创新，实现赶超的可能性也就越大（Wang，Blomstrom，1992）。外资企业的知识和技术的溢出，本土企业的知识学习、专业人才的汇聚，是中西部地区产业升级的一种普遍存在的微观机制（梁经伟，江鸿泽，文淑慧，2018）。一些技术相对落后的本土企业，可以通过学习、吸收外资企业的先进技术和管理，在产学研协同机制的支撑下，将各种新知识、新技术、新方法转化为企业内生的知识吸收能力和知识创造能力，能够不断地增强自身的技术水平和集成创新能力。

因此，河南省本土有一定技术基础的装备制造业企业，一是要借助工业技改工程，重点淘汰落后产能、报废陈旧的设备，对企业的设备和系统进行改造升级，以提高企业的制造质量和水平。二是要通过多种机制加强与近年来进入河南省的外资先进装备制造业企业之间的合作与交流，积极吸收这些企业的新知识、新技术和新的商业模式，有效完善企业的技术和管理水平。三是要积极开展产学研合作，不断提高企业的技术吸收能力、产品设计与制造能力，通过产学研合作完成技术改造和产业发展重大项目，并持续开展集成创新，形成能够与相关龙头企业技术创新链对接，逐步融入龙头企业牵引的新兴产业的产业链，实现与产业龙头企业优势互补的动态发展格局。

研究者发现，创新初期许多高端装备制造企业的制度创新落后于其技术创新，后来纷纷重视技术创新和制度创新的融合，通过优化制度环境推动本土企业从模仿走向了自主创新(马晓云,2010)。大力实施企业的知识产权战略，是通过知识产权制度激励创新的一个重要手段，可以有效地推动装备制造业企业从模仿走向自主创新（徐小钦，2009）。对于河南省的装备制造业骨干企业来说,实现从“引进消化吸收再创新”向“集成创新”的转变和能力的提升，需要高度重视管理创新和制度创新，特别要重视制定和实施企业的知识产权战略。具体地说，就是要按照《“中国制造 2025”河南行动纲要》，以及河南省知识产权强省战略等政策提出的产业创新驱动的发展目标，积极主动对接本地区装备制造业重点产业领域的知识产权导航路线图，将自身的发展融合到本地区产业发展的总体战略之中，基于产学研合作，制定企业的专利战略、商标战略、品牌战略，以及包含商业模式创新在内的版权战略等，明确企业在本地区产业发展中的技术和产品发展的定位、发展目标，整合企业内外部技术资源和创新能力，通过搭建产学研合作的研发平台，积极组建跨企业、跨学科和产业领域的项目创新团队，积极争取参与政府重大科技专项和重点产业建设项目，不断地研发出具有自主知识产权及具有较强市场竞争优势的技术和产品，在实现自身规模扩大的同时，提升企业的技术创新能力和制度创新能力，以有效地支撑产业的转型发展。

4.2.3 产业提质增效：基于存量技术资源开展产业技术创新

河南省装备制造业中小企业占比较高，企业实力有限，相当长一段时间难以全面增加对新的产品、生产技术和装备的投入。近几年来，河南省的工业技术改造投入规模偏小，带动作用明显不强，在一定程度上拉大了与国内其他省份装备制造业技术升级之间的差距。2017 年，河南省技改投资占工业投资比重仅为 15.6%，比全国平均水平低 30.4 个百分点，而广东省、湖南省、江苏省、浙江省分别达到 40.7%、55.5%、57.9%、75.3%。因此，选择投入成本相对较低、技术相对成熟的存量技术知识资源开展技术创新，对提高河南省中小装备制造业企业的产品生产质量、降低生产成本和技术风险、增加产出的收益，是一种比较可行的途径。

技术知识资源有很多的价值体现形式，其中，具有产权的知识产品是能够在全球范围内不同制度体系中、在不同市场主体之间高效率实现市场价值转化的一种重要的体现形式，是装备制造业发展的重要资源和市场竞争力的核心要素，能够对产业转型升级发挥极大的支撑作用。

按照专利制度，每个专利授权后都要公开其结构与运用方式等技术细节信息，以便他人在取得使用许可或专利保护到期之后能够实施此发明，或是透过专利授权实现发明或者再利用、再发明。挖掘存量的专利资源进行技术创新，是在中小企业转型发展初期对以往主要重视“增量型”研发投入模式的一种有效的替代。由于技术创新能力较弱的企业在研发新技术时，可能遇到许多不确定的过程和环节，采取“增量型”模式进行技术和产品开发，不仅需要花费较长的研发时间、较高的研发成本，还可能会并涉及很多创新者不熟悉的知识领域和方法，产生较高的技术风险，影响其研发成果的质量和后续的实施绩效。而聚焦已有研发成果的“存量型”开发模式，能够使这些企业的研发人员站在前人研发成果的基础上进行再创新，不仅会大大缩短研发的时间，而且企业的研发者还会基于自己独特的研究视角和本企业的市场需求，优化原有专利技术的价值实现方式和再创新的研发路径，使其研发产出的技术和产品更加简洁、更加实用、更具市场价值。

利用存量的专利资源进行技术创新，能够充分利用国内外丰富的专利资源库，在一定程度上可以改善目前我国专利创造和运用之间严重失衡的关系。虽然我国自 2011 年起，专利申报的数量持续位居全球第一，但专利授权及授权后的应用率却远远低于发达国家的水平。这种创造和应用严重失衡的结构表明，我国专利创造的质量还处于较低的水平、一些专利技术的设计方案还有较大的完善空间。推进专利领域供给侧的改革，既需要从“增量”部分下功夫，创造更多的高价值专利；同时，还需要针对一些“存量”部分的专利和准专利技术进行改进和完善，以激活其或多或少的“冗余”价值。

利用存量的专利技术资源，尤其是利用那些处于不维持状态及超过保护期的失效专利进行再创新，就是在知识产权领域践行绿色发展的理念。我国发明专利的法定保护期为 20 年，而 2018 年我国有效发明专利的平均维持年限仅为 6.4 年，大量的发明专利授权后不久就处于放弃状态。河南省某工科高校的一位副教授，曾用了近七年时间聚焦某电子产品的核心基础部件的研发，先后申请并获得了 143 项发明专利授权，但这些职务专利授权三年后都因未能实现转化，学校便不再续费维持专利权了，而围绕这些专利的申请和授权等前后花费了 260 多万元的科研经费。这类曾消耗了许多单位及发明者大量的人力、物力和财力的存量专利，并非完全缺乏实际应用价值，而很多是因为在转化过程中缺乏某些配套的技术和应用条件，以及转化机制和分配机制等问题，造成转化和应用失败。如果任其长期“沉睡”，就是对宝贵的研发资源的浪费。通过企业主动的技术创新活动来搭建促其成功转化和应用的完整链条，变“废”为“宝”，无疑能够大大地节约稀缺的企业研发资源，并提高企业的技术创新能力。

利用存量的专利资源，尤其是充分整合利用国内外尚在“沉睡”的专利技术资源，能够大大地降低河南省中小装备制造业企业研发的成本、提高研发的效率、降低研发成果的不确定性，增强企业参与市场竞争的灵活性与针对性，快速提升河南省装备制造业企业的产品质量和市场竞争优势。我国东部地区的一个自身技术力量并不太强的小企业，最初就是在充分挖掘一些失效的国际专利冗余价值的基础上，开发了系列的相关装备，在优化的基础上先后获得了70多项专利，目前已成长为国家级的高新技术企业。凭借企业自己“集成创新”之后的高价值专利技术，该企业的产品不仅快速占领了国内市场，迫使日本和韩国同类企业退出中国市场；而且，还依托其专利技术的独特优势不断扩展国际市场，先后进入了日本、韩国、东南亚和欧洲市场，加快了其国际化的步伐。

中小装备制造业企业利用存量的专利资源开展技术创新，有利于构建促进存量专利技术加快产业化应用的“众创”网络，使产业内部相关企业之间，尤其是技术创新战略联盟成员之间，能够基于同一个专利技术共享各自独特的创意，以及各具优势的创新资源和创新能力，在相关高校和科研院所的支持下，形成动态的创新协同体。通过协同创新这种有效的价值创造机制，广大中小装备制造业企业能够充分地分享各级政府的优惠政策，以及政府和社会提供的各类公共技术服务，更有效地开发存量专利技术及其潜在的市场价值，使“沉睡”在世界范围内的专利价值“重见天日”，并共享全球知识产权制度的惠泽。

对包括专利在内的各类知识产权存量资源进行市场化的开发，既是河南省推进万家制造业企业通过技术改造活动，由劳动密集型向知识密集型转变的一个新的途径，也是促进河南省装备制造业企业实施转型发展、有效提升企业创新能力、加快企业提质增效步伐的一个可行的新的技术创新模式——“存量型”技术创新模式。利用存量的专利资源开展科技创新活动，还是中西部地区省份在新时代秉持“创新、协调、绿色、开放、共享”发展理念，加快知识产权强省建设的一项十分重要的工作内容。积极探索知识产权存量资源产业化开发的有效实现形式，需要相关政府主管部门不断提出“新理念、新设计、新战略”，创新引导和支持装备制造业企业，尤其是中小型装备制造业企业走知识密集型发展道路的具体政策。在深化装备制造业供给侧领域改革的过程中，更加重视推广运用“存量型”创新资源投入模式，不仅能够极大地促进包括河南省在内的中西部省份，将不断增加的产学研协同体成员作为“增量”投入的活劳动有效释放其智慧，聚焦各类存量专利技术开展企业技术创新，还能极大地释放那些“存量”活劳动蕴含的更加巨大的智慧和潜在的经济价值，由此而获得新的、难以估量的、制度创新带来的“改革红利”。

依靠科技创新推动河南省装备制造业创新链和产业链的融合发展，建设宏大的装备制造业创新型人才队伍是关键，需要加快构建层次结构合理、人才引进、人才培养、人才使用和人才流动制度健全的河南省装备制造业人才管理体系。具体地讲，需要重点做好以下工作：

一是要制定装备制造业人才发展规划，出台引进高端科技人才的优惠政策，借助“三区一群”战略的制度创新优势，创新分配机制，鼓励高新技术企业采用知识产权入股、技术入股、股票期权等多种分配形式，吸引人才，促进人才、项目、技术、资本和管理对接，提高人才投资比重。

二是依托重大科技专项和产业重大工程项目、重点学科和重点科研基地建设、国际学术交流项目，建设一批装备制造业复合型、创新型人才培养基地，培养和使用各个产业领域的高层次人才。

三是鼓励河南省相关高校设置高端装备制造相关院系和专业，同时，基于产业技术创新战略联盟，将过去大型装备制造业企业的职工大学，改造成装备制造职业技术学院、技师学院，培养河南装备制造业一线高级技能型人才。

四是要设立职业教育实训基地建设基金，重点解决产业技能型人才实训设备短缺、师资力量薄弱的问题，不断扩大装备制造业技术、技能人才教育培训规模，提高持续培训和复合型技能人才培训的能力，不仅要满足当前河南装备制造业产业内部转型发展的需求，还要为未来河南省装备制造业“走出去”实现国际化发展储备并输出人才。

五是政府教育主管部门要加快制定产教融合的资助政策，支持在省内高校实施产教融合项目的高校和龙头骨干企业，探索具有河南省装备制造业产业特色的人才培养体系，将河南省高校的重点学科和专业的建设与河南省战略性新兴产业的发展需求紧密结合，通过产业重大科技专项、重点工程建设项目与产业人才培养紧密结合，将产教融合、科教融合的新型办学模式及其实践落在实处，加快培养与河南省装备制造业高质量发展需求相适应的本科、硕士、博士多层次的专业化技术和管理人才队伍。

5　推动河南省装备制造业转型升级的基本思路

装备制造业是制造业的核心部门，装备制造业发展程度直接影响相关行业的技术创新和技术平台的升级。《中国制造 2025》规划了我国装备制造业的发展战略，大力推动装备制造业转型升级与突破性发展是其中的九大任务之一。在制造业十大重点领域中，有五大重点领域均属于装备制造业领域，在五大重大工程中特别重点强调了高端装备创新工程。目前，河南省装备制造业的核心问题仍旧是产业整体的研发强度低、行业集中度低，以及协同能力不足等短板没有得到显著的改善，因此，河南省装备制造业发展最迫切的任务，就是提高产业技术创新水平。按照河南省委省政府坚持开放带动和创新驱动并举的战略，既要建设国内外制造业转移的重要承接地，又要把创新放在产业发展的核心位置，切实提升制造业的质量和效益。为了充分利用对外开放带来的技术引进优势，以及创新驱动带来的内生引领优势，有效发挥河南省装备制造业初步显现出的主机企业引领性创新和配套企业集成创新的趋势特点，本课题认为，“十三五”及未来几年，河南省装备制造业创新发展的路径选择需要进一步明确为：采用“主机企业原始创新引领 + 配套企业集成创新支撑”的创新链与产业链互动发展模式，以及“实验型创新 + 经验型创新”相结合的创新体系建设模式，极大地促进河南省装备制造业的转型升级。

5.1 构建原始创新引领与集成创新支撑的产业协同创新链

在今后一个时期，国际国内制造业转移会更加注重贴近市场、更加注重向具有人力资源优势和产业配套能力较强的地区布局。目前，珠三角地区每年向外转移的产业大约 60% 转向中西部地区。河南省人口众多、区位交通优势突出、工业规模位居全国前列、产业集聚区等发展的载体功能不断提升、产业配套体系逐步完善，保税区、口岸、跨境贸易电子商务等一批与国际接轨的平台建成投用，是一个能够吸引国内外大型企业进入的大市场，这些都非常有利于河南省集群引进高端装备制造企业，打造以高端装备产品引领的特色产业链。因此，通过协同创新构建能够有效促进产业链不断升级的产业创新链，显得十分重要。产业协同创新是协同创新理论和产业技术创新理论互相融合的产物。河南省装备制造业发展不能仅靠单一主体或单一要素的转型升级与技术创新，而是需要涉及多个主体、多种要素的共同作用，而产业协同创新链可以强化技术创新的辐射能力，提高技术创新整体效能。从世界范围来看，装备制造业产业协同创新已经成为产业转型升级发展的必然趋势，构建装备制造业协同创新链，可以明确不同要素汇聚环境下装备制造业技术协同创新的关键影响因素，为有目的、有方法、科学地提高装备制造业协同创新绩效提供支撑。

原始创新引领与集成创新支撑的创新链模式，是由河南省装备制造业自身特性所决定的。河南省装备制造企业可以分为两类，第一类是拥有制造成套（台）设备能力的综合型企业，本书相关调研样本中包含 33 个，占样本总体的 64.71%；第二类是生产重要零部件的专业型企业，有 18 个，占样本总体的 35.29%（根据河南省装备制造业代表企业的技术、治理及策略概览，“产品类别”列表）。根据“产品类别”列表提供的“技术占优”数据，只有 4 家样本企业宣布有技术达到世界先进或领先水平，占数据覆盖企业总数的 7.8%。

但从达到的技术水平上看，除南阳防爆集团股份有限公司的铸铜转子超高效电机达到世界“领先”水平外，另外三家企业的产品都只是达到世界“先进”水平，它们分别是：中国一拖集团有限公司的大马力轮式拖拉机、河南省中原内配股份有限公司的内燃机气缸套、郑州煤矿机械集团股份有限公司的液压支架。从技术的覆盖面看，达到先进水平的技术都仅存在于企业的少数产品类别中，而系列产品中其他规格的产品，技术尚达不到先进水平，说明达到先进水平的技术并非企业的核心技术,先进技术的覆盖面还比较狭窄。可见，河南省的装备制造企业整体处在技术中、低端。要实现产业的创新发展态势，龙头企业的原始创新必须达到引领性水平。拥有成套（台）设备生产能力的企业有自己的生产体系，但由于技术水平整体相对较低，产品主要集中在本土的低端产品市场，生产规模小，无法构建复杂的生产网络体系，由于产品设计、研发能力仍与全球价值链控制企业有差距，致使管理开放型价值链的能力不足，因而企业的生产体系主要集中在企业内部，生产活动处于全球价值链的外围；例如，河南太行全利（集团）有限公司、南阳光辉机械（集团）公司、中国一拖集团有限公司、河南豪丰机械制造有限公司等。有些企业虽有零部件采购，但采购规模较小，且局限在国内市场，例如，郑州宇通重工有限公司、南阳二级石油装备（集团）有限公司、许继集团有限公司等。以中国一拖集团有限公司为例，是生产运输车辆设备的综合装备制造企业，车辆的动力装置由一拖（洛阳）柴油机有限公司生产，传动装置由第一拖拉机股份有限公司齿轮厂生产,润滑材料由一拖（洛阳）润滑油有限公司生产,车身由一拖（洛阳）福来格车身有限公司生产；除此之外，生产体系中的资金流转、物流、能源供给分别有专门的子公司负责，其超过 80% 的产品也在中国市场销售。

第二类企业是第一类企业的零部件供应商，由于技术范围狭窄，无法像第一类企业那样组织复杂的生产网络体系，只能成为第一类企业生产体系的一个环节，技术水平较低的企业，只能选择加入低效的价值链，技术水平较高的企业才能加入要求苛刻的全球价值链。例如，河南省中原内配股份有限公司、焦作制动器股份有限公司、洛阳 LYC 轴承有限公司等，这类企业中，大多拥有出口许可证，产品也得到各自行业的质量认证，属于技术水平较高的零部件生产企业，产品销往国际市场，但都是作为全球价值链控制企业的零部件生产网络的一个具体的环节。以河南省中原内配股份有限公司为例，作为专业生产内燃机气缸套的企业，其产品已经进入美国三大汽车公司、德国奔驰等知名公司，但仍只能处于“微笑曲线”的低端，无法成为价值链的控制企业。因此，只能通过集成创新来支撑其技术满足高端需求。

5.1.1 河南省装备制造业主机企业原始创新引领产业创新发展

装备制造业的工业基础产业地位决定了其产业创新的重要性和复杂性程度较高，高产业关联度和高协同性等特点决定了产业协同创新正在成为河南省装备制造业产业技术创新模式选择的重要目标和主流形式。

5.1.1.1 高复杂性

高端装备制造技术集成复杂、技术创新强度大、市场竞争激烈。在技术创新过程中，需要各类市场主体、各种生产要素、各种信息资源的交换与互动。除了转型升级中技术创新本身的复杂性外，国家和河南省宏观经济发展政策的持续推进，以及新的技术和市场变化等因素，也都会对装备制造业创新产生很大的影响，技术创新环境的动态性和不可控性、市场需求的不断变化和升级，都增加了装备制造业技术创新的复杂性。我国中西部地区装备制造业的快速变化，带来了地区产业技术发展的高度复杂性，这是河南省装备制造业，尤其是高端装备技术创新发展需要面临的首要问题。

5.1.1.2 高产业关联度

装备制造业技术创新系统中，技术创新过程不仅仅局限在装备制造业内部，供应商和客户的全面协同也是技术创新成功实现的重要条件。相较其他产业，装备制造业产业链较长，其技术创新无论对上游企业还是对下游企业都存在很高的产业关联度。技术创新过程是整个产业链上各个功能结构之间互动的过程，各种创新要素和创新环节紧密相连，每一个创新环节的变化及其结果，均会对整个产业链创新活动的成败产生重要影响。高产业关联度是现阶段河南省装备制造业开展技术创新要特别重视的一个问题，加强产业关联，尤其是技术关联，有助于对打破目前河南省装备制造业不合理的产业结构，促进产业技术的创新链与产业链之间的融合，使产业发展进入高质量、高效益阶段。

5.1.1.3 高投入性和高风险性

装备制造业的基础产业性质决定了其在产品生产阶段需要投入大量的人力、物力和资金，尤其在成套的大型装备技术研发阶段更需要大量的资金投入，高投入性是高端装备制造技术创新的一个显著特点。高端装备制造技术创新的高风险性来源于技术创新的不确定性。根据不完全统计，在进入市场之前，大约有 80% 的技术创新项目，由于来自技术或市场方面的不确定因素而中断或者夭折，前期大量投入无法取得补偿和回报。高风险是装备制造业开展具有原创性技术创新的又一显著特点，也是当前河南省装备制造业进入引领性发展需要高度重视的问题。

5.1.1.4 高收益性

高端装备技术创新的高收益与高投入、高风险并存。装备制造业作为工业的“母机”，是其他产业发展的基础，装备制造业关键技术一旦研发成功并成功投入生产使用，将会为研发企业赢得长期的高额利润，也会推动整个产业链的转型升级。世界各国在产业发展规划中，发达国家不断加大装备制造业的技术创新力度已成为一种普遍现象，这主要源于其技术创新的高收益性。对于河南省装备制造业来说，明确重点装备领域明显存在的高收益性及其产业链分布，有利于在制定创新发展战略时，聚焦关键技术问题，在重点环节发力，形成独特的竞争优势，占据市场竞争的制高点，有力地提升主机企业乃至整个行业的绩效水平。

5.1.1.5 高协同性

从装备制造业产业内部来看，装备制造业企业技术创新从试验、调整及产品生产等环节都需要多部门或者多系统的参与，这就要求部门间和系统间达到高协同性。从装备制造业产业间协作来看，装备制造业技术创新既需要跨产业引入新技术，因而受到相关产业的影响，也可能因为新的技术和产品的研发，而对其他相关产业的技术发展和标准规范产生明显的影响。关联产业的技术创新路径依赖程度较高，这也要求装备制造业技术创新在不同产业间进行有效协同，以便在不同产业之间达到多维度的平衡，充分发挥其产业价值放大效应。

基于以上特征，在“十三五”及未来一个时期里，对于河南省装备制造业创新链的构建和完善，政府有关部门和产业园区管理部门应充分发挥主机企业的创新引领作用，特别是龙头骨干企业要注重原始创新，围绕四个优势产业及四个新兴产业领域选择创新能力较强的大中型企业，重点培育高端装备制造的龙头企业。根据产业升级理论，发展高端产业不仅可以带来加工程度高度化的产业升级，也可以形成价值链高度化的产业升级。高端装备制造业作为制造业中的高端环节，其代表了一个区域的核心竞争力。发展河南省高端装备制造产业需要有一批拥有自主知识产权和知名品牌、国际竞争力较强的大型企业集团作为基本的支撑。目前，河南省的高端装备制造业正处于加快转型和升级的关键时期，不少地方也想借鉴工业 4.0，推进智能制造工程建设，但是具体如何转型，目前存在“上热下冷”的局面，政府热情很高，积极倡导，但是具体到企业却不知道该怎么做。不是企业不想干，而是不知道怎么干。工业 4.0 到底是什么样？目前还缺少可借鉴的示范工厂，所以，需要工业 4.0 案例和示范企业，打造模范工厂，带领河南省高端装备制造企业实现转型。其次，推进高端装备制造企业创新发展，需要对产业内部进行战略重组，并在产业结构调整的过程中，积极引导和扶持具备一定互补优势和相关条件的装备制造企业共同组建大型企业集团，作为河南省装备制造业产业转型升级的主要力量，进行一体化经营，对行业内的资源和价值链进行整合，形成品牌和模范工厂，培育出具有市场引领作用的大型核心高端装备制造龙头企业，对装备制造业重点领域的转型升级具有重要的带动和示范作用。

具体来说，依照国家和河南省相关发展战略规划的要求，紧密结合河南省现在的发展优势和特点，应促进高端装备制造业在 80 家左右产业集聚区相对集中的发展，形成区域产业发展特色。积极推进郑州市、开封市、洛阳市、许昌市、新乡市、平顶山市、焦作市、安阳市等基础较好的区域率先创新发展，打造出一批具有产业领域引领作用和高端精品品牌的国际企业。基于知识产权驱动战略发展四大领军产业，推进四大新兴产业知识产权国际布局，用信息化、智能化和集群化带动传统产业改造升级，在重点产业集聚区建设若干具有世界先进水平的高端装备制造研发示范基地，形成以高端装备产业集聚为主要特征的国家级和省级新型工业化产业示范基地，培育一批具有关联度大、带动性强的高端装备制造龙头企业，在省内发挥示范和带动作用，在全国乃至国际可以代表河南省装备制造的品质和品牌，具有较高产业链协作配套水平，引导河南省高端装备制造业协调发展。

河南省装备制造业重点领域的主机企业要以原始创新为主要目标，确立装备制造主机企业在产业创新链内部的主导地位，引领相关产业领域的国际化发展。根据产业集聚理论，技术水平和科技含量高的产业集聚行为可以有效地推动装备制造业的产业升级。面对世界范围内以产业集聚形式表现出来的专业化分工越来越明显的发展趋势，河南省要高度重视提高产业集中度，充分利用产业集聚区企业集群发展的优势和集聚效应，通过提升产业集中度来完善产业结构。

要为装备制造业的产业集聚营造出良好的政策环境和公共服务平台等条件，方便园区内企业在研发、生产、销售和资本、人才、信息等要素之间的集聚和共享，优化资源配置。各地政府可以根据相关产业规划和产业政策积极建设装备制造业新兴产业集聚基地，通过引入国内外高端装备制造业大型企业集团，借助产业增量来调整产业结构，按照产业融合的高标准来建设相关设施及配套环节，以增强新兴产业创新链的引领和支撑作用。同时，按照产业专利导航路线图为各个产业园区确立行业的主导方向和重点环节，并强化制度的供给能力，实施“一园一策”的政策倾斜，吸引优秀企业和高端生产要素的汇聚。要让产业园区内的主导企业在产业集群升级中获得较大的收益，强化其引领产业转型升级的积极性、主动性和可持续性。因此，在推进制造业技术改造的过程中，尽早确立一些在技术创新、专利、标准、品牌及营销渠道等方面具有较强控制能力的主导产业的龙头企业，在集群内部技术创新能力提升、关联产业升级和资本利用升级中发挥主导作用，促进主导企业集中优质资源，更高效率地开展技术创新活动，集群内的其他企业跟随主导企业的创新步伐，实现集群内企业的分工协作和有序竞争，从而加快河南省装备制造业产业结构升级的步伐。

要有效地促进河南省装备制造业主机企业加快原始创新的步伐，必须加大政府对主机企业重大创新项目的资金支持力度。推进电力装备、盾构装备、农机装备、矿山装备等装备制造业重点产业领域实现重大技术装备、基础零部件和相关配套等领域的转型升级，以及数控机床、机器人、节能环保、轨道交通装备等新兴产业实现重大突破。重点产业领域的发展都要以原始创新作为主要支撑，这必然会导致其创新成本和风险大幅度升高，因此，需要政府在一定程度上对这些产业领域企业的技术创新活动给予持续的资金支持，构建确保装备制造业重点领域形成自主创新和协同创新的长效机制。通过借鉴国际、国内发达地区的成功做法，要逐步建立和河南省经济发展相适应的适合装备制造业发展的财政科技投入体制和稳定的增长机制，保障财政投入以高于财政经常性收入增长的3%~5% 的速度增长。同时各地方政府也需要积极参与到改革财政投入方式和方向上来，提高财政科技投入资金的使用频率和使用效率，加强对涉及装备制造产业共性关键技术的研发和公共科技基础设施建设。一方面，可以通过建立针对装备制造业亟待解决的产品和制造工艺中的重大研究开发项目，以及装备制造业储备性和共性技术等方面成立专门的装备制造业发展基金，资金来源可采用省、市地方财政的财政预算拨款方式，主要用于装备制造业的自主创新和协同创新。另一方面，可以通过各级政府的财政贴息政策，实现对装备制造企业的科技创新和成果转化等创新项目的补贴；拿出一定额度的财政贴息补助支持河南省装备制造业的重大专项、重大工程建设项目和重点技术改造项目等。

5.1.2 河南省装备制造业配套企业集成创新支撑产业创新发展

目前，河南省仍未迈过工业化中期的门槛，制造业创新、质量、效益等指标均低于全国平均水平。根据《国家新型工业化产业示范基地发展质量评价工作方案》，工业和信息化部于2018年对全国参评的前七批332家示范基地进行了评价，评价指标涉及示范基地发展总体水平，以及产业实力、质量效益、创新驱动、绿色集约安全、融合发展、发展环境等方面，最终有28家进入五星级示范基地，占全部参评基地的8.4%。从区域分布看，在28家五星级基地中，东部地区的基地有20家入围，分别位于上海市、广东省、北京市、山东省、江苏省、福建省；中部地区的基地有六家入围，分别位于安徽省、湖南省、湖北省、江西省；西部和东北地区各有一家入围，位于重庆市和辽宁省，而河南省无一家示范基地入围五星级基地。值得注意的是，自2009年国家级新型工业化产业示范基地创建以来，河南省累计创建了24家示范基地，行业范围涵盖电子信息、装备制造（工程机械、轨道交通装备、智能电网装备）、海洋工程与船舶、软件和信息服务、航空（零部件）等一些规模效益突出的优势产业和专业化细分领域竞争力强的特色产业，示范基地总量规模居全国前列，无一家企业入围的现状表明，河南省的示范基地创建绩效存在明显的问题。

河南省装备制造业在基础配件供应与高端装备发展不配套、不协调等问题还比较明显，装备制造业必须走自主创新的发展道路。第一，要注重加强对基础技术的研究，提高企业创新的可持续性，培养企业尤其是龙头骨干企业的原创能力，有重点、分层次开发具备知识产权的核心技术，不断地提高为装备制造业提供核心零部件和配套产品的质量，为传统装备制造业的产业结构升级提供技术支持。第二，政府要制定针对性强的相关技术创新政策，为产学研一体化发展提供政策保障和激励措施。第三，要加大对关键技术领域的公共研发投入，解决制约产业发展的瓶颈技术问题，适应装备制造业高质量、高端化、智能化、信息化发展的要求。

装备制造业配套企业在今后一个时期，要以集成创新为主要创新方式，通过产学研合作支撑产业创新发展的需求，积极支持政府完善协同创新的相关政策，积极参与产学研公共服务平台建设。从产业政策环境来看，河南省各级政府作为地方装备制造业发展的产业政策供给者，需要紧密结合中央和河南省装备制造业发展的具体目标，通过整合国际和国内两种创新资源和创新能力，结合财政和税收等方面的新政策，构建一个既能发挥市场配置资源的优势，也能发挥政府引导和构建提升装备制造业协同创新能力的优势，加快构建和发挥装备制造业协同创新生态系统的作用，激发装备制造业企业作为创新主体的潜力和活力，实现装备制造业整个协同创新系统各主体的创新能力的快速提升。良好的营商环境与创新管理体制对河南省装备制造业的创新发展作用巨大，它们是构成装备制造业协同创新的社会环境的重要组成部分。市场经济也存在市场失灵的问题，产生不利于协同创新有效进行的局面，而这一状况的改变需要政府这只“有形的手”不断地完善市场监管机制、调整和优化政府政策，打造鼓励企业家创新的积极性，以持续激励协同创新实现市场化的运作。针对装备制造业国际技术要素市场对知识产权的要求越来越高的趋势特点，河南省各级政府需要加快制定和完善保护知识产权创造和运用的制度体系，增强河南省装备制造业各协同创新主体创造高价值专利技术成果的积极性、主动性。通过制度体系的建设及其对知识产权成果的有效保护，一方面，能够有效地降低知识产权创造和运用的成本；另一方面，也能够提高侵犯知识产权的侵权成本，进而促进在产业内部形成良性的知识产权创造、应用的高效循环。

河南省装备制造业配套企业要通过集成创新支撑产业创新发展，需要构建体系化的产学研相结合的协同创新公共服务平台。要优先在四个优势产业及四个新兴产业领域加快布局省级创新平台，争创一批国家重点（工程）实验室、工程（技术）研究中心、国际联合实验室、协同创新中心、制造业创新中心、工业设计中心、质量检测中心等国家级创新平台。一方面，装备制造企业、相关高校和科研机构之间，要构建符合重点产业领域技术升级需求的产学研合作机制。高校和科研机构在基础理论知识和应用基础知识方面有体系化的积累，拥有前沿的科研成果和优秀的科技人才，是企业创新发展的重要支撑，在协同创新过程中扮演着不可或缺的重要角色。因此，装备制造企业要积极主动地与省内外的高校和科研机构动态开展紧密合作，一是有利于吸收新的技术知识和先进的研究成果，二是吸收高层次人才参与研发活动，通过深入交流与合作，能够促进装备制造业协同创新生态系统的建设和企业创新能力的提升。依靠各类科技园区、产业集聚区搭建装备制造业的工程研究中心、重点实验室和产学研基地等，吸收高校和科研院所参与承担装备制造业重大工程建设项目、重大科技专项及装备制造产业化项目等，有利于建立一批在行业领先的联合研究实验室和国家级研发中心，并支撑龙头和骨干企业参与到国际科技合作的活动中，通过国际科技合作和企业并购等方式，组建专业性强和具有国际化优势的科技创新基地。当前，装备制造业要充分利用河南省与国家发改委等部门建立的国际产能合作计划，以及中国与中东欧“16+1”合作计划等国际化发展的机遇，面对“一带一路”沿线国家和地区发展的需求，不断扩展协同创新的主体及创新合作的领域和范围，实现创新要素和创新资源在国际区域内的合理流动及共享，实现全国范围内的创新成果交流和国际化的产业创新协同和互动。

河南省装备制造业配套企业要有效地运用集成创新的方式支撑产业创新发展，就需要构建并有效地发挥包括装备制造产业技术创新联盟等产业创新协同机制。发展并壮大装备制造业协同创新的战略联盟，要通过装备制造主机企业、关键配套企业、高校和科研机构中致力于从事装备制造业重大技术问题研发的机构，围绕重大课题组建科技创新的动态战略联盟，充分发挥各自的优势资源和技术能力，联合攻克河南省装备制造行业重点领域中的技术难题，合作研究和开发装备制造领域的高端装备产品，形成河南省装备制造业共同开发、共享资源的协同创新的新局面。有效地促进河南省企业、高校和科研机构，围绕装备制造业的重大关键技术问题，建立交叉互动的产业协同创新战略联盟体系，需要在政策和法制规范的保障和约束下，整合并优化国际国内可利用的优质资源和能力优势，最大限度实现联盟内的资源共享、优势互补和风险共担。目前，可以通过以下方式来加快促进：

一是依托国家和省内重大科技计划项目形成产业技术协同创新联盟，有针对性地选择有产学研结合基础的优势项目。在项目参与单位已有合作形式和方式的基础上，开展包括基础研究、应用研究和开发研究全链条的科技创新活动，形成可持续合作的长效机制。

二是立足装备制造业重点领域的市场和创新需求，动态完善产业技术协同创新联盟。在产业技术协同创新联盟运行过程中，基于一致的需求不断汇聚互补性的技术资源、整合技术创新能力，通过规范化、制度化的创新协同机制，吸收具有相当实力的大型企业集团、研发实力雄厚的高校和科研机构的创新团队进入联盟协同体，打造长期稳定的协同创新合作组织，切实保障联盟成员能够从多个维度实现长期获益。

三是利用产业集群发展的空间优势，以重点产业领域的战略需求为导向，以打造支柱产业创新链为目标，探索以重点产业领域龙头企业牵头的技术创新战略联盟的多种实现形式和运行模式，形成兼具地域特色和产业领域特点的技术创新链，推动产业集聚区装备制造业技术创新链与新兴产业产业链、人才链和政策链的融合。

5.1.3 原始创新引领与集成创新支撑是产业升级的必由之路

构建原始创新引领与集成创新支撑的产业协同创新链是装备制造业升级的基本原理所决定的，也是中西部地区制造业企业转型升级的必由之路。本节通过构造集合市场壁垒、产品差异化与本土市场复杂环境等情况的多元博弈模型对河南省装备制造业企业的升级机理及其变化进行阐述。

（1）市场壁垒存在于国内市场与国际市场之间，基于幼稚工业保护论的贸易保护政策往往使进口产品的成本提高，一定程度上扭转了本土企业的不利地位。有时市场壁垒来自境内外交通情况的差异，随着中国基础设施条件的逐步改善，特别是中原经济区内“三小时交通圈”的建设，产业中控制企业的优势被无形地削弱。相对而言，信息壁垒拥有更加深远的影响，企业的产品信息以中文为主要载体，可便捷地被国内客户检索并识别，即使河南省企业与全球价值链控制企业的产品被同时检索到，只要没有对高技术产品的特别需要，客户大多更倾向于选择其更加了解的河南企业（Gereffi，1994，1999）。由于存在信息传递的障碍，跨国的全球价值链控制企业在渗透弱势企业的本土市场时，需要克服更多的摩擦力。

市场壁垒的存在意味着跨国的全球价值链控制企业要想进入河南市场，必然要付出更多的成本。假设跨国的全球价值链控制企业通过贸易政策限制的成本是 p，克服信息不对称障碍的成本为 i，因为这些额外付出的成本与技

术差距 ΔT 并无明显联系，故设其为常数。则得到公式如下：

$$Y_d = Y\times\frac{1}{2-\Delta T}-p-i \tag{5-1}$$

这一变化将使跨国的全球价值链控制企业在任意技术差距 ΔT 上的收益减少，在试图进入中国市场时，跨国的全球价值链控制企业的收益曲线向下移动，如果收益小于成本，跨国的全球价值链控制企业很可能改变产品策略。

差异化产品策略可以相对减少因产品同质化而引起的激烈竞争，依差异化程度建立相应的市场势力，获得“市场小生境”。阎星宇（2004）总结了产品差异化的类别，将厂商选址、区域风情等因素归入“水平差异”范畴，而将因消费层次不同产生的产品款式、质量、品牌等的不同归入“垂直差异”范畴，厂商可以从中选取任意多的产品维度来实现产品差异化。河南省的企业比全球价值链控制企业更能贴近国内细分市场的客户需要，因而可实现更具效率的垂直差异化；本土生产和销售则使产品具有水平差异化特征，使营销更加便捷。

装备制造业的产品往往是复杂的、耐用的投资品，短期内有较多机会甄选产品，但长期内，投资需求刚性必须被满足，因此，短时间内了解客户的详细要求，对于长期的销售成功至关重要。河南省的企业普遍建立了适应个性化需求的营销、服务体系，即完善的销售网络，就近设立客户联系机构和运行机制；成套设备辅以设计、制造、安装等一揽子问题解决方案，能够比较充分地满足企业的个性化的需求；鼓励销售人员在区域市场内持续进行社会资本投资，能够有效地维持这种比较优势。

以郑州锅炉股份有限公司为例，其营销网络和售前售后一揽子问题解决方案是比较具有代表性的。该公司在全国各地设立了 6 个销售公司、2 个特殊产品销售公司、8 个代理机构，代理机构和销售公司就近经营社会资本，收集需求信息，整理并反馈给设计和生产部门，同时还能够提出有针对性的营销方案。此外，一揽子问题解决方案写入合同，包括派技术人员帮助选择产品类型、设计锅炉附属设施，派工程技术人员参与指导工程施工、代办运输业务、锅炉安装与调试，产品交付半个月内工程师提供操作指导、培训司炉人员、每月回访和每季回访等。这种对客户多样化需求的满足依赖于频繁的信息沟通和人员交流，而这些是与技术水平无关的产品服务价值维度，全球价值链控制企业需要长时间的渠道完善才能做到。

产品服务的差异化进一步弱化了全球价值链控制企业对本土市场的侵蚀力量，如果产品服务的差异化比较显著，当全球价值链控制企业拥有了技术优势之后，继续增加收益的主要方法已经不再是扩张技术差距，而应该是设法在中国市场内部建立营销和服务体系。设需要投入的人力、财力和时间以成本 S 表示，则式（5–1）进一步被修改为：

$$Y_d = Y \times \frac{1}{2-\Delta T} - p - i - s \quad (5\text{-}2)$$

虽然，市场壁垒一定程度上在本土市场与国际市场之间构筑了藩篱，增加了本土企业的市场占有率，但河南企业仍要面对来自本土市场的竞争，两种因素共同起作用，对弱势企业的收益曲线会产生明显的影响。

竞争主要包括三个方面：与在位企业的竞争，与潜在竞争者的竞争，与全球价值链控制企业的竞争。国内在位企业分割着本土市场的收益总额，河南企业与它们的竞争是生产效率上的竞争，谁拥有更先进的生产工艺，谁拥有更完备、更高效的生产体系，谁就能获得更多的市场份额。潜在竞争者突然进入产业，也会对企业的市场地位构成威胁，河南企业应采取措施扩大企业规模，产生规模效应，以提高相关细分产业的市场准入门槛，并保留应对产业组织结构突变的能力。全球价值链控制企业仍可以借助国际资本市场，通过资本运作，渗透到既有的国内企业内部取得控股地位，进而争夺国内市场。河南省装备制造企业只有不断缩减与全球价值链控制企业的技术差距，才能从容应对全球价值链控制企业的渗透，有效应对来自全球价值链控制企业及其国内代理公司的竞争。

（2）河南省装备制造业不能仅仅局限于省内或者国内的竞争，随着自身规模和技术的发展，以及外资企业和技术的涌入，相关企业将面临“不得不”参与国际竞争的境况，这也“倒逼”河南省的装备制造企业不断加强原始创新。就目前而言，河南省装备制造企业在中原地区的区域市场中具有较强的竞争优势，能够构建基于国内市场的生产体系，并在国内市场占据一席之地。但总体而言，与全球价值链控制企业相比在技术上仍存在较大差距，与国内价值链控制企业竞争仍旧激烈。

以 m 表示弱势企业由于市场壁垒和产品差异化而可以增加的总收益，且有 $m>0$，m 由 n 个实力相当的竞争对手分享，则式（5–2）可被修改为：

$$Y_w=Y\times\frac{1-\Delta T}{2-\Delta T}+\frac{m}{n} \tag{5-3}$$

市场壁垒和产品差异化仅在国内市场起到一定的作用，一旦进入国际市场，河南省的企业仍要进入多元博弈模型的一般环境中。如果河南省的本土企业无法满足客户的高端技术需要，客户还是会从全球价值链控制企业购买相关产品。因此，式（5–3）的作用范围还是国内的低端产品市场，以国内最高技术水平与全球价值链控制企业技术水平的技术差距 ΔT^{**} 为界，将国内低端产品市场分离出来，控制企业面临新的收益曲线。弱势企业收益曲线的变化也处在这一范围，由于存在本土竞争对手，单个企业的收益增加少于全球价值链控制企业的收益减少。

由于收益曲线的变化，控制企业的占优策略规则也改变为：

$$\mathrm{DS_d}=\begin{cases}\text{不封锁}\ \Delta T^{**}<\Delta T<1\\ \text{封锁}\ \Delta T^{*}<\Delta T<1^{**}\\ \text{不封锁}\ 0<\Delta T<\Delta T^{*}\end{cases}$$

当 $\Delta T^{**}<\Delta T<1$ 时，弱势企业只在其所在国的低端产品市场经营，碍于市场壁垒、产品差异化，控制企业无法实施有效的“封锁”策略，留给弱势企业一定的“市场小生境”。当 $\Delta T^{*}<\Delta T<\Delta T^{**}$ 时，弱势企业开始走向国际市场或高端产品市场，技术差距继续缩小，并对控制企业的价值链地位产生威胁，控制企业会积极实践其占优策略，“封锁”弱势企业的技术水平，并将其逼回其所在国的低端产品市场。如果没有充足的资源和有效的升级策略，弱势企业的价值链升级很可能失败。当 $0<\Delta T<\Delta T^{*}$ 时，弱势企业已逆势将技术差距缩减到很小，零部件生产企业拥有较高的成套（台）设备设计和研发能力；本就拥有成套（台）设备生产能力的企业，设备性能也达到

了相当高的程度，更为重要的是，弱势企业已经能够构建并经营一个有效的生产网络体系，已经掌控着一条有效的价值链，全球价值链控制企业被迫放弃“封锁”策略，承认弱势企业的全球价值链控制地位，弱势企业将在这一阶段成功实现全球价值链升级。

弱势企业的策略也将变得更加微妙：

$$DS_w=\begin{cases}应对本土市场竞争;0<R_m<R_{m2}\\准备突破;R_{m2}<R_m<R_{m3}\\突破;R_{m3}<R_m\end{cases}$$

当 $\Delta T^{**}<\Delta T<1$ 时，即河南企业处于本土低端产品市场时，控制企业放弃“封锁”策略，河南企业则获得“市场小生境”，企业处于发展的第一阶段，主要任务是提升技术水平、继续扩大规模，应对本土市场竞争，直至企业成为本土市场的领先企业之一，企业收益达到 Y_{w1}，高层管理者每期得到 R_{m1} 的资源积累，使企业与全球价值链控制企业的技术差距稳定在 ΔT^{**}。在第二阶段，企业并不急于“突破”控制企业的技术封锁，而是继续巩固国内市场地位，优化生产体系，扩张规模。随着竞争对手 n 的减少，处于国内低端市场的收益曲线逐渐上移，企业收益提升至 Y_{w2}，对应的每期资源量和一定时期的总资源量分别为 R_{m2} 与 TR_{m2}，总资源的增加量 ΔTR_m 也逐步增加，除非遇到实施技术提升策略的机遇，此时企业不会贸然“突破”全球价值链控制企业的“封锁”，只是为“突破”做准备。因为一旦进入国际市场，控制企业将立即实施其占优的“封锁”策略。在第三阶段，企业将拥有足够使技术差距缩减至 ΔT^{*} 的总资源量 TR_{m3}，每期还能获得数量为 R_{m3} 的资源，具备“突破”技术封锁并实现价值链升级的实力（李延朋，2012）。相关参数和具体含义如图 5-1 所示。

河南省装备制造企业的升级机理在短期内具有更加丰富的内容，企业需先在本土低端市场获得一定的市场地位，应对来自在位企业、潜在竞争者以及全球价值链控制企业的竞争，构建和优化生产体系。而后，以本土价值链控制者的身份，与全球价值链控制企业展开博弈，此时的升级仍然符合一般的升级机理。

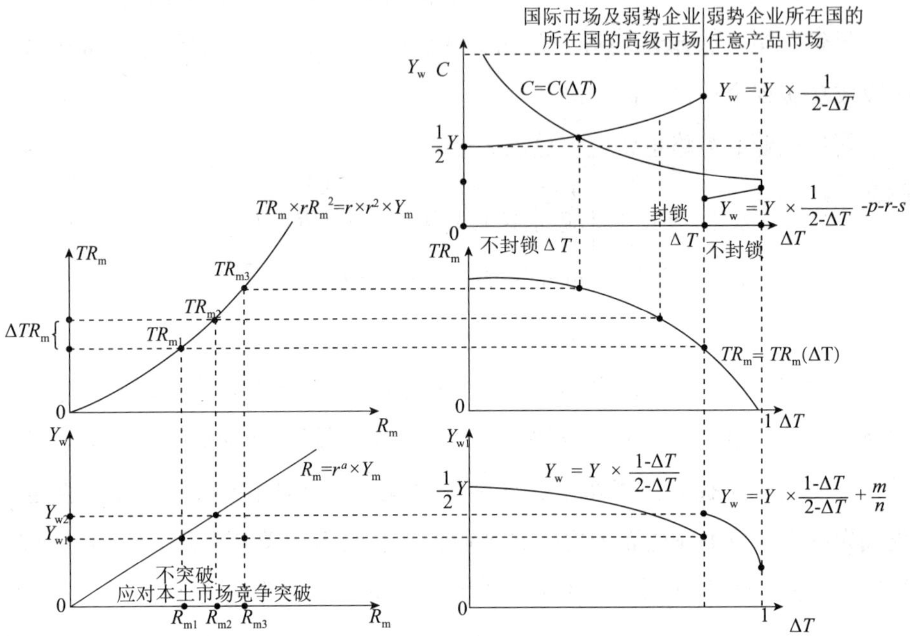

图 5–1　放宽基本假定后弱势企业的策略选择

5.2　打造实验型创新与经验型创新互动的产业升级创新体系

装备制造业是现代产业体系的基础，是推动工业转型升级的引擎。河南省装备制造业近几年无论是在 R&D 资金投入、R&D 人员的数量增加，还是科技成果产出等方面都取得了明显的进步，尤其是将高端装备制造业列为战略性新兴产业之后，装备制造业创新要素的汇聚和创新绩效的提升都有了实质性的变化。但是，同发达国家和发达地区的跨国装备制造企业相比，其无论是实验型创新还是经验型创新能力依然存在着较大的差距。为促进河南省装备制造业创新能力的全面提升，需要通过打造实验型创新与经验型创新互动的产业创新发展新模式，来构建具有河南省装备制造业特色的产业创新体系。

5.2.1 主机企业基于增量资源开展实验型创新引领产业升级

实验型创新是根据预期的创新目标，利用科学的理论和实验手段产出具有原创性价值的突破性技术成果的主要创新途径。为提升河南省装备制造业实验型创新的能力，具有较强技术实力的装备制造业的主机企业需要基于增量资源强化其原始创新能力。

第一，要强化创新的整体规划能力，针对行业的关键技术和产品，通过设计并提出创新的整体解决方案，可最直接有效地提高装备制造业的实验型创新能力，尤其对于大型装备制造企业而言，针对市场的巨大潜在需求及其核心技术的研发进行战略规划，是成功实现预期目标的关键。在创新规划阶段，全面有效地设计各个阶段的创新目标和任务要求，将对后续的新产品和新技术的成功开发具有十分重要的指导意义。有研究发现，实验型创新的开发过程涉及很多方面和环节，其中最重要的是在开展创新之前，创新主体首先要对技术发展的方向做出准确的把握。

第二，要逐步完善实验型创新的产业化和商业化途径，基于市场需求来开展技术创新，才能最终在市场上实现技术创新的价值。一旦主导企业通过制定创新规划开发了创意，经过研发和技术成果孵化后，则实验型创新的最后一个过程也是必须完成的任务便是将其产业化，并在产业化的基础上进一步实现技术成果的商业化，带动行业内部的相关企业跟进发展。对于龙头企业而言，实验型的创新成果的产业化是其创新能力和市场竞争力全面提升的支撑。而创新成果的商业化，则是决定其创新价值放大的重要途径，也是快速回收其创新成本的关键。在某种意义上讲，创新成果的商业化是其技术创新最终成败的关键。对于大型装备制造的主机企业而言，其创新的能力相对较强、创新资源相对充足，对于原创性的技术成果需要进行研发—制造—产业化和商业化的一体化经营。在这个过程中，需要不断进行制度创新和管理创新来突破其组织内部结构惰性的阻碍，在不同的创新阶段建立隔离机制与融合机制相结合的创新模式，并在不同阶段进行必要的转换，以促进创新产出的扩展。而对于中小装备制造企业而言，其技术创新成果的技术含量相对较低，技术成果的产业化是其扩展创新价值的瓶颈，因此，要尽可能基于协同创新平台及产业技术创新联盟，选择授权许可在产业内部进行转化，即通过加入开放式创新网络系统来扩散其新技术，以争取在尽可能短的时间获得满意的技术回报。

第三，要强化装备制造企业的创新激励机制。技术开发的激励机制和技术成果的奖励措施，是促进企业创新发展的最为有效的管理手段之一。落实河南省支持转型发展攻坚若干财政政策，统筹用好省级各类财政资金和产业发展基金，鼓励有条件的地区设立特色产业集群发展子基金，有利于促进企业普遍开展技术创新活动。产业技术创新战略联盟等创新协同体及行业协会等产业组织，是促进全面落实国家关于重大技术装备关键零部件进口、企业重组改制、高新技术企业、研究开发费用加计扣除、农机购机补贴，以及国家和省首台（套）重大技术装备奖补等各类优惠政策不可忽视的重要力量，应受到各级政府部门的重视和充分利用。

5.2.2 配套企业基于存量资源开展经验型创新支撑产业升级

实验型创新具有高复杂性、高投入性、高风险性等特点，并不适用于所有的装备制造企业，尤其是规模相对较小、创新资源不足和创新能力相对较弱的产业配套企业。为此，应该针对河南省装备制造业配套企业特征，大力发展基于存量技术资源开展的经验型创新，降低技术的社会适应性的门槛，以支撑产业配套企业顺利实现转型升级。经验型创新是指创新主体围绕产业发展过程中各种具体的技术难题而形成的独特的、有效的解决方案，在新的创意下面向具体的应用场景对这些存量的解决方案进行优化和集成，从而产生更具市场竞争优势的系统解决方案。

装备制造产业配套企业在河南省的制造企业中，是产业质量提升的一支重要力量。所谓产业配套，是指在以产品生产为核心的装备制造业企业的整个生产链中，其他相关环节跟进配合而形成的生产方面的相互关系。在装备制造业中，很多中小企业通过为主机生产企业提供零部件或成套产品等，与主机企业进行产业配套生产，成为核心企业的受包企业、配套加工企业。相对独立于其他制造企业而言，装备制造业配套企业主要以市场为纽带相互连接，具有较强的竞争力。企业之间相互提供配套的行为是制造行业的重要组成部分，随着河南省装备制造业的快速发展和技术进步，配套产业的规模越来越大，在装备制造企业中占有很大的比例。作为装备配套企业，其发展和整机企业有密切的关系：

一是配套企业生产出的产品不直接供给终端客户，有固定的中间客户购买，其销售渠道比较稳定，这大大降低了企业产品市场的不确定性，为利用相关产业链的存量资源提供了条件。

二是配套企业根据其配套的主机企业生产的产品而开展技术研发的，因此，主机企业对与其配套企业进行必要的技术交流并给予研发设计支持，有利于提高主机产品的质量和可靠性。在主机企业具有原创性的技术引领下，配套企业充分利用存量资源进行集成创新，既能够减少配套企业的研发成本，又能在短时间内显著提升配套产品的可靠性和专业化生产水平，是当前和今后一个相当长的时期内河南装备制造配套企业应采用的重要创新模式。

三是在主机企业的技术引领下，配套企业还能接受主机企业的经营战略的指导，在参与配套的过程中不断明确自己的经营战略目标，在技术和管理等多个维度得到提升。许多装备制造业配套企业的产品也具有较高的复杂性，最终客户在购买和使用的过程中还需要其进行专业的培训和维护指导，这给配套企业提供了开发增值服务的机会。配套企业积极开发其高质量产品相关的技术服务和运维支持，既有利于主机企业的成套产品正常运转，也有利于配套企业提质增效。另外，装备制造业配套企业高度的定制性特点，使最终客户的服务需求也间接增加。总的来说，由于配套企业和整机企业的价值共创关系，使配套企业顾客需求的结构正在由产品、功能、制造向服务、体验、解决方案转变。这一系列的变化都给创新型配套企业提供了一个明确的发展方向——向产品服务转型。总体上看，当今的装备制造业发展的趋势已经显示，配套企业不仅仅只需要注重产品本身的研发和制造质量，还需要充分利用存量的技术资源开发与主机产品及其配套零部件和产品相关的高价值服务，从而与主机企业一道为最终客户创造长期的价值，这已是配套型装备制造企业创新发展的一个新的趋势。

基于存量资源开展经验型创新支撑产业升级，需要装备制造业配套企业重点实施以下工作目标：

一是完善制造业创新体系。完善以企业为主体、市场为导向、政产学研用相结合的制造业创新体系，提升配套企业在创新体系中的参与度。围绕河南省装备制造业对存量资源，尤其是技术资源需求的特点，提炼生产服务业重大共性需求清单，汇聚服务资源、创新体制机制、突出协同配合，建设一批围绕郑洛新核心实验型创新基地的制造业经验型创新中心。

二是以行业骨干为基础，充分发挥存量资源的作用，在装备制造业重点领域组建一批包含配套企业在内的产业技术创新联盟，探索实验型创新和经验型创新融合发展新模式。

三是聚集人才、科技、资金等优质资源，针对存量专利资源的开发利用，开展共性实验型创新和经验型创新集成活动，高效率、低成本解决产业共性技术难题。

四是建设重点领域制造业知识产权、技术数据中心，为配套企业提供开发和共享服务，建设科技成果信息发布和共享服务平台。

五是支持产业技术创新战略联盟围绕行业共性技术需求，基于存量技术资源开展经验型创新，构建一批可复制、可推广的行业技术整体解决方案及其方案库，为联盟成员进行集成创新提供公共服务。

六是健全知识产权创造、运用、管理、保护机制，完善专利申请、扶持和保护政策，为基于经验型创新开展技术集成奠定制度基础。

5.3 形成制造业与生产性服务业融合发展的产业演进格局

制造业与生产性服务业具有天然的互补性，一方面，制造业企业已经逐渐改变传统的自给自足型发展模式，将生产过程中的生产性服务主动剥离出来，实现外部化发展；同时，也将更多专业化的生产性服务业企业引入到制造业生产过程中，推进了生产性服务业企业从简单的产品服务向产业的关联性服务的转变，在产业链的构建和升级的过程中形成与生产性服务业互动发展的格局。另一方面，无差异的消费需求已经逐步被个性化、多样化消费需求所替代，制造业企业为了实现产品的差异化，逐渐将企业发展的重点由产品的生产制造向产品运用的相关服务提供转变，推动企业由产品的制造过程向产品应用的服务过程延伸、甚至逐渐向服务型制造企业转型，从而与其客户形成长期的、连续的供需关系，为地区和行业提供新的经济增长点。

5.3.1 形成产品创新与服务创新互动发展的制造业服务化发展路径

装备制造企业服务化是指装备制造企业为了实现企业竞争力的提升，将价值创造的重心从产品的生产制造环节向产品的运用服务环节转变，使服务在装备制造企业运营中所占的比重日益增加的一种价值创造趋势。这是一个动态的发展过程，是装备制造企业满足市场需求、实现产品差异化、提升竞争力的战略性的行为。装备制造企业所提供的价值传递方式的转变是其向服务化转变的核心。在装备制造业企业实施服务化战略的过程中，与装备制造企业的资源、组织形式、技术，以及主营业务等相配套的各个方面都需要围绕服务战略进行系统转化、匹配和协同。

服务创新能促进产品创新更好地发展。服务可以转换成产品，因此，服务创新有助于产品创新。1994 年，相关研究提出了“凝固服务”这个术语，用于描述那些能使顾客通过自助服务释放其价值的商品。例如，学校的教学服务可以通过教材、书本等有形产品来替代，银行的存取款服务也可以通过 ATM 这样的有形产品实现用户的自助服务。现在，服务活动已成为人们生产生活的基础，产品创新也越来越离不开服务创新。如果没有服务创新，产品创新仅仅从工艺、技术的角度着手，已经很难满足当前顾客动态变化的个性化需求，从而造成创新失败。产品创新如果能与服务创新融合，以用户为中心，充分考虑顾客的需求，成功的概率就会明显增加。

产品创新能引发服务创新。新的有形产品的出现往往会催生与之相关的服务需求，许多服务其实就是帮助顾客获得与某一种类型的有形产品相关的价值，例如，飞机的出现就会催生航空服务、航空餐饮、航空保险、飞机维护等服务的需求。另外，新的设备的出现能够加快现有服务价值的传递，并催生新的服务。产品创新能成为服务的替代品，例如，银行自助取款机替代银行柜员的人工存取款服务。此外，产品创新中的技术创新在一定程度上是服务创新的基础，技术创新促进了服务内容、服务理念、服务方式和服务手段的不断创新。

形成产品创新与服务创新的互动发展，需要提升企业服务价值增值能力。在全球价值链融合的背景下，装备制造企业已经从原来的只提供设备转向为客户提供整体解决方案，即从产品购置的资金解决方案、产品工艺流程选择、成套装备选择、装备制造直到产品制造、用户使用培训的全套解决方案。这就要求装备制造企业将价值增值环节从制造环节向服务环节延伸，不断增加产品相关的服务在用户价值创造中的比例。从数量上和方向上不断调整装备制造企业的业务内容，通过增加服务创造的价值实现产品服务化的升级。其次，在服务价值增值的过程中，基于全球范围增加服务中所内含的信息和网络技术、知识和人力资本水平，使现有业务与传统业务不断地融合，提高装备制造企业利用原有优势开拓新服务领域的能力，同时依托原有业务，进一步提升服务经验，在相互融合与碰撞中，提高装备制造企业服务化水平。因此，装备制造企业在服务价值增值的过程中能够提升其全球价值链拓展能力。装备制造企业通过服务的增加，为客户提供差异化的产品，不断满足客户需求并主动挖掘客户的潜在需求，极大地增加了客户满意度和忠诚度。同时，也提高了产品的运行质量，实现了全球价值链上多环节的利润，并且给客户以不同的价值体验而形成新的品牌认同。通过产品与服务的组合及服务中隐含的知识与技能等，能够树立良好的产品及服务形象，为装备制造企业在未来的产品服务化战略推进提供有效保障。

形成产品创新与服务创新互动发展，需要装备制造企业与生产服务企业之间形成较高的关联度。关联程度不仅反映了企业与上下游企业之间的纵向配套延伸关系，还反映了在全球价值链中企业横向关联拓展关系。关联程度越强，链条越紧密，资源的配置效率也会越高。上下游企业之间进行大量的信息、物质、价值方面的交流与互换，能通过供需的推力与反推力，以及技术互通、全球网络兼容等效应，促进上下游企业的联动发展。因此，加强装备制造企业与全国、全球其他行业或企业的关联程度，有利于促进装备制造企业实施服务化战略，这主要体现在以下几个方面：

第一，通过装备制造企业与全球其他相关产业领域企业的互动，可以获得全球范围内的其他企业的技术动态与服务需求等，例如，建立 R&D 联盟，开发共性技术，方便装备制造企业调整自身的服务化战略努力方向，适应更多互动企业的技术与服务需求，为装备制造企业实施服务化战略提供有效的价值空间与市场。

第二，为了提升装备制造企业产品服务化能力，装备制造企业需要通过与全球其他产业领域企业和行业互动进行经验总结与学习，尤其是与各种生产性服务业的互动。不仅可以帮助装备制造企业进行有效的经验和技能积累，还可以为装备制造企业提供人才储备。因此，装备制造企业需要构建与其他行业或企业之间多价值维度的关联。

第三，装备制造企业产品服务化不仅要利用自身资源，同时也应当充分考虑其他企业的资源与能力，通过相互关联与合作，共同拓展市场、开发服务内容、提供装备制造企业产品服务业务，创造更多的用户价值。因此，加强关联程度是装备制造企业提升资源集成与能力整合的关键，可以通过服务能力与全球资源的链接与拓展，提升装备制造企业产品服务化的能力与水平。

形成产品创新与服务创新互动发展，需要装备制造企业具备完善的技术和知识扩散体系。技术和知识是装备制造企业能力的本质和竞争优势的来源，在全球价值链融合背景下，装备制造企业作为技术密集型企业，技术与知识是装备制造企业得以生存的核心动力。装备制造企业的技术和知识，包括在产品设计知识的集成、产品研发知识的集成、产品制造知识的集成、产品销售知识的集成、客户知识的集成等方面。将各种显性和隐性的知识及信息集成，并据此进行产品的研发设计、加工制造和销售，将会大大提高产品的有效性和智能性，实现产品附加值的增加，满足客户个性化需求，为客户提供动态的系统解决方案。因此，完善的技术和知识扩散体系，能够促进装备制造企业实施产品服务化战略。首先，完善的技术和知识扩散体系，有利于产生新的服务知识。在全球化的企业知识集成的进程中，不但能够将显性知识进行整合与集成，而且在集成的过程中能够挖掘、融入并共享行业的隐性知识，使最终所集成的产品是融显性和隐性知识为一体的智力型产品。其次，完善的技术和知识扩散体系，有利于提升客户问题解决能力。装备制造企业根据客户需求的差异性，能够从各种显性和隐性知识资源、知识服务实例中有针对性地提炼服务知识，通过对全球范围内的知识信息的收集、分析、加工、整合和创新，提供给客户有效支持其知识应用和知识创造的新的知识体系，从而个性化地为客户提供全方位、动态化的价值服务。最后，完善的技术和知识扩散体系，有利于装备制造企业整合全球资源进行研发。装备制造企业作为知识与技术密集型企业，关键零部件的研发生产是装备制造企业的核心技术，也是制约装备制造企业整机生产的关键瓶颈。装备制造企业与客户之间的隐性知识的积累，对装备制造企业的研发设计非常重要。知识集成能力的大小，意味着不同的装备制造企业拥有的技术与知识的积累程度及其运用能力的不同，企业的研发成本与研发难度也会明显不同。

形成产品创新与服务创新互动发展，需要提高装备制造业的专业化水平。大型装备制造企业，尤其是专有设备制造业和高端技术装备制造业，应该提高企业内部生产性服务业专业化水平，改变过去装备制造业“大而全”的特点，以构建创新链为主，向“大而专”发展，打造企业核心竞争力，提高专业化程度。大型装备制造业企业应专注于产业链中创造价值的高端活动，结合先进制造技术、信息技术、网络技术、人工智能技术、新材料技术、环境保护技术、新能源技术等开发应用研究，从整体上优化产业技术资源，将装备制造业和生产性服务业融合发展，逐步发展成为生产性服务业专业化水平较高的装备制造企业，提高企业核心竞争力。中小型装备制造配套企业与市场上的生产性服务业之间建立合作关系，通过优势互补、共同研发而实现生产效率的提高。政府主管部门、装备制造企业、生产性服务企业及高校和科研院所，共同建立分工明确且效率高的政产学研合作机制，有利于为中小装备制造企业建立完善的生产性服务业配套体系。中小型装备制造企业由生产单一产品的大规模和标准化生产，转变为多品种、高层次、精细化生产，满足需求多样化的生产模式，提高产品的技术含量和附加值，将极大地增强配套企业的核心竞争力。

形成产品创新与服务创新互动发展，需要降低装备制造业和生产性服务业的市场交易成本。由于生产性服务业的产品主要是知识产品和技术服务产品，这些产品具备无形性和排他性及过程感知质量等特征，所以，装备制造业和生产性服务业的市场交易对信用环境有较高的要求。我国知识产权制度体系和信用体系尚处于构建和完善的过程，知识产权保护和信用环境与条件的不足，既会增加装备制造业企业将生产性服务业外包的交易成本，也会影响装备制造企业和生产性服务企业的合作效率。因此，完善装备制造业和生产性服务业进行市场交易的制度体系和信任机制，有利于减少装备制造业和生产性服务业市场交易成本，促进装备制造业和生产性服务业的市场化融合，提高装备制造业和生产性服务业的专业化水平。由于装备制造业和生产性服务业存在空间的离散性特征，这会增加装备制造业企业和生产性服务业企业之间信息沟通和信息交换的成本，因此，装备制造业和生产性服务业应基于产业生态构建的要求向集聚化方向发展。产业集聚是现代经济发展的重要特征，是同一产业及相关产业在某个特定地理区域内趋于集中，各类产业要素在空间范围内不断汇聚的一个过程。产业的空间集聚能够扩大市场的规模，提高劳动力流动范围，有利于信息交换和技术扩散。产业集聚能够提高企业之间的外部正效应，有助于企业之间的技术外溢和信息交流，尤其能够降低装备制造业和生产性服务业由于信息不对称而产生的交易成本。人才是生产性服务业发展的关键生产要素，而装备制造业对知识和人才的需求，是生产性服务业与制造业融合发展的关键支撑。生产性服务业的核心功能便是专业提供人力资本和知识资本，将人力资本等高级生产要素嵌入到装备制造业的生产过程中，是生产性服务业能够为装备制造业提供智力资源支撑的主要方式。针对目前河南省装备制造业中专业技术人才的短缺，生产性服务业可以为装备制造业提供专门性的技术和人力服务。生产性服务业能够将社会中分散的人力资源进行有效整合，形成一个多层次的包含信息、技术、人力等多功能产品服务供应产业，将人力要素和资本要素嵌入到装备制造业生产过程之中，推动产业价值链的不断延伸，显著提高装备制造业的生产效率。

构建制造业与生产性服务业融合发展机制，必须不断地推动制造业的产品服务化进程，完善河南省生产性服务业与制造业之间的全产业链连接和融合体系，要重点完成以下工作：

一是打造具有河南省装备制造业特色的产品服务化新模式。引导和支持制造业企业延伸服务链条，生产模式从以产品制造为核心向产品、服务和整体解决方案并重转变，营销模式由提供设备向提供系统集成总承包服务转变。政府主管部门要支持企业的"互联网+"转型升级，推进个性化制造的服务和商业模式，鼓励工程机械、矿山机械、输变电等装备行业企业基于"互联网+"模式，打造优质高效的服务业务，向综合服务提供商转变。

二是培育装备制造业生产服务新业态。充分运用互联网、大数据、信息技术、云计算和人工智能，培育具有跨界融合、高效协同的新型产业服务模式，推动制造业延伸链增值。积极发展面向制造业的网络信息技术服务业，提高制造业信息应用系统的方案设计、开发和综合集成能力。

三是发展互联网平台经济。面向制造业转型升级与打造产业基地需求，建设网络协同制造、生产服务外包、大宗商品网络交易、智慧物流、互联网金融等各类专业化网络服务平台，搭建一批面向配套生产服务企业的综合性公共服务示范平台，推进制造业产业组织、商业模式、供应链、物流链在不断融合中创新，发展体验经济、平台经济、共享经济的多种实现形式。

制造业产品服务化是制造业发展到一定阶段，将服务嵌入产品，推动制造业沿"微笑曲线"向价值链两端延伸，实现对产品"质"的提高，从而提升产品附加价值。河南省先进制造业产品服务化水平仍处于初级水平，现阶段常采取的手段是提升企业的品牌价值和产品后期服务（Vandermerwe，1998）。其中，金属制品和仪器仪表制造是制造业中的两个典型代表，通过它们可以更好地理解制造业产品服务化的过程和优势。

在产业先进性方面，金属制品产业在整个制造业中所需的技术先进水平和产生的经济效益均处于中下游，但其资源节约与环境保护水平相对较高，从各个指标来看，其无论是资源消耗还是“三废”的排放上，都收到了良好的效果，属于绿色行业。但是，在产品服务化水平上，金属制品业在先进制造业各行业中最高，其中，金属制品业中批发与零售后的服务水平最高，充分说明了产品营销对该行业的促进作用。金属制品业在工业、农业及人们的日常生活中应用广泛，在未来的发展中，金属制品业应通过规范管理，以农具为主体，在促进河南省的乡村振兴战略中进一步促进产品多元化，提高产品质量，提升品牌价值，持续加快推进产品服务化进程。

与金属制品产业相似，总体而言，仪器仪表制造业在技术、经济和资源与环境三个属性上先进性水平均不高。但在产品服务化水平上，仪器仪表制造业对生产性服务化依赖度相对较高，近几年的数据分析发现，该产业的产品服务化水平达到 0.16 左右，在所有制造业子类中排名较高，其中就包括批发和零售后向服务等，说明市场的营销水平对其盈利能力有很大影响，其他细分行业服务化水平均低于 0.02。随着移动终端消费潜力的不断涌现，仪器仪表行业也会大量进军移动互联网，因此，加强仪器仪表行业与信息智能技术的结合，提升产品品质，促进仪器仪表制造业产品服务化水平，延长产业价值链，是提高其产品附加值的一条有效途径。

综上分析，制造业产品服务化能够显著增加产品的附加值，是实现制造业产品优化和价值提升的重要途径。实现制造业产品服务化，需要从以下几个方面深入思考：

一是提升企业知名度，提高企业品牌价值。有品牌价值，才能更好地促进营销，才能创造更大的市场。河南省先进制造业企业，特别是具有市场优势的大型企业，要强化品牌意识，通过自主知识产权的创造和应用来保护和提升品牌价值，通过企业产品质量和服务保障来提升品牌价值，定期总结企业及同行业企业核心优势，寻找属于企业自己特色的品牌价值（许立帆，2014），以全面改善河南省制造业目前处于产业价值链低端的不利地位。

二是扩大政府的金融支持，助力产业发展。产业与资本的融合是当下经济发展的一个重要趋势，产业需要借助资本的力量快速成长和扩张，资本同样需要产业的深度绑定与协同，实现共赢。发展产业基金则是实现产业与资本融合的重要现实路径。深化科技金融改革，首先是打造政府主导的金融控股集团公司；其次是支持培育和发展市场化的集基金、担保等多元化为一体的科技金融服务机构。这两个路径的融合，能够发挥政策引导和政府资金的撬动作用，引导和撬动社会资本参与，形成政府引导产业基金，增强政府调控能力，极大地支持河南省制造业“稳增长、调结构”。

三是完善金融综合服务管理平台，引导社会资本设立市场化的产业基金，实现专业化运营。加强社会资本与河南省优势产业的融合，面向传统优势产业和战略性新兴产业设立产业基金，需要从省级层面建立和健全具有结构化强大功能的综合金融服务管理平台，基于河南省产业的发展需求，通过政策引导和促进科技金融服务的规范化、专业化发展，从而有效促进制造业产业转型升级，筑牢河南省产业振兴发展的基石。

5.3.2 形成创新成果知识产权化、知识产权商业化的价值开发形态

装备制造企业创新成果要实现其价值，需要通过知识产权化和知识产权商业化等多种实体性和非实体形式来实现。形成创新成果知识产权化，最主要的动力是保障科技创新所形成的核心技术，能够实实在在成为企业竞争优势的源泉。当今世界经济的发展越来越依赖于科学技术的进步，科技创新形成的知识产权成为企业乃至区域、国家竞争的关键资源和发展的核心要素。在全球竞争的背景下，技术及知识产品的特性决定了国家和企业必须建立健全知识产权制度，并通过这种制度维护其竞争优势。正是有赖于知识产权制度的建立和完善，创新技术和产品才能在全球范围内正常流转，并使知识产权的权属人获得高额的回报。从这个意义上讲，科学技术的竞争归根结底表现为知识产权的竞争。实施科技成果知识产权化，是科技创新成果形成企业经营资源的重要途径。企业在科技创新中形成的成果不一定都与企业当下的

业务密切相关，做好科技成果知识产权化，可通过技术贸易、许可等手段，成为企业重要的经营资源，为企业创造可观的经济效益。发达国家跨国公司在这一方面为我们做了榜样。科研人员的成果若要获得专利权，必须经国家专利主管部门依法进行审查。凡授予专利权的发明必须符合“三性”（新颖性、创造性、实用性）要求。因此，科研人员科技成果的知识产权化，其确权的审查实质是将技术的评鉴法制化，而且这种方式又为国际所公认。实施科技成果知识产权化，是企业参与国际、国内竞争的重要手段和途径。发达国家的跨国公司在知识产权方面已经远远走到了我们前面，他们建立了完整的知识产权体系并借此获得了高额的利润，知识产权成为企业参与全球竞争的重要工具。河南省装备制造业企业做好创新成果知识产权化，可从以下几个方面着手：

第一，努力营造科技成果知识产权化的文化氛围。专利法实施30多年来，河南省知识产权工作虽然取得了很大的进展，但还存在许多问题。目前的问题主要体现在知识产权对创新的激励不够，企业的自主创新成果少、企业知识产权应用差、知识产权的管理散、知识产权的保护弱。企业管理者必须大力加强知识产权工作在企业价值创造中的重要地位，积极推动企业全员开展自主创新活动，以科技成果知识产权化来保障、发展企业的核心竞争力。

第二，开展知识产权的制度建设。建立健全企业的知识产权管理制度和规范，是增强企业知识产权创造、应用、保护能力的基础。一是企业要制定和完善相关的规章制度并组织实施，重点做好科技成果的保护工作。企业自主创新成果作为企业自身的无形资产，必须使自主创新与知识产权创造保持同步，技术研发进行到哪个环节，知识产权确权的保护和管理工作就要跟进到哪个环节。二是企业要通过构建有效的激励机制，确保企业技术研发成果及时获得制度的保护，对创新产生强大的激励作用，促进从决策层到全体员工都积极行动起来，推动企业包括专利、商标、软件著作权等在内的知识产权的创造、保护、运用和管理工作走上规范化、制度化和全流程化。通过建立激励机制，鼓励企业的科研人员积极将科技成果知识产权化，并作为考核工作绩效的一项重要标准，将科研人员的个人利益与其所创造的知识产权挂钩。良好的制度会促进形成科研成果、知识产权和个人利益相互推动、共同提高的良性循环局面。三是适时制定企业知识产权战略，并将其与企业的经营战略等其他战略有机结合，为企业长期、持续提升核心竞争力提供重要支撑。

持续推进企业知识产权的商业化，提升企业知识产权的交易和质押融资等环节的效率，政府有关部门要重点开展以下工作：

一是不断完善、优化技术市场。技术市场是重要的生产要素市场，是我国现代市场体系和国家创新体系的重要组成，是各类技术交易场所、服务机构和技术商品生产、交换、流通关系的总和。知识产权必须通过技术市场实现其商业化。明确技术市场在推进知识产权商业化过程中的总体要求，要以习近平新时代中国特色社会主义思想为指导，坚持深化改革、优化环境，坚持拓展功能、提升服务，坚持规范行为、加强监管，坚持引领发展、要素融通，着力构建技术交易网络，着力提升专业化服务功能，着力优化制度环境，着力加强监管服务，加快形成以专业化服务为支撑、资金为纽带、政策为保障的现代技术市场，推动科技成果转移转化，促进科技与经济社会融通发展。“十三五”末期，河南省要初步形成适应知识产权商业化的技术市场体系，持续扩大服务体系和市场规模；培育一批具有示范带动作用的知识产权交易示范机构、一大批深入市场的一般化知识产权教育服务示范机构，培养一大批知识产权运营服务的高级专业人才。

二是优化知识产权、专业技术商业化布局。聚焦“三区一群”战略和各地区、重点行业的建设要求，发展各具特色、层次多元的知识产权商业化市场和公共服务平台。建设枢纽型知识产权交易市场，使之成为全国知识产权交易、转化、应用网络重要节点。完善河南省的区域性知识产权商业化市场，推动科技成果服务地方经济社会的发展。着力推进创新重点领域知识产权商业化市场的发展，充分整合省内外服务资源，结合“一带一路”中河南省的定位和河南省自贸区建设目标，构建国际化的知识产权开放服务平台，大力引进与河南省装备制造业重点领域关联度高的国际知识产权服务机构，加强国内外专业化知识产权服务机构的落地和集聚发展。

三是提升知识产权商业化市场、平台的服务功能和发展水平。推进聚集高等学校、科研院所、企业、投资人、技术市场服务机构等各类主体的郑州知识产权服务业发展集聚区建设，重点发展为知识产权交易双方提供知识产权、法律咨询、技术评价、中试孵化、招标拍卖等综合配套服务，将河南省建成中西部枢纽型知识产权商业化市场。推广知识产权、科技成果商业化、市场化定价机制，健全相关内容的评价体系，通过市场发现价值。探索市场商业化机制，推动知识产权市场与资本市场联动发展。

四是推动知识产权市场服务机构市场化、专业化发展。采用市场化运营机制，结合河南省装备制造业的重点领域，大力发展一批市场化的知识产权商业化服务机构，促进开展原始创新的主机企业与配套企业之间、基于增量资源的实验型创新企业与存量资源的经验型企业、企业与高校、科研院所之间知识产权的交易与转化。整合知识产权披露、保护、转让、许可、作价投资入股和无形资产管理等相关职能，以产业集聚区为依托建立专业化运营团队，形成有效的市场化运营机制。加强知识产权商业化服务机构人员的激励与保障，形成全链条的科技成果转化管理和服务体系。

五是发展壮大知识产权商业化服务人才队伍。加快培养一批技术转移经理人、知识产权经纪人，并将其纳入省、市专业人才培养体系。建设一批具有各自特色的知识产权人才培养基地。鼓励省内高等学校设立知识产权商业化相关专业，培养大批知识产权商业化的专业化人才。

六是不断创新知识产权商业化服务模式。发展线上线下相融合的新型知识产权交易市场、平台和服务机构，应用大数据、云计算等先进技术，开展专利检索、专利评估、专利定价、专利需求预测等服务，通过开展“众创”等活动为企业需求提供精准对接。依法合规开展知识产权和技术成果在线撮合与交易，推动知识产权商业化服务机构为产权交易双方，尤其是主机企业与配套企业、配套企业之间提供资金支付和担保等服务，强化知识商业化过程中信用和利益保障，营造公平公正、安全有序的网上商业化环境。发展知识产权质押融资，完善知识产权质物处置机制，加强知识产权评估、登记、托管、流转服务能力建设。支持绿色技术转移转化平台建设，强化科技与金融结合，加快绿色科技成果转移转化和产业化。

七是规范知识产权商业化服务，完善相关政策体系。在贯彻《技术转移服务规范》国家标准基础上，充分利用河南省装备制造行业中知识产权运用的特点，优化产权商业化服务流程，制定河南省知识产权商业化的相关地方标准，提升服务质量和服务效率。完善知识产权商业化服务中的管理条例和配套政策，加大支持相关平台及其服务机构发展的政策力度。

八是加强知识产权商业化过程中组织保障和政策导向。在行政体制改革的过程中，要充分发挥知识产权相关管理部门的作用，强化其管理和服务职能，结合河南省装备制造业的转型升级需求，明确知识产权商业化的优先次序和政策引导，发挥装备制造业知识产权的商业化在促进产业转型升级中不可替代的积极作用。

6 本课题的研究结果及相关的政策建议

本课题围绕河南省装备制造业为什么要进行产业转型、为什么要依靠科技创新进行转型发展，以及如何依靠科技创新实现转型发展这个逻辑主线展开全面深入的研究。经过前面五章的梳理和分析，初步得出以下研究结论，本课题根据这些研究结论提出了科技创新促进河南省装备制造业转型发展的相关政策建议。

6.1 本课题的主要研究结论

本课题根据河南省装备制造业为什么要进行产业转型、为什么要依靠科技创新进行转型发展，以及如何依靠科技创新实现转型发展这几个关键问题的研究分析并给予初步回答，得出本课题的主要研究结论。

6.1.1 河南省装备制造业转型发展的原因

河南省制造业大而不强、集中度低，近十几年来与国内发达地区省份的创新实力差距越来越大，不转型发展，其生存空间就会越来越小。

河南省制造业经过新中国成立初期和改革开放40年来的发展，已经建立了相对完整的产业体系，工业规模居全国第五位。进入21世纪以来，河南省装备制造业实现了长足的发展，已经成为河南省制造业的主力军；但产业大而不强、集中度低，进入全国装备制造业百强的企业数量过少，产业整体的科技创新能力相对薄弱，最近十几年来与国内发达地区省份的创新实力差距越来越大。依靠传统的规模扩张方式，已经受到资源和环境的严格限制，不可能通过规模扩张来缩小这种日益拉大的差距。研究结果显示，近年来河南省制造业固定资产投资对工业增加值及全省 GDP 的正向影响开始出现下降趋势，2003—2016 年，河南省专利的有效量低于全国平均水平，且 2006 年以来与国内发达地区的差距明显拉大。与此形成鲜明对比的是，河南省装备制造业重点领域的一些龙头企业，经过多年来的不断转型升级，实现了跨越式的发展,确立了在国内乃至国际市场上的竞争优势和重点领域的引领地位。因此，河南省制造业尤其是装备制造业，在进入经济新常态的时代背景下，不转型发展其生存空间就会越来越小。

装备制造业是河南省经济发展的主要动力源，不加快推进产业的转型发展，就会对河南省经济的发展产生影响。

根据欧洲、美国、日本等发达国家产业发展演进的历史显示，推动产业转型升级一直都是这些国家促进经济社会发展的国家战略。“十三五”是全面建成小康社会的关键时期，产业的转型升级是河南省建设先进制造业强省、全面建成小康社会、让中原更加出彩的基础性支撑。然而，河南省的产业体系面临着中低端产业重复建设、中低端产品供给严重过剩、高端产品不足等诸多困境，直接造成河南省经济持续发展动力不足。装备制造业作为河南省推动经济发展的支柱产业，其在主营业务收入、工业增加值、企业数量和从业人员数量等方面的指标占全省工业的比重达到五分之一，是河南省第一个产值过万亿元的产业，是河南省经济发展的主要动力源。河南省大力推进的“三区一群”建设，是中央赋予河南省实施的国家战略任务。习近平总书记在河南省考察时强调，希望河南省加快转变经济发展方式、提高经济整体素质及竞争力，并提出了以强化基础能力建设为主导推进培育新优势的发展理念。以装备制造业为代表的河南制造业支柱产业，不加快推进产业的转型发展，就会辜负党中央对河南的期望，就会错失新一轮改革开放带来的难得历史机遇，就会拖累河南经济的发展，就会影响河南人民群众追求美好生活的愿望；因此，装备制造业转型升级刻不容缓。

6.1.2 河南省装备制造业依靠科技创新转型发展的原因

河南省装备制造业的龙头和骨干企业创新发展的实践表明，依靠科技创新、拥有核心技术支撑，企业才能拥有强大的市场竞争优势。

市场需求拉动、技术创新推动是被国内外大量理论研究和实践证明过的经济发展的两个主要的驱动力。而科技创新是产业转型升级的主动力，欧洲、美国、日本等发达国家在推进本国产业转型升级时，都将掌握产业核心技术定位为制造业创新发展的国家战略目标，政府通过政策引导、财税支持产业技术创新，合理控制引进国外先进技术和培育国内自主的技术创新能力之间的平衡，成功促进了本国企业自主创新。我国发达地区及河南省装备制造业一些龙头和骨干企业的创新发展实践也表明，依靠科技创新、掌握产业核心技术，企业才能够拥有强大的市场竞争优势，才能实现高质量、高效率、可持续地发展。

河南省万元工业增加值能耗远高于东部地区，也高于全国平均水平，而发明专利有效量多年来低于全国平均水平，这与全国经济总量第五的地位非常不符，不依靠科技创新，河南省就难以获得高质量发展。

进入 21 世纪以来，代表产业技术水平的河南省发明专利有效量一直低于全国平均水平，1985—2017 年河南省装备制造业专利量仅为全国总量的 2.6%。2016 年，河南省规模以上企业研发经费支出虽较往年有显著提升，但仍低于全国平均水平，且低于中部地区的湖北、湖南和安徽等省。虽然经过多年的不懈努力，2015 年，河南省万元工业增加值能耗已经下降到 1.24 吨标准煤，却仍然远高于上海、广东等国内先进地区，也高于全国平均水平。与国内发达地区相比，河南省的创新发展步伐明显滞后，差距在明显扩大，这与全国经济总量第五、中部地区第一位的地位非常不符，不依靠科技创新全面改善经济增长模式，河南就难以获得高质量的发展。

河南省装备制造业产业规模较大，但集中度较低，没有科技实力支撑，缺乏区域市场化的、协调配套的装备制造业产业链。因此，河南省制造业难以占据国内和国际市场的竞争优势地位，必须加快科技创新的发展步伐。

目前，河南省装备制造业仍然缺乏集研发、生产、服务于一体的多功能成套大型企业；围绕大型企业的中小企业集群还没有发育完善，原材料供应、零部件生产供应等相关产业发展不足、整体技术水平较低，尚未形成区域市场化的、协调配套的装备制造业产业链。2017 年，全国 175 家制造业单项冠军示范企业中,河南省只有 7 家企业上榜;2018 年的中国制造业 500 强榜单中，河南省只有 14 家企业上榜。没有科技实力支撑，企业难以做大做强；不通过科技进步，河南省的制造业难以占据国内和国际市场的竞争优势地位，必须加快科技创新的发展步伐。

6.1.3 河南省装备制造业如何依靠科技创新转型发展

河南省制造业，尤其是装备制造业，要遵循“引进消化吸收再创新—集成创新—原始创新”的演进路径，在市场需求拉动和技术推动的交互作用下，加快推进产业转型升级。

改革开放 40 年来，河南省制造业，尤其是装备制造业产业发展演进的历程显示，河南省制造业由模仿、跟随到重点产业领域引领的三个阶段产业转型升级，体现了其背后的技术进步沿着“引进消化吸收再创新—集成创新—原始创新”能力不断跃升的特征，也深刻地体现出制造业在市场需求拉动和技术推动的交互作用下，稳步迈向高质量发展的产业跃升之路的明显特征。河南省制造业的发展模式，也由政府战略规划下的低成本要素驱动模式、市场主体投资驱动模式，开始逐步向创新驱动发展模式转变。

通过引进并消化吸收国际先进技术，建立较高的技术起点，并依托产学研合作机制，快速提升对相关先进技术的集成能力，进而在关键领域实现原始创新，是河南省制造业龙头企业相似的成功模式。

河南省装备制造业各产业领域的龙头企业，都通过引进国际知名企业的先进装备及其配套技术，认认真真在“干中学”，都在较短时间内掌握了所引进的产品设计和制造技术，消化吸收了相关的技术知识和经验，借助产学研合作的支撑来集成国内外的相关先进技术，设计和制造在市场上具有较强竞争优势的产品，取得了显著的创新绩效。随着在相关产业领域技术能力的不断提升，龙头企业立足不断扩展的市场需求，持续研发出具有原创性的产品及其制造技术，实现了创新跨越，走上了高质量发展的道路，对河南省制造业具有良好的示范作用。

河南省制造业固定资产投资与产业的专利技术之间存在着明显的交互作用，对河南省经济的发展和产业价值的提升发挥了显著的促进作用。

河南省装备制造业通过制造业固定资产投资，尤其是通过引进国外直接投资，在促进产业技术进步的同时，也推动了产业整体创新能力的提升。制造业固定资产投资和产业累积的自主研发的专利技术，都对河南省国内生产总值及工业增加值的提高作出积极的贡献。河南省制造业固定资产投资和自主研发的专利技术之间存在着明显的交互作用，并对河南省经济的发展和产业价值的提升发挥了显著的促进作用。加大对装备制造业企业的先进装备投资和生产技术的改造，构建一体化的产业创新链，非常有利于产业的转型升级和企业的提质增效。

构建和有效运行产学研协同创新机制，是促进河南省制造业企业技术吸收能力和集成创新能力快速提升的基本途径。

产学研合作是河南省制造业，特别是装备制造业转型发展和创新能力持续提升的重要支撑，搭建各级各类产学研协同创新平台、依托制造业重大科技专项和产业重大工程建设项目，构建和有效运行产学研协同创新机制，是促进企业技术吸收能力和集成创新能力快速提升的基本途径。政府持续的政策支持，尤其是对产业科技创新重大专项的支持，是河南省装备制造业企业培育原始创新能力、成功研发核心技术的重要保障，也是汇聚产学研力量并开展深度合作，推进协同创新出大成果，进而获得重大经济效益的重要抓手。

装备制造业配套企业，通过产学研合作充分利用包括国内外存量的专利技术资源在内的冗余技术资源，大力开展“存量型”研发创新活动，能够有效提高研发效率、降低研发成本和研发风险、加快提升自身的技术创新能力。中小型装备制造业配套企业，积极参与产业领域龙头企业主导的产业创新链的构建，通过参与龙头骨干企业牵头组建的产业技术创新战略联盟和协同创新平台及其技术创新活动，能够有效地分享先进技术研发和实施经验、提高产品制造的质量和水平，在产业创新链和产业链融合发展的过程中快速实现转型升级。

6.2 河南省建设中西部科技创新高地的政策需求

近年来，河南省委省政府把科技创新摆到了前所未有的重要位置，提出按照“第一动力”“第一生产力”“第一资源”的要求推动科技创新。中共河南省第十次党代会明确提出把创新摆在发展全局的核心位置，奋力建设中西部地区科技创新高地的战略目标。郑洛新国家自主创新示范区是党中央、国务院赋予河南省的重大战略任务。河南省建设中西部地区科技创新高地，需要聚焦郑洛新自主创新示范区建设的战略要求，深刻认识中西部地区科技创新高地的内涵，真正发挥制造企业，尤其是装备制造企业在河南省自主创新体系中的支撑地位和主导作用。

6.2.1 中西部地区科技创新高地的内涵及国家战略赋予的责任

党的十九大报告指出，创新是引领发展的第一动力，是建设现代化经济体系的战略支撑；建设中西部地区科技创新高地，是河南省委省政府落实中央创新驱动发展战略，发挥郑洛新自主创新示范区在国家全局中的重要功能的一个重要的实现形式，也是更好地促进河南省产业转型发展、“中原更加出彩”的一个牵引性的重大战略性的任务。

按照创新理论的鼻祖熊彼特的定义，创新是在经济系统引入一个新的生产函数，这个新的生产函数是由一个新引入的生产要素与原有生产体系中存量要素建立新的组合来实现的，这个新的生产函数能够显著地改变经济体系的产出质量和产出效益。因此，创新必然涉及新的技术要素的引入并导致产业内部人、财、物的汇聚和重新配置，一句话，需要根据发展目标建立有效的新型人、财、物之间的价值关联。

“科技创新高地”是一个区域发展概念。从投入侧看，其能够汇聚包括高新技术和高端人才在内的人、财、物等大量的创新要素；从供给侧看，其通过科技创新能够产生大量新知识、新发明、新技术、新产品以及新的市场竞争力等；从地区整体的发展看，其能够形成高质量科技供给能力并产出结构化的科技成果，为推动地区和行业高质量发展和建设现代化经济体系提供战略支撑。就河南省经济目前的实际发展状态来看，建设“中西部地区科技创新高地”，就是要把郑洛新自主创新示范区作为河南创新驱动的核心载体，统筹推进郑州航空港经济综合试验区、河南自贸区、中原城市群，以及承载河南经济发展重任的产业集聚区和服务业“双区”等各类重要发展载体的体系化建设，全力推动河南成为中西部地区的“开放创新先导区、技术转移集聚区、转型升级引领区和创新创业生态区”，形成具有国际竞争力的“中原创新创业中心”。通过科技创新高地建设，在经济进入新常态的过程中，为河南省的经济发展提供新的增长空间，构建产业转型升级的基础支撑和引领高质量发展的核心动力。

打造中西部科技创新高地，一是要建立适应河南省创新发展需要的政策高地，其中，最紧迫的是深化科技体制改革，破除产学研各类创新主体在开展协同创新的过程中面临的各种规制性障碍，切实解决影响企业真正成为核心的创新主体并自主开展创新活动的积极性和创造性发挥的各种症结问题，这是不断拓展河南省装备制造业企业创新发展路径的前提条件。二是要构建有利于河南省核心创新主体——创新型企业的成长高地。目前，河南省 73.5% 的研发人员集中在企业，84.7% 的研发投入来源于企业，87.2% 的省级及以上研发平台设立在企业。全面提升企业创新能力、培育更多的创新型企业，是河南省建设中西部地区科技创新高地的最重要任务。三是要打造创新资源和创新能力汇聚和迸发活力的协同创新高地。河南省的科教资源相对匮乏，引导国内外高素质专业技术人才、科技创新平台等各类创新要素向河南省的产业集聚、各种科技公共服务功能与企业创新链对接，通过制度创新进一步激发企业的创新活力，是夯实河南省创新发展基础、促进产业转型升级的必要条件。四是要打造创新链和产业链互动发展的产业成长高地。这是改变目前河南省产业装备制造业集中度低、中小企业占比较高、产业整体技术水平落后，不能有效发挥产业链价值放大的乘数效应和产业链内部的分工网络效应的必然要求，也是河南省依靠科技创新促进产业转型升级的必然要求。五是要打造对外双向交流与互动合作的高地。这是实现河南省委省政府提出的开放引领战略和创新驱动战略并举的必然要求，也是河南省的产业，特别是制造业充分利用国际和国内两种资源、两个市场，实现高质量、引领型发展、“让中原更加出彩”的重要舞台和广阔的价值释放空间。

建设好以上五大高地，不仅能够显著提升河南省的经济和产业的发展质量和效益水平；而且，河南省建成“中西部地区科技创新高地”还对中西部地区经济和社会的健康发展，乃至国家的全局性战略目标的实现发挥不可替代的、强有力的支撑和示范作用。

6.2.2 建设中西部产业科技创新高地应明确的主要政策目标和任务

目前，中西部不少省份的党委和政府提出了把本省建设成为中西部科技创新高地或创新驱动先行省等类似的战略目标，例如，甘肃省最近一次的党代会提出，要努力把甘肃打造成为西部地区创新驱动发展新高地，陕西省早在 2012 年就提出了建设西部创新高地的发展目标，四川省提出建设国家创新驱动发展先行省。与这几个省份相比，河南省的科教基础略显薄弱，从国家前不久确立的建设“双一流”大学的情况看，甘肃省有兰州大学，陕西省有西安交通大学、西北工业大学和西北农林科技大学，四川省有四川大学和电子科技大学，河南省只有一所郑州大学。国内一些知名学者认为，河南省强化科技创新需要因地制宜地制定政策，要明确具体在哪些领域、哪些方向打造创新的制高点。从单一的维度来看，河南省的优势并不特别明显，甚至略显不足，但在综合优势中却可能是处于中西部领先地位的。有学者通过综合分析发现，2015 年，中西部建设科技创新高地适宜性最高的五个省区从高到低依次为河南省、湖北省、安徽省、四川省和湖南省。因此，河南省应通过系统的政策制定和实施，在持续促进规模以上企业创新能力提升的基础上，将科技创新的重点放在综合优势的维护和强化上，首先要维护和强化产业创新发展的综合优势。从产业转型发展的角度来看，打造装备制造业的综合优势，需要走以龙头企业的创新突破为引领，以产业骨干企业及其产业配套为支撑，以产学研协同创新为特色，以引进技术与自主创新并举的产业转型发展之路。

科技创新的核心主体是创新型人才，保持河南省装备制造业创新发展综合优势的政策目标，首要任务是聚焦创新型、复合型人才。从河南省过去发展的经验来看，促进产业的高质量发展，首先要面向科技创新主体，放开搞活，释放创新主体的活力和创造力。河南省目前每万人从事科技活动人员只有 34 人，仅相当于全国平均水平的 54%，创新人才总量严重不足。要形成并不断增强河南装备制造业的人才优势，必须坚持不求所有、不求所在、但求所用的理念，多种渠道、多种模式汇聚产业发展急需的国内外创新型复合型人才。创新离不开资源的配置，要充分依靠市场导向和政策激励的驱动作用，持续引导和扶持装备制造业企业家群体，让他们敢创新、能创新、会创新。一线技能型人才是实施创新技术并达到预期目标的重要支撑力量，要持续支持对装备制造业企业员工的创新方法和创新技能培训，促使员工想创新、会创新、创成新，不断提升制造过程的质量和水平。因此，人才政策的主线，就是将汇聚各类创新人才、培养和使用各类创新人才的环节性政策融为一体，以人才是否愿意来河南省发挥作用？是否能够在河南产业发挥作用？是否能够在河南的企业发挥超常作用？来评价装备制造业人才政策的供给质量以及人才政策实施的绩效。

科技创新的支撑是研究平台，保持河南装备制造业创新发展综合优势、促进人才发挥作用，还需要搭建创新型、复合型人才施展才华的“舞台”——各级各类科研平台。要通过搭建大平台汇聚结构化的大团队，借助实施重大科研项目来整合国内外优秀人才，为河南省装备制造业创新发展贡献力量，这是现阶段河南省提升科技创新实力的基本途径。创新不仅具有外部性和溢出效应，而且重大科技创新工程投入大、周期长、风险高，政府作为战略规划制定和引导及推动实施的主体，应充分发挥政策导向、发展引领、成果保护和制度激励的作用，尽可能地帮助作为创新主体的企业承担主要的风险和成本。为此，各地政府要从构建科技创新载体的政策体系和实施机制入手，把产业的重大创新列入公共服务平台建设的范畴，以产业关键技术的研发作为目标、以重大科技专项和重大产业工程建设项目作为突破口，以企业创新能力的提升为根本，通过强化支持的力度和持续支持的决心，将创新团队、创新项目和创新平台紧密地结合起来，打造河南省装备制造业产业技术的综合优势。

选择重点优势领域作为创新突破方向，以创新优势带动产业发展，加快科技成果向产业的现实生产力转化，是持续保持河南省装备制造业创新发展综合优势的主要条件和竞争的软实力，也是装备制造业快速实现转型升级、打造中西部地区科技创新高地的有效路径。因此，河南省装备制造业要下大力气，组织国内外的高端智库和专家学者，梳理装备制造业重点发展领域和未来的技术发展方向，充分发挥国家知识产权局专利局专利审查协作河南中心的重要作用，牵头研究和编制装备制造业知识产权导航路线图，组织各方面的专家制定重点产业领域的发展规划，引导行业的创新发展。与此同时，在产业技术正面清单和负面清单等产业规制文件许可的范围内，要坚持放宽政策、放开市场、激活人才，鼓励行业和企业既要瞄准国际市场的高端需求，研发"顶天"水平的具有原创性的主机产品，也要集中优势研发资源潜心开发与高端装备主机及成套设备配套的"立地"的高质量、高可靠性的配套产品和零部件，切实推动河南省装备制造业"大众创业、万众创新"活动呈现出"顶天立地""铺天盖地"的良好发展局面，凸显河南技术与市场的综合优势，支撑具有国际竞争力的"中原创新创业中心"建设。

为了实现以上政策目标，持续增强装备制造业创新发展的综合优势，还要坚持问题导向、聚焦关键环节，明确主要工作任务，为推动装备制造业不断实现新突破创造良好的条件。

一是要面向"一带一路"沿线国家和地区进一步扩大开放，努力引进和培育一批高科技项目、高水平创新平台和高层次创新人才，集聚国内外的优质创新资源。全省各地各级政府要积极筹备开展系列的科教项目引进活动，进一步加强与国内外一流大学和科研机构建立实质性的战略性科技合作，围绕装备制造业重点产业领域的技术需求，落地一批产学研协同创新研发机构，引进和实施一批具有国际先进水平的技术成果和合作项目，为追踪国际前沿技术开辟通道。

二是学习经济和科技发达地区的成功经验，积极引导和促进金融机构对科技创新的投入，通过提高财政科技投入占比，构建重大科技成果转化引导基金，鼓励社会资本、金融机构跟进参与，积极推进知识产权质押融资和现阶段知识产权证券化的有效实现形式，创新科技金融市场化运行的机制和模式，让金融业市场主体发挥对科技创新投入的积极作用。

三是出台支持河南省高校、科研院所的专业技术人员到重点产业和战略性新兴产业的企业兼职和挂职的政策，政府采取奖补措施，鼓励专业水准较高的技术和管理专家到装备制造业重点产业领域的创新平台实现“多点执业”，充分发挥人才的专业知识、经验和潜在的创造力，让河南省装备制造业享受“人才红利”。

6.3 促进河南省装备制造业“强起来”实现高质量发展的政策建议

一项技术突破可以造就一个产业，为经济发展提供一个强劲增长点。中铁装备在隧道掘进机研发制造领域的突破、中信重工在重型装备制造领域的突破、宇通客车在新能源客车技术上的突破、许继集团在特高压输变电装备的突破等，已经成为近年来推动河南省产业转型升级的强大创新能量。为了促进越来越多的装备制造业企业不断增强自身的原始性创新能力，推进河南省装备制造业实现引领性发展，必须大力推进河南省装备制造业整体“强起来”，尤其是大力提升广大中小型制造企业的创新能力，根据本课题的研究结果，特提出以下政策建议：

6.3.1 要保持制造业固定资产投资对工业增加值的正向影响

长期以来，河南省制造业固定资产投资对工业增加值和全省 GDP 都具有正向的积极作用。河南省要保持经济的持续、稳定、健康的发展，需要继续发挥制造业固定资产投资的积极作用，并在固定资产投资方向、投资重点和投资效果等实现升级，具体地讲：

一是省市各级政府部门要支持制造业骨干企业及主要配套企业，积极引进国内外先进装备和制造工艺，提升产业整体的制造质量和水平，并基于产学研合作快速消化、吸收先进制造技术，尤其是智能制造技术、互联网技术等，促进产业转型升级。

二是推进制造业的中小企业积极参与构建产学研协同创新平台，利用各级政府的产业技术改造项目及资金，整合省内外优质创新资源，在引进技术消化、吸收的基础上实现再创新，产出一系列具有自主知识产权的产品设计和制造工艺，在特色产业领域逐步形成具有一定市场竞争优势的创新能力，支撑河南省制造业由大变强。

三是依托产业的龙头企业，积极参与构建各类产业技术创新战略联盟，使广大制造业中小企业将自身的技术创新和发展与产业领域的主导技术的创新发展紧密地结合起来，促进产业的创新链与产业链、资金链、人才链与政策链深度融合，壮大相关产业在国内外市场的竞争优势，使制造业在河南省进入新时代后继续发挥高质量发展的动力和引擎作用。

6.3.2 要重视产业发展的顶层设计促进技术创新与制度创新相融合

在“中国制造 2025”战略的指引下，全国各省市都高度重视实体经济的发展，尤其重视制造业的创新发展。在这种全国制造业大发展的态势下，河南省制造业要实现高质量、引领型发展，第一，需要省政府有关部门之间加强协同，围绕“中国制造 2025 河南行动纲要”确定的重点发展的产业目标，立足本省不同产业领域发展的阶段性特征，以及在全国相关产业的市场地位，强化顶层设计，制定重点产业领域、重点产业园区的技术发展路线图，明确技术发展正面清单、负面清单，精准引导产业技术创新发展的节奏，合理控制引进国外先进技术和培育本地产业及企业的自主的技术创新能力之间的平衡，促进本地产业及企业构建有效的自主创新体系和技术创新能力，逐步实现由模仿创新向全面自主创新转变。第二，通过全省产业技术改造工程，对标上海、广东等东部先进地区产业绿色发展指标，按照全省各地区产业结构化发展的演进关系，支持第三方编制地区产业创新发展绩效评价指标体系，动态监测各地相关产业技术创新发展态势，按照组织化与市场化相结合的推进机制，显著提高河南省装备制造业的有效专利拥有量和万人发明专利的拥有量，大幅度降低万元工业增加值能耗，力争在“十三五”末期重点指标达到全国平均水平。第三，省市各级政府部门在推进全省各地区制造业创新发展的过程中，不仅要重视产业和企业的技术创新，还要重视产业和企业的制度创新，在微观层面实现技术创新与制度创新融合互动，相得益彰。通过制度创新激活产业内外部创新要素的价值潜力，激发企业开展技术创新的动力和科技人员的创造力，快速提升产业的自主创新能力，并切实保障技术创新成果及其收益在相关利益者之间得到合理分配。

6.3.3 要积极探索资产重组与知识产权运营相融合的多种实现形式

要有效地改变河南省制造业，尤其是装备制造业产业集中度低、产业配套能力不强、技术创新能力普遍薄弱的状态，需要大力推进产业的主机企业与配套企业之间构建产权纽带和技术关联，通过强化产业的创新链与产业链之间的融合发展，促进产业的转型升级。

一是省市各级政府要大力实施制造业战略性新兴产业集群建设工程，通过组织化与市场化相结合的运作机制，鼓励探索产权重组与产业内部知识产权运营相融合的多种产业组织实现形式，促进装备制造业加快形成一批集研发、生产、服务于一体的多功能成套大型企业，以及围绕装备制造大型集团的创新链，通过政策引导形成区域性的原材料供应、零部件生产供应相融合的相关产业高质量发展、协调配套的装备制造业产业链。

二是针对河南省制造业中小企业数量巨大、技术创新能力整体薄弱的现状，河南省各级政府部门要通过制造业产业技术改造工程，大力推进全省制造业中小企业，通过构建产学研合作机制，尤其是强化与国家知识产权局专利局专利审查协作河南中心等省内外知名的技术转化和知识产权服务机构的合作，充分利用包括国内外存量的专利技术资源在内的各类冗余技术资源，促进中小制造企业基于“大众创业、万众创新”活动，广泛利用国内外“存量”的技术资源开展研发活动，有效提高研发效率、降低研发成本和研发风险、加快提升自身的技术创新能力。

三是要充分发挥郑洛新自主创新示范区的产业增长极的功能和引领作用，在郑州市和洛阳市深度挖掘“三区一群”的政策优势，充分释放郑州和洛阳部分产业集群“五区叠加”的政策效应，在优势特色产业集群率先探索依托产业领域龙头骨干企业集团的知识产权运营主导、产业链企业之间资产兼并重组为支撑的重点产业领域创新链与产业链融合发展试点示范，培育一批产业单项全国冠军企业集团和在国际和国内市场具有较强市场竞争力的产业集群，带动全省装备制造业实现转型升级。

6.4　促进河南省装备制造业“走出去”实现引领性发展的政策建议

河南省装备制造业等优势产业要实现引领性发展，带动全省相关产业创新能力的全面提升，必须不断扩展市场范围，有计划、有步骤地“走出去”参加国际市场的竞争，在竞争的过程中有效地利用国内和国际两种资源实施创新驱动战略，根据本课题的研究结果，特提出以下政策建议：

6.4.1　充分发挥政府在开放战略和创新驱动战略融合发展的引导作用

当前，我国中央政府正在全面推进中国—中东欧合作计划，国务院有关部门正在积极落实《中国—中东欧国家合作中期规划》和《中国—中东欧国家合作布达佩斯纲要》确定的路线图，稳步推进互联互通重大项目与经贸合作园区建设，积极打造产能合作新平台，促进贸易投资双增长，不断扩大双方在科技、教育、服务等领域合作。河南省是“一带一路”建设的核心腹地，积极推动河南省装备制造业参与中国与中东欧“16+1”合作，有利于推进河南省对外开放新局面。

省政府要加强“走出去”的顶层设计和政策指导，搭建服务“走出去”的综合服务平台，有效地支撑河南省装备制造业龙头和骨干企业、相关高校和科研机构，以及服务装备制造业科技创新的各类中介机构与中东欧欧盟成员国相关企业、高校、科研机构及服务机构的合作，并根据发展需求设置重大合作项目，鼓励河南省装备制造业优势企业到中东欧有关国家投资经营，以更好地进入欧洲高端市场。

重视推进与中东欧非欧盟国家及非欧元区国家的合作，例如，与非欧元区的捷克共和国的装备制造相关产业进行互补性的合作。这些国家目前经济发展水平在欧盟相对较低、财政支撑能力有限，且不受欧盟贸易、投资及金融相关政策限制，因而合作门槛低、空间大、机会多、互补性更大，更容易达成互惠性更强的合作。

捷克共和国属于前东欧阵营，以往的产业结构与河南省产业结构相似，加入欧盟之后，受原西欧国家高端化产业的冲击，其原有的装备制造业等传统产业优势不复存在，甚至碎片化。河南省装备制造业应抓住“16+1”合作机遇在中东欧进行产业布局，可以充分整合其过去长期积累的制造业优质资源和人才，提高河南省装备制造业的技术水平，并顺利进入欧洲市场。我国陕鼓集团收购捷克 EKOL 公司及其子公司 100% 的股权，就是我国装备制造企业在海外战略布局的一个成功案例。EKOL 公司是中东欧地区中型蒸汽轮机的主要制造商，是全球少数具备自主、完整的反动式蒸汽轮机设计生产能力的企业。EKOL 公司在工业驱动型汽轮机上占据很大优势，其产品在汽耗等指标上处于全球领先地位，且具有广泛的全球销售渠道，近三年来出口量已占到其总销售额的 70% 以上，销售范围包括全球 27 个国家。通过借助 EKOL

海外销售渠道与海外 EPC 工程的经验，陕鼓集团显著提升了在海外市场，尤其是欧洲市场的开发能力和综合竞争力，巩固其国内行业龙头地位。陕鼓集团的成功经验对河南省装备制造业具有较大的借鉴意义。

6.4.2 不断强化知识产权在河南企业“走出去”中的重要作用

知识产权制度的非政治性、智力成果交易的密切相关性、国际统一知识产权制度的共识性等特点，决定了知识产权规则成为“一带一路”建设中除政治因素、外交因素、法治环境因素之外的必然选择。当前，河南省在推进知识产权强省建设的过程中，尤其是在知识产权领域的综合改革中，应借鉴中东欧国家在行政保护和司法保护的规则，通过促进知识产权国际布局，帮助河南省装备制造业企业面向“一带一路”，积极参与我国与中东欧国家的合作计划，扩大“走出去”的领域和范围。目前，中东欧有八个国家（波兰、捷克、斯洛伐克、匈牙利、保加利亚、罗马尼亚、白俄罗斯、乌克兰）的知识产权制度已达到《与贸易有关的知识产权协议》（TRIPs）要求，虽然这些国家仍存在差异，但其综合经济发展水平与中国相当，知识产权环境也与中国相当，相比英国、德国、法国等老牌的西欧发达国家，这些国家的法律制度及其规则运用能力也与中国相当，更适应河南省装备制造业企业的进入和顺利发展。在这八个国家中，波兰、捷克、斯洛伐克、匈牙利、保加利亚、罗马尼亚等已经加入欧盟，其政局相对稳定，经济发展水平也在不断提高，知识产权执法力度普遍较严。因此，河南省装备制造业企业在“走出去”的过程中，必须首先进行知识产权布局，为后续在欧洲高端市场取得更好的发展机会奠定基础。随着河南省企业与“一带一路”沿线国家和地区企业之间的合作不断增多，如何确保投资安全已经成为广大“走出去”的经营主体面临的重要课题。政府及其政治手段将不再是经济纠纷解决中的主要手段，依靠法律法规调整利益关系成为“走出去”市场主体必备的竞争利器。对河南省的装备制造业企业而言，要面向中东欧市场顺利实现“走出去”，需要扎扎实实做好以下工作：

一是大力提升河南省装备制造业“走出去”的重点产业领域及其龙头骨

干企业的自主创新能力、创新成果的知识产权化的能力，全面构建以专利为主导的知识产权创造、保护和运用的能力体系，完善河南企业海外科技合作报告制度，这是有效参与发达国家市场竞争的基础。

二是构建支撑河南省装备制造业“走出去”的政产学研用协同的知识产权公共服务平台，为“走出去”的产业和企业出谋划策、保驾护航，提供包括专利预警、专利导航、知识产权保护、知识产权运营服务，以及人才培养等全产业链服务。建立省级开放战略综合管理信息系统和省级海外科技资源共享服务平台，努力构建完备的海外科技服务制度体系，强化河南省产业的市场竞争优势。

三是强化河南省装备制造业企业进行专利国际布局的能力，通过在欧洲进行专利布局，能够有效地利用发达国家法律制度和规则减少市场竞争的不确定性，有效整合欧洲发达国家的技术创新能力，显著发挥河南省企业强大的制造能力在国际市场的竞争力，持续获取欧洲发达国家稳定的市场回报。

6.4.3 加快构建河南省与中东欧地区国家民间机构的交流与合作机制

河南省地处“一带一路”中线的腹地，具有独特的区位优势，郑州航空港及河南自贸区的建设和发展为河南装备制造业企业“走出去”提供了战略支撑，2019 年年初，郑欧班列已实现每周去程 9 班回程 8 班的业绩，领先国内往返均衡高频对开的中欧班列，为河南省装备制造企业融入“一带一路”奠定了坚实的基础。加强民间的交流与合作，是有效促进河南省制造业面向中东欧市场，在“人心相通”的情境下顺利“走出去”的基础工作。就目前而言，河南省与中东欧国家民间的交流与合作才刚刚起步，尚未形成与河南省产业和区位优势、物流条件相匹配的多方参与、多层次、多机制的交流与合作格局。为此，建议省政府有关部门，积极支持河南省装备制造业企业、相关高校、科研院所和知识产权服务机构，秉承和平、交流、理解、包容、合作、共赢的理念，围绕河南的产能优势、区位优势、物流优势、商业模式优势转化为市场与合作优势，推进与中东欧国家民间的科技和文化的交流与合作。当前和今后一个时期要重点做好以下工作：

一是构建鼓励和支持与“一带一路”沿线国家和地区开展民间交流的政策框架，将民间的交流与合作作为河南省对外开放的一个重要内容，将政府引导与民间市场主体主导紧密地结合起来，将广大企业、高校、科研院所及科技服务机构的民间对外交往与合作的成效，作为各地区、各行业对外开放贡献的重要评价依据，促进形成民间交流与合作的长效机制。

二是积极支持河南省装备制造业企业与省内高校、科研机构、服务机构和行业组织与中东欧国家和地区相关企业、大学和各类中介机构构建各种交流与合作机制，共商合作内容、共建合作平台、共享合作成果，形成相对稳定的、富有特色的交流品牌和不断扩展的合作项目，定期举办技术交流与产业合作活动。有关部门应积极关注民间交流与合作中遇到的问题，帮助民间机构解决实际困难，引导民间交流和合作与地区经济和社会发展紧密地结合起来，产生更大的联动效应。

三是河南省要积极引进中东欧国家的优质科研、教育和服务机构落户郑洛新自创区、河南自贸区、郑州航空港综合试验区，与河南省企业“走出去”协同起来，形成“你中有我、我中有你”的发展格局，助力河南省装备制造业企业更好、更快地“走出去”，真正体现各方智慧和创意，各施所长，各尽所能，把各方优势和潜力充分发挥出来，实现互利共赢。

参考文献

[1]昌成亮. 战后日本科技政策演变及启示[D]. 武汉：中国地质大学，2009.

[2]陈磊，郎晓黎."标准化+"在推进供给侧结构性改革中的作用探讨[J]. 中国质量与标准导报，2017(7)：64-66.

[3]陈平.日本崛起为世界制造中心的政策实践及启示[J].商业研究，2006(21)：190-194.

[4]陈玉罡，蔡海彬，刘子健，程瑜.外资并购促进了科技创新吗？[J].会计研究，2015(9)：68-73+97.

[5]程坦.新世纪以来中国制造业结构变动特征及其问题[D].保定：河北大学，2014.

[6]丛强，朱景萍，刘炳义，吴纯忠，李宝功.海外装备制造强国支持政策与发展趋势[J].石油科技论坛，2010，29(3)：55-61+77.

[7]邓元慧.日本建立科技强国的轨迹和发展战略[J].今日科苑，2018(2)：35-46.

[8]杜壮.个性化定制：提质增效的"敲门砖"[J].中国战略性新兴产业，2017(17)：37-39.

[9]樊新生，李小建.河南省经济空间结构演变分析[J].地理与地理信息科学，2005(2)：70-73.

[10]樊新生，覃成林.河南乡镇地域上的中小企业集群研究[J].地域研究与开发，2005(5)：9-12.

[11]方厚政.日本超大规模集成电路项目的启示[J]. 日本学刊，2006(3)：111-117.

［12］封思贤．江苏制造业的发展规律、产业演进趋势及发展建议［J］．江苏商论，2010（9）：148–151.

［13］高煜．我国经济高质量发展中人工智能与制造业深度融合的智能化模式选择［J］．西北大学学报（哲学社会科学版），2019，49（5）：28–35.

［14］郭燕青，李海铭．信息化对我国制造业技术创新影响的实证研究［J］．技术经济与管理研究，2018（11）：101–108.

［15］郭政．德国“工业 4.0”对我国制造业发展的启示［J］．上海质量，2014（4）：22–27.

［16］韩东旭，李广周．产学研合作——提高装备制造业自主创新能力的有效途径［J］．天津科技，2010，37（5）：61–62.

［17］何禹霆．发达国家装备制造业产业组织模式的演进及政策启示［J］．东方企业文化，2012（6）：94.

［18］贺灵，单汨源，邱建华．创新网络要素及其协同对科技创新绩效的影响研究［J］．管理评论，2012，24（8）：58–68.

［19］胡耀辉．产业技术创新链：我国企业从模仿到自主创新的路径突破——以高端装备制造企业为例［J］．科技进步与对策，2013，30（9）：66–69.

［20］胡智慧，王朔．“科技立国”战略与“诺贝尔奖计划”——日本建设世界科技强国之路［J］．中国科学院院刊，2018，33（5）：520–526.

［21］黄先智．战后日本技术引进与产业结构变迁［J］．河北理工学院学报（社会科学版），2003（3）：56–60.

［22］霍春辉，张兴瑞．全球价值链分工双面效应下的中国制造产业升级［J］．经济问题，2016（3）：67–71.

［23］李涛，张璋．科技创新能力与国家位势关系研究——基于结构方程模型的量化分析［J］．中国软科学，2014（2）：90–99.

［24］李文江．日本促进中小企业科技创新的政策法律研究［J］．决策探索，2011（6）下：29–30.

［25］李小建．产业联系与农村工业化的企业分析［J］．经济地理，1993（2）:

35- 40.

[26] 李新宁 . 生产性服务业与制造业融合：动态体系与治理模式 [J] . 上海经济，2018（2）：21–32.

[27] 李延朋，河南省装备制造企业价值链升级的机理与路径研究 [D] . 郑州：郑州大学，2012.

[28] 李毅 . 日本制造业自主发展过程中的技术创新研究：经济史的启示 [J] . 经济研究参考，2007（21）：29–44.

[29] 李拥军，史慧恩，高鹏 . 美国钢铁工业发展对我们的启示 [J] . 中国钢铁业，2008（7）：18–21.

[30] 梁经伟，江鸿泽，文淑惠 . 开放经济背景下欠发达地区制造业发展的动力机制研究 [J] . 软科学，2018，32（1）：47–51.

[31] 刘海波，肖尤丹，靳宗振 . 日本科技法制与我国借鉴 [J]. 中国软科学，2013（8）：26–33.

[32] 刘兰剑，应海涛，张田 . 战后日本科技创新能力演变及其构建机制研究 [J] . 科学学与科学技术管理，2018（3）：16–33.

[33] 芦锋，韩尚容 . 我国科技金融对科技创新的影响研究——基于面板模型的分析 [J] . 中国软科学，2015（6）：139–147.

[34] 路甬祥 . 推荐序 .[美] 卢克多梅尔 . 人工智能 [M]. 北京：中信出版社，2016.

[35] 吕达，张志勇 . 发达国家技术引进消化吸收再创新成功经验与借鉴——基于辽宁省的调查 [J] . 党政干部学刊，2012（6）：63–66.

[36] 马晓云 . 中国装备制造业自主创新路径选择——基于宁夏西北轴承合资案的视角 [J] . 宁夏大学学报（人文社会科学版），2010，32（1）：178–181.

[37] 彭华涛 . 科技体制改革演进过程中的科技创新规律——基于《人民日报》1985—2013 年标题的文本分析 [J] . 科学学研究，2014，32（9）：1313–1321.

[38] 平立群 . 日本科技创新政策形成机制的制度安排 [J] . 日本学刊，

2016（5）：106–127.

［39］邱丹逸，袁永．日本科技创新战略与政策分析及其对我国的启示［J］．科技管理研究，2018（10）：59–66.

［40］邱风，王正新，刘伟．我国制造业区域结构相似性演进趋势与影响因素研究［J］．浙江工商大学学报，2014（5）：102–112.

［41］盛雯雯．我国制造业空间布局演进轨迹及影响因素研究［D］．杭州：浙江财经大学，2017.

［42］石敏俊，逄瑞，郑丹，杨晶．中国制造业产业结构演进的区域分异与环境效应［J］．经济地理，2017，37（10）：108–115.

［43］唐乐．东亚区域产业结构演进与中国制造业产业升级［D］．长春：吉林大学，2016.

［44］唐未兵，傅元海，王展祥．技术创新、技术引进与经济增长方式转变［J］．经济研究，2014，49（7）：31–43.

［45］田原，王成仁．发达国家产业转型升级的国际经验［J］．经济研究参考，2017（21）：3–5+44.

［46］万钢．加强协同创新　提升高校科技创新能力［J］．中国科技产业，2012（8）：9–10.

［47］王春杨，吴国誉．中国制造业的区域转移——基于地区产业结构演进视角的分析［J］．城市与环境研究，2015（3）：82–96.

［48］王华，祝树金，赖明勇．技术差距的门槛与FDI技术溢出的非线性——理论模型及中国企业的实证研究［J］．数量经济技术经济研究，2012，29（4）：3–18.

［49］王宏起，徐玉莲．科技创新与科技金融协同度模型及其应用研究［J］．中国软科学，2012（6）：129–138.

［50］王仁祥，杨曼．科技创新与金融创新耦合关系及其对经济效率的影响——来自35个国家的经验证据［J］．软科学，2015，29（1）：33–36+41.

［51］巫云仙．“德国制造”模式：特点、成因和发展趋势［J］．政治经济学评论，2013，4（3）：144–166.

［52］向晓梅，吴伟萍．改革开放 40 年持续性产业升级的动力机制与路径——广东迈向高质量发展之路［J］．南方经济，2018（7）：1–18.

［53］徐东华．创新是中国制造 2025 实现目标的基础——在中国制造业价值创造论坛上的讲话［J］．智慧中国，2016（9）：26–27.

［54］许立帆．中国制造业服务化发展思考［J］，经济问题，2014（12）：79–84.

［55］徐小钦，曾媛．重庆市装备制造业自主创新能力研究［J］．中国科技论坛，2009（11）：29–31+38.

［56］阎星宇．产品差异：一般框架与批介［J］．山西财经大学学报，2004（2）：91–95.

［57］杨洪焦，孙林岩，高杰．中国制造业聚集度的演进态势及其特征分析——基于 1988—2005 年的实证研究［J］．数量经济技术经济研究，2008（5）：55–66.

［58］杨建．河南 90 年代工业结构变动对比分析与思考［J］．学习论坛，2002（3）：14–17.

［59］杨建．新时期河南产业增长与结构优化调整刍议［J］．改革与理论，2002（10）：27–30.

［60］姚小涛，席酉民，张静．企业契约理论的局限性与企业边界的重新界定［J］．南开管理评论，2002（5）：36–38.

［61］易信，刘凤良．金融发展、技术创新与产业结构转型——多部门内生增长理论分析框架［J］．管理世界，2015（10）：24–39+90.

［62］张换兆，何霄嘉．中国应积极参与下一代贸易规则的建设［J］．全球科技经济瞭望，2016，31（4）：37–41.

［63］张洁梅．现代制造业与生产性服务业互动融合发展研究［J］．中州学刊，2013（6）：26–30.

［64］张雷．对我国能源发展战略的再思考［J］．国际石油经济，1997（6）：27–32+ 38–69.

［65］郑敏．长三角制造业集聚度演进态势及其特征——基于 1988—2009

年的实证研究［J］. 华东经济管理，2012，26（5）：37–44.

［66］郑玉航，李正辉. 中国金融服务科技创新的有效性研究［J］. 中国软科学，2015（7）：127–136.

［67］郑钊. "一带一路"战略下河南装备制造产业升级路径研究［J］. 中外企业家，2016（36）：27–29.

［68］周寄中，叶治明，许治. "企业—用户—政府"系统中研发与服务的联动分析［J］. 科学学研究，2009，27（1）：80–86.

［69］朱国娟，钟昌标. 装备制造业进出口与经济增长的实证分析［J］. 世界经济情况，2007（4）：64–67.

［70］庄志彬. 创新驱动我国制造业转型发展的对策研究［J］. 福建师范大学学报（哲学社会科学版），2014（1）：45–52.

［71］Alonso–Rasgado，T.，Thompson，G.，Elfstrom B.O. The design of functional（total care）products［J］. Journal of Engineering Design，2004，15（6）：515– 540.

［72］Ans Kolk，and Jonatan Pinkse. A Perspective on Multinational Enterprises and Climate Change：Learning from "An Inconvenient Truth"［J］. Journal of International Business Studies，2008，39（8）：1359–1378.

［73］Atuahene–Gima K，Ko A.An empirical investigation of the effect of market orientation and entrepreneurship orientation alignment on product innovation［J］. Organization Science，2001，12（1）：54–74.

［74］Aurich J.C.，C.Fuchs，C.Wagenknecht Life cycle oriented design of technical product–service systems［J］. Journal of Cleaner Production，2006，14（17）：1480–1494.

［75］Aurich，J.，Fuchs，C. An approach to life cycle oriented technical service design［J］. Annals of the CIRP，2004，53（1）：151–154.

［76］Azarenko，A.，Roy，R.，Shehab，E.，Tiwari，A.Technical product–service systems：some implications for the machine tool industry［J］.Journal of Manufacturing Technology Management，2009，20（5）：700–722.

[77] Baines, T.S., H.W.Lightfoot, O.Benedettini and J.M. Kay. The servitization of manufacturing A review of literature and reflection on future challenges [J] . Journal of Manufacturing Technology Management, 2009 (20) : 547–567.

[78] Barlow, C., 1978. The natural rubber industry. Its development, technology, and economy in Malaysia. Kuala Lumpur : OUP.

[79] Barlow, C., Jayasuriya, S. and Tan, C.S., 2014. The world rubber industry. Routledge.

[80] Castells, M. and P. Hall. 1994. Technopoles of the world : the making of 21st century industrial complexes. London : Routledge.

[81] Chirico.F., David G. S, Sciascia.S, Mazzola.P.Resource orchestration in family firms : investigating how entrepreneurial orientation, generational involvement, and participative strategy affect performance. Strategic Entrepreneurship Journal, 2011, 5 (4) : 307–326.

[82] Cooke, P. and Morgan, K., 1995. The creative milieu : a regional perspective on innovation. In M. Dodgson and R.Rothwell (eds.), The handbook of industrial innovation. Cheltenham, England : Edward Elgar, 25–32.

[83] Davies, A., Brady, T., Hobday, M. Organizing for Solutions : Systems Sellervs. Systems Integrator [J] . Industrial Marketing Management, 2007, 36 (2): 183–193.

[84] Dhar R, Wertenbroch K.Consumer Choice Between Hedonic and Utilitarian Goods [J] .Journal of Marketing Research, 2000, 37 (2) : 60–71.

[85] Douglas K.Macbeth, Amaia Ibanez de Opacua. Review of Services Science and possible application in rail maintenance [J] .European Management Journal, 2010(28) : 1–13.

[86] Ella–Mae Molloy and Carys Siemieniuch, Murray Sinclair. Decision–making systems and the product–to–service shift [J] . Journal of Manufacturing Technology Management, 2008, 20 (5) : 606–625.

[87] Fang, E. Palmatier R.W., Steenkamp J.E.M.. Effect of service transition

strategies on firm value [J] . Journal of Marketing , 2008 (72) : 1–14.

[88] Fishbein, B., McGarry, L. S. and DiHon, P. S. Leasing : A Step Toward Producer Responsibility [M] . NY : INFORM, 2000.

[89] Frambach, R., Wels–Lips, I.and Gu ndlach, A.Proactive product service strategies – an application in the European health market [J] .Industrial Marketing Management, 1997 (26) : 341–52.

[90] Garay L, Font.X. Doing good to do well? Corporate social responsibility reasons, practices and impacts in small and medium accommodation enterprises [J] . International Journal of Hospitality Management, 2012 (31) :329–337.

[91] Gatignon H. and Xuereb J. M. Strategic orientation of the firm and new product performance [J] .Journal of Marketing Research, 1997, 34 (1) : 77–90.

[92] Gebauer H.. Identifying service strategies in product manufacturing companies by exploring environment–strategy configurations [J] . Industrial Marketing Management, 2008 (37) : 278–291.

[93] Gebauer H.Fleisch E., Friedli T..Overcoming the service paradox in manufacturing companies [J] .Journal of European Management, 2005, 23 (1) : 14–26.

[94] Gebauer H, Gustafsson A, Witell.L.. Competitive advantage through service differentiation by manufacturing companies [J] . Journal of Business Research, 2011 (64) : 1270–1280.

[95] Gebauer H, Kremp Le R, Feisch E. Service development in traditional product manufacturing companies [J] .European Journal of Innovation Management, 2008, 11 (2) : 219–240.

[96] Gereffi G.. International Trade and Industrial Upgrading in the Apparel Commodity Chain [J] . Journal of International Economics, 1999, 48 : 37–70.

[97] Gereffi G. and Korzeniewicz M.. Commodity Chains and Global Capitalism [M] .Wesrport, CT : Praeger.1994.

[98] Gero, J.S.Design prototypes : a knowledge representation schema for de–

sign［J］.AI Magazine，1990，11（4）：26–36.

［99］Gero，J.S.，Kannengiesser，U. The Situated Function–Behaviour–Structure Framework［J］. In：Gero JS（ed.）Artificial Intelligence in Design 02. Kluwer，Dordrecht，2002，89–104.

［100］Goh，K. 1996. “The technology Ladder in development：the Singapore case.” Asian–pacific economic literature.

［101］Heapy.J.Creating Value Beyond the Product Through Services［J］.Design Management Review，2011，22（4）：32–39.

［102］Heiko Gebauer，Anders Gustafsson，Lars Witell. Competitive advantage through service differentiation by manufacturing companies［J］.Journal of Business Research，2011，64：1270–1280.

［103］Hofera.C，Cantorb.D.E，Daic.J.The competitive determinants of a firm's environmental management activities：Evidence from US manufacturing industries［J］. Journal of Operations Management，2012（30）：69–84.

［104］Howells，Jeremy. Innovation，consumption and services：encapsulation and the combinatorial role of service［J］. Service Industries Journal，2004，24（1）：19–36.

［105］Jacob F，Ulaga W. The transition from product to service in business markets：an agenda for academic inquiry［J］.Industrial Marketing Management，20 08，37：247–253.

［106］Jegathesan，J.，Gunasekaran，A. and Muthaly，S.，1997. Technology development and transfer：experiences from Malaysia. International Journal of Technology Management，13（2），pp.196–214.

［107］Keith R J.The marketing revolution［J］.Journal of Marketing，1960，24（3）：35–38.

［108］Kim，Young Woo，Youngrak Choi，Dalwhan Lee，Young Hee Lee，Hyun Pyo Ha，and Dong Hoon Oh. 1997. History of Korea's S&T Policy during the Last 50 Years（in Korean）. Seoul：STEPI，Jung–Chak–Yeon–Gu，97–01.

[109] Kimita，K.，Shimomura，Y. Evaluation of customer satisfaction for PSS design [J] .Journal of Manufacturing Technology Management，2009，20（5）：654–673.

[110] Kindstrom. D. Towards a service–based business model–Key aspects for future competitive advantage[J].European Management Journal，2010(28):479–490.

[111] Koji Kimita，Yoshiki Shimomoura. A customer value model for sustain–able service design [J] .CIRP Journal of Manufacturing Science and Technology，2009，1（4）：254–261.

[112] Lau.C.M，Bruton.G.D. Strategic orientations and strategies of high tech–nology ventures in two transition economies [J] .Journal of World Business ，2011，46(6)：371–380.

[113] Lin C H，Yang H L，Liou D Y.The impact of corporate social responsi–bility on financial performance：Evidence from business in Taiwan [J] .Technology in Society，2009，31（3）：56–63.

[114] Mano H，Richard L O. Assessing the Dimensionality and Structure of the Consumption Experience：Evaluation，Feeling，and Satisfaction [J] .Journal of Consumer Research，1993，20（12）：451–466.

[115] Martin Spring，Luis Araujo. Service，services and products：rethinking operations strategy [J] .International Journal of Operations & Production Manage–ment，2009，29（5）：444–467.

[116] Mathews，J. and Poon，T.C.，1995. Technological Upgrading through Alliance Formation：The Case of the Taiwan's New PC Consortium. Industry of Free China，84，pp.43–58.

[117] Mathieu，V.Product Services：from a Service Supporting the Product to a Service Supporting the Client [J] . Journal of Business&Industrial Marketing，2001，16（1）：39–58.

[118] Michael E. Porter，Mark R. Kramer.Strategy and Society The Link Be–tween Competitive Advantage and Corporate Social Responsibility [J] .Harvard

Business Review, 2006, 1–13.

[119] Mont, O. K. Drivers and Barriers for Shifting towards more Service–oriented Business: Analysis of the PSS Field and Contributions from Sweden[J]. Journal of Sustainable Product Design, 2002 (2): 89–103.

[120] Nair, D. D. Selover.A study of competitive dynamics [J] . Journal of Business Research, 2012 (65): 355 - 361.

[121] Narver J.C.and Slater S.F.The Effect of a Market Orientation on Business Profitability [J] .Journal of Marketing, 1990 (54): 20–35.

[122] National Science Foundation (NSF) . 1995. Asia' s new high–tech competitors. Washington, DC : National Science Foundation 95–309.

[123] Nijssen, E. J., Hillebrand, B., Vermeulen, P.A.M., Kemp, R. G.M. Exploring product and service innovation similarities and differences [J] . International Journal of Research in Marketing, 2006 (23): 241–251.

[124] Noble C. H. , Sinha R. K.and Kumar A.Market orientation and alternative strategic orientations: A longitudinal assessment of performance implications [J]. Journal of Marketing, 2002 (66): 25–39.

[125] Oliva R, Kallenberg R. Managing the transition from products to services [J] . International Journal of Service Industry Management, 2003, 14 (2): 160–172.

[126] Parry.G, Bustinza.O.F , Herrero.F.V. Servitisation and valueco–production in the UK music industry : An empirical study of Consumer Attitudes. Int. J. [J] . Production Economics , 2012 (135): 320–332.

[127] Plepys, A.Environmental Implications of Product Servicising : The Case of Outsourced Computing Utilities [D] .IIIEE Dissertations, Lund University, Sweden, 2004.

[128] Poh - Kam, W., 1995. Competing in the global electronics industry : a comparative study of the innovation networks of Singapore and Taiwan. Journal of Industry Studies, 2 (2), pp.35–61.

[129] Robinson, T., Clarke-Hill, C.M.and Clarkson, R.Differentiation through Service: a Perspective from the Commodity Chemicals Sector [J].The Service Industries Journal, 2002, 22 (3): 149-166.

[130] Rosenman, M.A., Gero, J.S. Purpose and Function in Design: From the Socio-Cultural to the Techno-Physical [J].Design Studies, 1998 (19): 161-186.

[131] Rush, H., M. Hobday, J. Bessant, E. Arnold, and R. Murray. 1996. Technology Institutes: Strategies for best practice. London: International Thomson Business Press.

[132] S. C. Schleimer, A. D. Shulman.A Comparison of New Service versus New Product Development: Configurations of Collaborative Intensity as Predictors of Performance [J]. J Prod Innov Manag, 2011 (28): 521-535.

[133] Sadok El Ghoul, Omrane Guedhami, Chuck C.Y. Kwok, Dev R. Mishra. Does corporate social responsibility affect the cost of capital? [J]. Journal of Banking & Finance, 2011, 35 (3): 2388-2406.

[134] Sandra Vandermerwe & Juan Rada. Servitization of Business: Adding Value by Adding Services [J]. European Management Journal, 1988, 6 (4): 314-324.

[135] Slack, N.Operations strategy: will it ever realize its potential [J]. Gestao &Producao, 2005, 12(3): 323-32.

[136] Smith, H., 1994. Taiwan's industry policy during the 1980s and its relevance to the theory of strategic trade (No. 233). Australia-Japan Research Center.

[137] Stephanie C. Schleimer and Arthur D. Shulman. A Comparison of New Service versus New Product Development: Configurations of Collaborative Intensity as Predictors of Performance [J]. Prod Innov Manag, 2011 (28): 521- 535.

[138] Taghian.M, Marketing planning: Operational sing the market orientation strategy [J].Journal of Marketing Management, 26 (5): 825-841.

[139] Tan, A.R., Matzen, D., McAloone, T.C., Evans, S. Strategies for designing and developing services for manufacturing firms [J] .CIRP Journal of Manufacturing Science and Technology, 2010, 3 (1): 90–97.

[140] Tang, H., and K. Yeo. 1995. "Technology, entrepreneurship and national development : Lessons from singapore." International Journal of Technology Management, 10 (7/8), 797–814

[141] Tang.Z, Hull.C.An Investigation of Entrepreneurial Orientation, Perceived Environmental Hostility, and Strategy Application among Chinese SMEs [J] . Journal of Small Business Management, 2012, 50 (1): 132–158.

[142] Vandermerwe, S., Rada, J. Servitization of business : adding value by adding services [J] . European Management Journal, 1988, 6 (4): 314–324.

[143] Vargo, S. L., & Lusch, R. F. The four service marketing myths : Remnants of a goods– based, manufacturing model [J] . Journal of Service Research, 2004, 6 (4): 324–335.

[144] Voss K. E., Span Genberg E. R., Grohmannb B. Measuring the Hedonic and Utilitarian Dimensions of Consumer Attitude [J] .Journal of Marketing Research, 2003, 40 (8): 310–320.

[145] Walsh G, Bartikowski B, Exploring corporate ability and social responsibility associations as antecedents of customer satisfaction cross–culturally [J] . Journal of Business Research, 2012, Forthcoming.

[146] Warkentin M E, Sayeed L, Hightower R. Virtual Teams versus Face to Face Teams : An Exploratory Study of a Web - based Conference System [J] . Decision Sciences, 2010, 28 (4): 975–996.

[147] Weiss, L., and J. Mathews. Innovation alliances in Taiwan : A coordinating approach to developing and diffusing technology [J] . Journal of industry studies, 1994,1 (2): 91–101.

[148] Williams, A. The strategic management of product service systems. The

centre for business relationships, accountability, sustainability and society (BRASS) [J] . Working Paper series, 2005 (28) .

[149] Williams, A. Product service systems in the automobile industry : contribution to system innovation? [J] . Journal of Cleaner Production, 2007, 15 : 1093–1103.

[150] Wirtz J, Meng C L. An Examination of the Quality and Context–Specific Applicability of Commonly Used Customer Satisfaction Measures [J] .Journal of Service Research, 2003, 5 (5) : 345–355.

[151] Wise, R., Baumgartner, P. Go Downstream : the new profit imperative in manufacturing [J] . Harvard Business Review, 1999 : 133–141.

[152] Wong, J. 1995. "Technology transfer in Thailand : Descriptive validation of a technology transfer model [J] . International Journal of Technology Management, 10 (7/8) : 788–796.

[153] Wong, P. 1996. "From NIE to developed economy : Singapore's industrial policy to the year 2000." Journal of Asian business, 12 (3) :65–86

[154] Wong, P., L.Loh, and E. Roberts. 1994. "Global benchmarking study on the strategic management of technology : the case of Singapore." NUS/NSTB/MIT report. Singapore.

[155] Wu, S–H. 1995. "The dynamic cooperating relationship between the government and enterprises– the development of Taiwan's integrated circuit industry in retrospect." Taipei : National chengchi university. (Mimeographed)

[156] Y.W.Park, T. Fujimotob, P. Hong.Product architecture, organizational capabilities and IT integration for competitive advantage.International Journal of Information Management, 2012 (1) .

[157] Yang, Jin Chang. 1995. "ITRI Stepping Up International Activities." ITRI Today, Fall, 20.

[158] Yoon.B, Kim.S, Rhee.J.An evaluation method for designing a new prod–

uct–service system［J］.Expert Systems with Applications，2012（39）：3100–3108.

［159］Yuan，B. and Wang，M.Y.，1995. The influential factors for the effectiveness of international strategic alliances of high－tech industry in Taiwan. International Journal of Technology Management，10（7–8）: pp.777–787.

［160］Yuhei Inoue，Seoki Lee. Effects of different dimensions of corporate social responsibility on corporate financial performance in tourism–related industries［J］. Tourism Management，2011，32（2）：790–804.

后　记

本书是河南省科协科技智库重点调研项目（编号：HNKJZK-01A）的研究成果，以及方润生教授主持的国家自然科学基金项目《产品与服务的交互关系对制造企业产品服务系统竞争优势的影响》（71240023）的部分研究成果。本书由课题组多位成员合作完成，作者及其分工如下：

河南财经政法大学的杨风雷讲师和方润生教授共同完成了第一章的内容（杨风雷撰写了第一章的第一、第二节，方润生撰写了第三节）；英国约克大学的博士生方菲、谭锐捷和方润生教授共同完成了第二章的内容（方菲、谭锐捷完成了第一、第二节，方润生完成了第三节）；中原工学院的武静雯高级经济师和方润生教授完成了第三章的内容（武静雯撰写了第三章的第一节，方润生撰写了第二、第三节）；哈尔滨工业大学的博士生祝叶完成了第四章的内容；河南财经政法大学讲师史晓东博士完成了第五章的内容；方润生教授撰写了本书的前言及第六章。全书由方润生教授总体设计并统稿。

本课题在立项时就受到了河南省科协党组书记曹奎教授等有关领导的热情鼓励和指导，在课题研究过程中还得到了河南省科协调宣部等部门领导的大力支持，本课题的成果评审专家也提出了很好的意见和建议，在此一并向他们表示衷心的感谢！

为了践行科教融合的教育理念，本课题还吸收了河南财经政法大学电子商务与物流管理学院的12位学生（1位研究生和11位本科生）参与到课题的研究工作中，他们承担了本书第三、四章的资料收集和数据的初步分析工作，为本课题的顺利完成发挥了重要作用。12 位学生包括 1 位研究生贺蓓蓓，以及 11 位本科生：黄翔宇、董妍杰、程小玉、张梓桐、褚立宁、张俊威、廖新昱、陈洁、赵俊、余湘君、尚晓萌。

本书的内容还存在诸多不足，我们会在后续的深入研究中不断加以完善。

方润生

2019 年 8 月 28 日

Postscript

The book is based on the research results of the key research project of Henan Science and Technology Science and Technology Think Tank (No. HNKJZK-01A) and the National Natural Science Foundation project "The effect of interactive relationship between product and serviceon PSS competi-tive advantage of manufacturing firms in China" (71240023) hosted by Professor Runsheng Fang. These research results are the cooperation of many members of the research team, the author and his division of labor are as follows:

Fenglei Yang (lecturer) and Professor Runsheng Fang of Henan University of Economics and Law jointly completed the contents of the first chapter (Fen-glei Yang wrote the first and second section of the first chapter, Runsheng Fang wrote the third section); the doctoral students of the University of York, Fei-Fang, Ruijie Tan and Professor Runsheng Fang jointly completed the contents of the second chapter (Fei Fang, Ruijie Tan completed the first and second sections, Runsheng Fang completed the third Section); Jingwen Wu, senior economist of Zhongyuan Institute of Technology and Professor Runsheng Fang completed the content of the third chapter (Jingwen Wu wrote the first section of the third chapter, Runsheng Fang wrote the second and third sections); Ye Zhu, PhD student of Harbin Institute of Technology Completed the contents of the fourth chapter; Dr. Xiaodong Shi, a lecturer at Henan University of Economics and

Law, completed the contents of Chapter V; Professor Runsheng Fang wrote the preface and the sixth chapter. The whole book was designed and drafted by Professor Runsheng Fang.

During the project, the subject was enthusiastically encouraged and guided by the party secretary of the Party Committee of Henan Science and Technology Association, Professor Kui Cao. This research also received strong support from the leaders of the Henan Provincial Coordination Department and other departments. The results review experts also put forward very good comments and suggestions, and I would like to express my heartfelt thanks to them!

In order to practice the educational concept of integration of science and education, this subject also absorbed 12 students (1 graduate student and 11 undergraduate students) from the School of E-Commerce and Logistics Management of Henan University of Economics and Law, who participated in the research work of the subject: the data collection of the third and fourth chapters and the preliminary analysis of the data, played an important role in the successful completion of this topic. The 12 students include graduate students Beibei He and 11 undergraduates: Xiangyu Huang, Yanjie Dong, Xiaoyu Cheng, Zitong Zhang, Lining Chu, Junwei Zhang, Xinyu Liao, Jie Chen, Jun Zhao, Xiangjun Yu, Xiaomeng Shang.

There are still many shortcomings in the content of this book, and we will continue to improve it in the follow-up research.

Professor Runsheng Fang

28th August 2019